가구디자인
FURNITURE DESIGN

Stuart Lawson 지음
한정현 옮김

씨아이알

가구 개발, 재료 및 제작 입문서

앞표지 : 〈카본 체어(Carbon Chair)〉(베르얀 포&
마르셀 반더스, 무이, 2004)

뒤표지 : 〈자 스택커블 벤치 시스템(ZA Stackable
Bench System)〉(신 아주미 & 토모코 아주미, 라팔
마 / 데이비스 퍼니쳐(미국), 2003)

가구디자인

FURNITURE DESIGN

Stuart Lawson 지음

한정현 옮김

가구 개발, 재료 및 제작 입문서

씨아이알

CONTENTS

들어가는 말

이 책의 주 대상은 가구디자인을 공부하는 학생들이다. 독자들에게 창의적 자극을 주는 동시에 유용한 지식도 제공한다는 두 가지 목적을 가지고 내용을 구성하였다. 가구디자인 실무에 필요한 지식을 제공하기 위하여 다양한 디자인 기법, 각종 소재의 특성, 가구 제작 프로세스 등을 충실하게 담았다. 이 책에서는 가구 콘셉트 도출 및 제품 설계에서 한 가지 방법만을 강조하지 않았으며, 오히려 가구의 기능, 미학, 소재 선택, 제작, 그리고 구성요소의 형상 등 모든 요소를 고려한 포괄적이며 동시에 축약적인 사고를 할 수 있는 능력을 배양하는 데 중점을 두었다. 또한 이 책은 산업디자인 분야를 전공으로 고려하는 예비 학생과 가구디자인에 관심 있는 일반인에게도 가구 전반에 대한 입문서로 유용할 것이다.

위 : 〈세투 체어(Setu Chair)〉〈스튜디오 7.5, 허먼 밀러〉의 프로토타입. 이 의자는 2003년 콘셉트 시작에서 2009년 제품 출시까지 장기간의 개발 과정에서 30개의 프로토타입을 거쳐 완성된 디자인이다.

아래 : 〈606 유니버설 셸빙 시스템(606 Universal Shelving System)〉〈디터 람스, 빗쇄+잽프, 1960〉. 압출성형한 알루미늄, 폴딩 가공한 스틸, 래미네이트 목재를 사용했다.

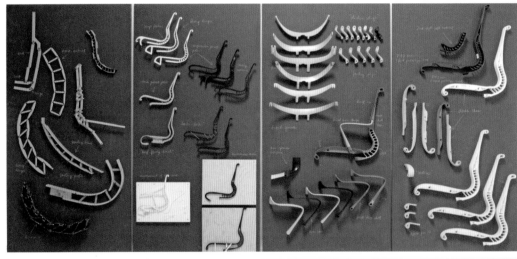

이 책의 내용은 대량생산용 가구에 초점이 있다. 거의 모든 가구 디자이너가 일하는 환경이 대량생산 시스템이기 때문이다. 대량생산 환경에서 디자이너에게는 창의력 못지않게 기술에 대한 지식이 중요하다. 각종 소재와 공법의 기술적 측면을 잘 파악해야만 엔지니어들과 효과적으로 소통할 수 있고 결과적으로 고객의 요구사항과 예산에 맞는 제품을 디자인할 수 있다. 이 책은 가구디자인과 제작에 관한 모든 것을 망라한 완벽한 안내서는 결코 아니다. 그렇지만 실무를 진행하면서 필요한 내용을 손쉽게 찾아볼 수 있도록 구성하였으므로 작업 현장에 가까이 두고 활용하기 바란다.

가구를 디자인할 때 소재와 제작 공법을 선택하는 과정은 논리적이고 객관적이지만 나머지 과정은 그렇지 않다. 형태와 구조 및 미학 창조, 제조 원가 절감, 기능성 향상 등 중요한 결정을 내리기 위해서 온갖 복합적 요소를 고려해야 한다. 가구디자인을 동경하는 학생들이 디자인 개발 과정의 거의 모든 측면에서 창조성을 발휘할 수 있다는 점을 발견하는 것은 고무적이다. 그렇지만 아직 실무를 경험해보지 못한 학생 입장에서 가

구 제품 하나가 시장에 나오기까지 얼마나 복잡한 과정을 거쳐야 하며, 얼마나 다양한 분야의 전문지식이 필요한지 상상하기는 어렵다. 디자이너의 역할은 그 중 극히 일부일 뿐이다.

제품설계서에서 배경 개념과 제품의 초점은 고객의 주문 나름이다. 물론 고객이 프로젝트를 개시하기로 결정했을 때의 이야기이며, 디자이너의 개성에 따라 크게 달라지기도 한다. 〈조인 데스크Joyn Desk〉(위)와 〈집 지 테이블Zip Zi Table〉을 비교해보자. 둘 다 시각과 기술 측면에서 혁신적인 디자인이지만 제품을 개발하면서 디자이너가 고려한 사항은 전혀 달랐다. 두 고객 모두 고급 브랜드를 원했고, 엄청난 고가는 아니지만, 제품가는 비교적 높이 책정될 수 있었다. 그런데 〈조인 데스크〉는 대량생산되고, 〈집 지 테이블〉은 소량 단위로 제작된다. 이렇게 서로 다른 결론에 도달하게 된 배경에는 각자 다른 판단 근거가 있었다. 다음 페이지의 그래프에 두 제품에서 어떤 사항을 염두에 두었는지 표시했다. 이렇듯 모든 디자이너는 제품을 개발할 때 부지불식간에 이러한 변수들을 고려하면서 판단을 내리게 된다.

〈조인 오피스 시스템(Joyn Office Systems)〉 시리즈의 싱글 데스크(single desk) 제품. 로낭&에르완 부훌렉(비트라, 2003)

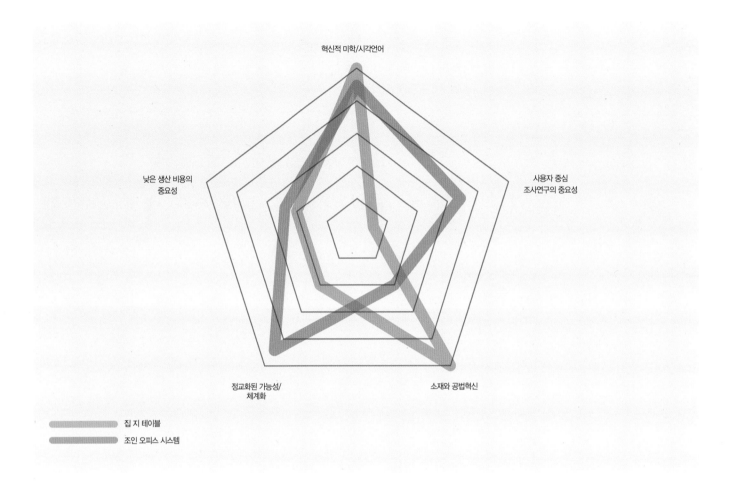

혁신적 미학/시각언어

사용자 중심
조사연구의 중요성

낮은 생산 비용의
중요성

소재와 공법혁신

정교화된 가능성/
체계화

집 지 테이블

조인 오피스 시스템

제품을 개발할 때 디자이너가 아무런 제약도 없이 마음껏 창의성을 표현할 수 있는 경우는 거의 없다. 대부분의 상업 프로젝트에는 기능성, 미학적 측면, 제조 능력, 비용 등 창작의 자유를 제한하는 요구사항들이 따른다. 대개의 경우 고객은 시장조사와 고객 의견조사 결과를 토대로 원하는 제품에 대해 충분한 아이디어를 가지고 있다. 이에 따라 소재뿐 아니라 제조 원가와 운송비 등을 일정 가격 이하로 산정한다. 혁신적인 프로젝트를 추진할 때 새로운 제조 업체를 찾기도 한다. 그렇지만 대부분의 경우 고객들은 기존에 파트너로 일하던 제조 업체를 계속 쓰기를 원한다. 새로운 시도에는 위험이 따르기 때문이다. 제조 부서가 있는 회사라면 외부 제조 업체를 사용하기를 꺼린다. 확실한 상업상의 이익이 눈에 보이지 않는 한 굳이 위험을 감수할 이유가 없기 때문이다. 가구디자인 프로세스의 핵심은 제작품의 개수와 예상 소매가격을 고려해서 생산 단가를 결정하는 것이다. 가장 적절한 소재와 제작 방식을 택하는 것도 중요하다.

또한 각 부품마다 적절한 제작 공법을 채택하는 것이 가장 중요하다. 대규모 공업 생산에는 고액의 설비 투자가 요구된다. 열플라스틱 사출성형이나 고압 다이캐스팅 등 엄청난 고가 설비를 갖춰야 하는 경우 제품 판매량이 많지 않으면 손해가 나기 쉽다. 따라서 이러한 공법은 소규모 생산에는 맞지 않다. 대신 플라스틱 회전성형이나 알루미늄 샌드캐스팅 등 비교적 저렴한 설비를 사용하거나 접착제, 용접으로 조립하는 방법이 적합하다. 그렇지만 저렴한 제작 공법을 사용하는 경우에는 제품 외관이 매끄럽지 못하고 공차(公差)에 영향을 주므로 주의해야 한다. 제품 디자인과 제조 관련 선택은 처음에는 매우 복잡해 보인다. 그렇지만 일단 고객, 예산, 환경 또는 내구성 등에 대한 요구사항이 분명해지면 의사결정 과정은 훨씬 단순해진다.

상대적 중요도 : 개요를 작성하고 디자인 과정에 고려할 요소들

옆 페이지 : 〈집 지 폴디드 페이퍼(Zip Zi Folded Paper)〉(마이클 영, 이스태블리쉬드&선즈, 2007)

위 : 〈임파서블 우드(Impossible Wood)〉(도시
레비엔, 모로소, 2011). 80% 나무섬유에 20% 폴리
프로필렌을 혼합한 소재를 사출성형하여 제작한
암체어 제품이다.

오른쪽 위 : 〈파일 오브 수트케이스(A Pile of
Suitcases)〉(마르텐 데 술레어, 갤러리 닐루파,
2008)

오른쪽 아래 : 〈플라스틱 클래식(Plastic Classic)〉
(필리 우, 2009). 타이완의 대중식당에서 흔히 볼 수
있는 스툴에 중국 전통 스타일 의자 등받이를 접목
한 것이다.

이 책을 활용하는 방법

제1장에서는 20세기 이후 가구디자인의 역사와 문화적 흐름을 짚어가면서 기능적, 기술적, 미학적 측면에서의 혁신 사례를 살펴본다. 사례 연구를 통해 주요 디자이너와 제품을 깊이 있게 다루며 특히 2000년대 이후 현대 디자인 작품을 중점적으로 논의한다.

제2장은 가구 제품 개발과 디자인 프로세스의 실질적인 측면을 다룬다. 인간공학 및 인체측정학의 기본 개념과 더불어 제품 개발의 바탕이 되는 1차, 2차 조사연구 방법론을 살펴보고 제품 콘셉트 개발과 테스트 사례를 연구한다.

제3장에서는 소재와 제작 기법에 중점을 둔 가구디자인 사례를 심층 연구하고 가구와 연관된 지속 가능성 및 윤리 경영이라는 쟁점을 살펴본다. 3장의 마지막 절에는 가구 제품에 이용되는 소재와 제작 기법의 기술적 데이터를 상세히 담았다. 이 절은 독자들이 디자인에 대한 아이디어의 가능성을 타진하는 가이드라인과 제품 제작을 위한 기초 기술 자료로 활용할 수 있을 것이다.

이 책 내용을 효과적으로 익히기 위해서 각 장에 실린 제품 사례와 관련 정보를 교차 대조하는 방법을 권장한다. 하나의 디자인에서 아이디어, 소재, 제작 기법이 어떻게 연결되는지 살펴봄으로써 창의적 개념과 기술 혁신에 대해 보다 깊은 성찰이 가능할 것이다.

구체적 정보의 활용

- 제품 기획의 기초 자료가 되는 조사연구를 수행하기 위해서는 '2a: 디자인을 위한 조사연구' 절과 '2b: 인간공학, 인체측정학, 공간 계획' 절에서 상세히 다룬 조사연구 방법론을 참고한다.
- 신제품 개발 시 제작 기법의 선택은 '3c: 금속, 플라스틱, 목재' 각 절의 상세 데이터를 활용하여 제품의 형태와 구조, 생산 규모, 소재, 허용 오차 범위(부품 제조 시), 디테일 등에 가장 적합한 경우를 모색한다.
- 신제품 개발 시 소재의 선택은 '3c: 금속, 플라스틱, 목재' 각 절의 상세 데이터를 활용하여 제품의 형태와 구조, 사용 환경, 외관의 완성도, 디테일, 내구성 등 요구 사항에 따라 가장 적합한 경우를 모색한다.

심화 학습 과제

- 제1장, 제2장, 제3장의 3a, 3b절에 실린 디자인 사례에 언급된 소재와 제작 기법의 내용을 3c절의 상세 정보와 대조하여 연구한다.
- 3c 전체 내용을 순서대로 훑어가며 각자 관심을 두고 있는 소재와 공법에 대한 정보를 찾는다. 또는 특정 제품 사례(이 책 전체에 실린 사례를 활용한다)에서 언급된 소재, 제작 공법, 표면 마감 등의 상세 정보를 3c절에서 찾아본다.

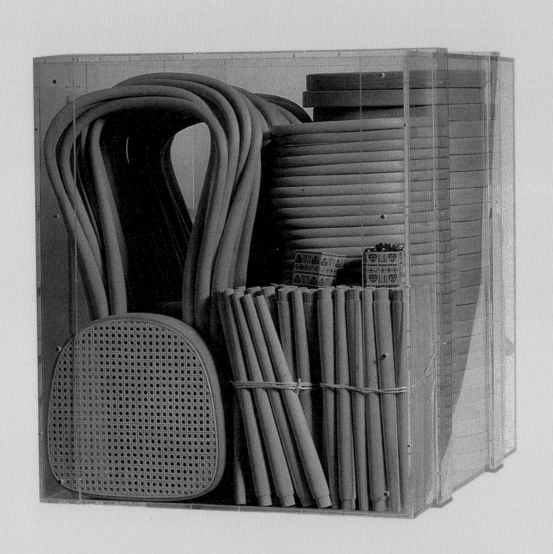

Chapter 1:

가구디자인의 발달 고찰

1a: 가구디자인의 문화사

20세기 초 산업디자인의 가장 두드러진 특징은 대량생산 제품과 수공예 제품 사이에 벌어진 경쟁이다. 19세기를 거치는 동안 건축가, 디자이너 공예기술자, 그리고 예술가들은 공동으로 협회, 전시회, 출판 활동을 하며, 협업 체제를 구축했다. 그들은 다음 시대에 새로운 소재, 새로운 형식, 혁신적 제작 기법이 큰 역할을 할 것으로 기대하며, 이를 바탕으로 진보한 미래 비전을 제시했다. 이 장에서는 이러한 흐름의 맥락을 대표 가구 작품을 중심으로 짚어보면서, 디자이너들이 어떻게 전통과 혁신의 접목을 추구했는지, 새로운 소재와 제작 기법의 도입을 통해서 어떻게 과거의 형식을 벗어나게 되었는지, 그 결과로 산출된 새로운 디자인이 우리의 삶에 어떤 변화를 가져왔는지 논의하고자 한다.

이 단락에서는 가구디자인의 흐름을 10년 단위로 추적하면서 좋은 디자인과 혁신의 대표 사례로서 중요한 작품들을 선정하였으며, 당대의 활동 및 역사적 사건과의 연관성을 제시하였다. 시대를 대표하는 주요 작품들은 미학적, 역사적 맥락뿐 아니라 제작 기법을 고려해서 선정하였다.

1897년 비엔나에서 건축가 콜로만 모저Koloman Moser와 요제프 호프만Josef Hoffmann이 일으킨 분리파(Secessionist) 운동이 진보적 디자인의 주요한 첫 걸음이었다. 이들은 영국의 미술공예운동(Arts and Crafts Movement) 후기 단계 작가들, 특히 찰스 레니 매킨토시Charles Rennie Mackintosh의 영향을 많이 받았다. 매킨토시가 선보인 독창적인 건축물, 가구, 금속작품은 1890년대의 해체주의 건축에서 분리파 디자인으로 이어지는 다리 역할을 했다.

1903년 모저와 호프만은 비엔나 워크숍Wiener Werkstätte을 만들었다. 분리파 작가들의 작품을 판매하는 매장을 마련하는 한편 비엔나 지역의 미래지향적 예술가, 공예가, 건축가들이 아이디어를 나누는 장을 열기 위해서였다. 비엔나 워크숍은 영국의 사회개혁운동가인 윌리엄 모리스William Morris와 존 러스킨John Ruskin을 추종하는 조직이었다. 이들은 예술, 직물, 금속, 유리, 도자기, 가구, 그리고 건축물 등의 분야에서 매우 독창적인 공예품을 내놓음으로써 공업화의 결과로 인해 질 낮은 디자인 상품들이 대량생산되어 세상을 지배하는 데 대항하고자 했다. 비엔나 워크숍은 공예품 생산을 중시했기 때문에 효율적인 대량생산에 맞는 통합 디자인과는 거리가 멀었다. 모저와 호프만이 토넷Thonet의 가구를 디자인하기도 했지만 이는 예외적인 경우였다. 비엔나 워크숍의 모토는 다음과 같다. "하루에 열 개의 가구를 생산하는 것보다 열흘 동안 공들여 하나의 가구를 완성하는 편이 더 낫다."

가구에 대량생산을 최초로 도입한 업체는 토넷이었다. 캐비닛 제조업자이자 판매인 독일인 마이클 토넷Michael Thonet이 1850년대에 창립했다. 토넷은 목재가구 제작에 혁신적 방식을 도입했고(예컨대 분업 시스템을 활용하여 저렴하면서도 질 높은 대중용 가구를 생산한다든지) 최고 수준의 디자이너들과 함께 일했기 때문에 비엔나 워크숍에서도 마다하지 않았다. 토넷이 막대한 영향력을 행사했고 성공을 거둔 것은 사실이다. 그렇지만 비엔나 워크숍의 작품은, 특히 초기 5년 동안 매우 발본적인 신미학을 선보임으로써 진정으로 진보적인 디자인을 대표했다. 비엔나 워크숍이 창출한 신미학은 20세기 디자인의 새로운 스타일과 내용으로 자리 잡았다.

미국에서 매킨토시는 건축가 프랭크 로이드 라이트Frank Lloyd Wright에게 커다란 영향을 끼쳤다. 라이트가 비엔나 워크숍에 영감을 불어넣었다는 데는 의심의 여지가 없다. 가장 비타협적인 라이트의 작품은 미국 뉴욕 주 버팔로의 〈라킨 빌딩Larkin Building〉(1904)에 설치되었던 〈라킨 오피스 체어Larkin Office Chair〉이다. 전부 금속으로 만들어진 이 의자는 실내용으로 제작된 최초의 금속의자였다. 당시 이 작품에 대한 사람들의 반응이 어땠는지에 대한 기록은 남아 있지 않지만, 차갑고 몰인정한 소재와 형태에서 타 작품을 처음 접했을 때와 유사한 충격을 받았을 것으로 짐작된다. 유리문, 냉방 시스템, 붙박이 가구 등 라이트의 혁신적인 실내디자인이 적용된 〈라킨 빌딩〉은 1950년에 철거되었다.

옆 페이지, 왼쪽 : 〈No. 14체어(No. 14 Chair)〉(마이클 토넷, 1859)

옆 페이지, 오른쪽 : 〈라킨 오피스 체어(The Larkin Office Chair)〉(프랭크 로이드 라이트, 1904)

1900년대 : 호프만에서 로이드 라이트까지

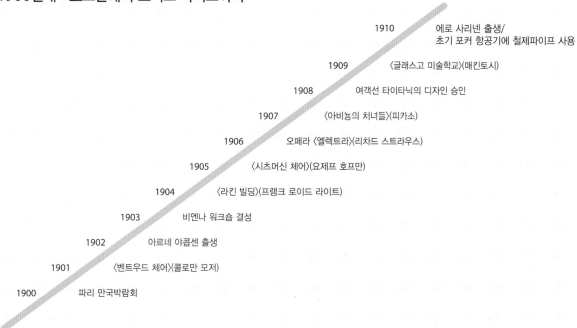

1910   에로 사리넨 출생/
        초기 포커 항공기에 철제파이프 사용

1909   〈글래스고 미술학교〉(매킨토시)

1908   여객선 타이타닉의 디자인 승인

1907   〈아비뇽의 처녀들〉(피카소)

1906   오페라 〈엘렉트라〉(리차드 스트라우스)

1905   〈시츠머신 체어〉(요제프 호프만)

1904   〈라킨 빌딩〉(프랭크 로이드 라이트)

1903   비엔나 워크숍 결성

1902   아르네 야콥센 출생

1901   〈벤트우드 체어〉(콜로만 모저)

1900   파리 만국박람회

〈시츠머신 체어(Sitzmaschine Chair)〉(요제프
호프만, 1905)

1910년대 : 클림트에서 리트펠트까지

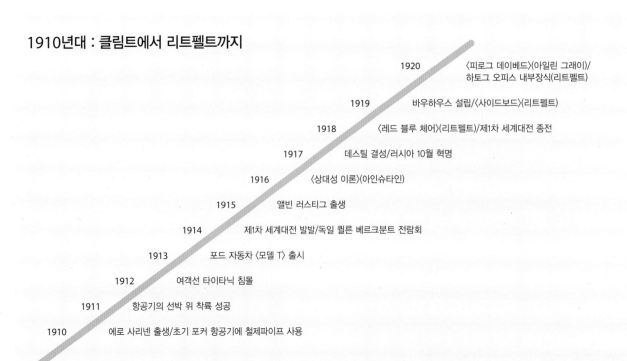

1920	〈피로그 데이베드〉(아일린 그래이)/ 하토그 오피스 내부장식(리트펠트)
1919	바우하우스 설립/〈사이드보드〉(리트펠트)
1918	〈레드 블루 체어〉(리트펠트)/제1차 세계대전 종전
1917	데스틸 결성/러시아 10월 혁명
1916	〈상대성 이론〉(아인슈타인)
1915	앨빈 러스티그 출생
1914	제1차 세계대전 발발/독일 쾰른 베르크분트 전람회
1913	포드 자동차 〈모델 T〉 출시
1912	여객선 타이타닉 침몰
1911	항공기의 선박 위 착륙 성공
1910	에로 사리넨 출생/초기 포커 항공기에 철제파이프 사용

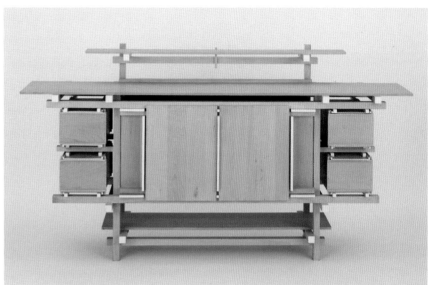

왼쪽부터 순서대로: 〈레드 블루 체어(Red Blue Chair)〉(헤리트 리트펠트,1917)의 프로토타입 페인트 도장을 하지 않은 상태

〈사이드보드(Sideboard)〉(헤리트 리트펠트, 1919)

비엔나 워크숍이 초기 2년 동안 내놓은 가장 중요한 작품은 1905년 호프만의 〈시츠머신 체어〉였다(독일어로 '앉는 기계'라는 뜻). 〈시츠머신 체어〉는 로이드 라이트의 〈라킨 오피스 체어〉와 더불어 최초의 모더니즘 가구 작품으로 꼽힌다. 이전 시대와 확연히 구분되는 디자인 혁신을 실현했다는 점, 그리고 절제되면서도 풍부하게 표현된 디자인 안에 가능성을 녹여냈다는 점에서 진정한 모더니즘의 실현으로 볼 수 있는 작품이었다. 〈시츠머신 체어〉와 〈라킨 오피스 체어〉를 계기로 가구디자인에서 장식적인 요소보다 기능성과 실용성을 중요시하는 진보적인 흐름이 시작되었다.

제1차 세계대전과 러시아 10월 혁명은 유럽과 전 세계를 엄청나게 변화시켰다. 민족자결(民族自決)과 과거로부터 벗어나고자 하는 집합적 욕구가 커졌다. 이 시기에 기술면에서는 수많은 혁신이 일어났지만, 전쟁 때문에 가구 제조 분야는 발전이 더뎠다. 그렇지만 덴마크 등 중립국에서는 진전이 있었고, 이 가운데 네덜란드에서 헤리트 리트펠트Gerrit Rietveld의 실험적 작품이 가구디자인의 새로운 기준으로 떠올랐다. 가구디자인에 리트펠트가 미친 영향은, 19세기 말 피카소Picasso의 추상미술, 또는 작곡가 스트라우스Strauss가 불협화음을 자주 사용한 데 견줄 만했다. 리트펠트와 데스틸De Stijl 운동이 아니었더라면 초기 모더니즘은 전혀 다른 방향으로 전개되었을 것이다. 리트펠트의 작품 중 가장 각광 받는 것은 1917년 〈레드 블루 체어Red Blue Chair〉이다. 1919년의 〈사이드보드Sideboard〉 역시 장식성을 거부하고 구조를 해체한다는 면에서 〈레드 블루 체어〉와 동일선상에 있었

다. 그러나 〈사이드보드〉는 혹평과 조롱의 대상이 되었고, 과도하게 넓은 면적을 비꼬아 '먼지받이'로 불리기도 했다. 리트펠트는 이런 평을 유쾌한 태도로 받아들였다고 한다.

호프만의 〈시츠머신〉과 리트펠트의 구조적 실험은 과거와의 완전한 단절을 이룬 것으로, 가구디자인 역사상 매우 중요한 의미가 있다. 그렇지만 1920년대까지 호프만과 리트펠트가 내놓은 디자인은 제작 측면의 합리성을 고려하기는 했지만, 대량생산을 위한 것은 아니었다. 이를 통해 가구디자인의 모더니즘 운동에서 중요시한 생산성이 그들의 주요 관심사는 아니었다는 것을 확인할 수 있다.

제1차 세계대전이 끝나자마자 산업디자인에서 진보적 움직임이 일어났다. 소재와 제작공정을 우선 고려하고 그에 맞춰 결과물을 디자인함으로써 기능성과 제작 효율을 중요시했다. 이 시기 비엔나 워크숍은 아르데코Art Deco 작품을 파는 기업으로 점차 변했지만, 리트펠트는 첨단 실험을 계속하며 미래 모더니즘의 신과 같은 지위를 차지했다. 이들이 집단적으로 노력한 결과로 진정한 아방가르드avant-garde 디자인에 합리성을 겸비한 작품들이 나올 수 있었다. 이러한 가구디자인은 추상예술 분야까지도 일부 영향을 끼쳤다.

제1, 2차 세계대전 사이에 가구 제작기술이 빠르게 발달했고 산업용 소재를 가구에 이용하는 추세가 확산되었다. 1919년 독일 바이마르 지역에서 발터 그로피우스Walter Gropius가 바우하우스 스쿨Bauhaus School을 창립했다. 바우하우스는 실습 위주 교육 프로그램으로서 다양한

1920년대 : 브로이어에서 미스 반 데어 로에까지

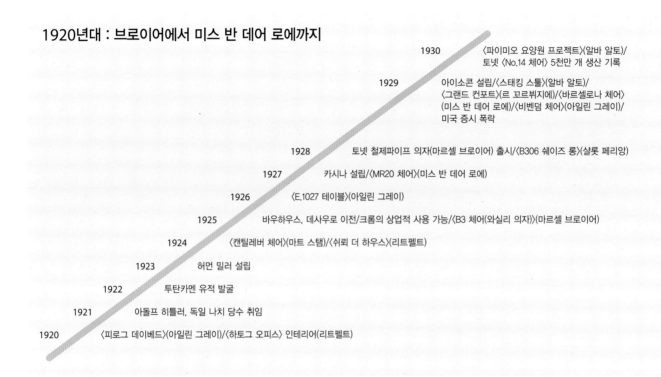

1930	〈파이미오 요양원 프로젝트〉(알바 알토)/토넷 〈No.14 체어〉 5천만 개 생산 기록
1929	아이소콘 설립/〈스태킹 스툴〉(알바 알토)/〈그랜드 컴포트〉(르 꼬르뷔지에)/〈바르셀로나 체어〉(미스 반 데어 로에)/〈비벤덤 체어〉(아일린 그레이)/미국 증시 폭락
1928	토넷 철제파이프 의자(마르셀 브로이어) 출시/〈B306 쉐이즈 롱〉(샬롯 페리앙)
1927	카시나 설립/〈MR20 체어〉(미스 반 데어 로에)
1926	〈E.1027 테이블〉(아일린 그레이)
1925	바우하우스, 데사우로 이전/크롬의 상업적 사용 가능/〈B3 체어(와실리 의자)〉(마르셀 브로이어)
1924	〈캔틸레버 체어〉(마트 스탬)/〈쉬뢰 더 하우스〉(리트펠트)
1923	허먼 밀러 설립
1922	투탄카멘 유적 발굴
1921	아돌프 히틀러, 독일 나치 당수 취임
1920	〈피로그 데이베드〉(아일린 그레이)/〈하토그 오피스〉 인테리어(리트펠트)

색상, 형태, 소재를 자유롭게 실험하는 데 집중했다. 교육생은 졸업 후 다양한 응용예술 분야 중에서 진로를 선택할 수 있었다. 예술과 공작기술 둘 다 능숙한 경지에 도달하도록 하는 것이 교육 목표였다. 공산당과 관련되었다는 혐의로 나치에 의해 강제로 폐교되기 전까지 13년 동안 20세기의 수많은 우수 디자이너와 건축가를 배출했다. 바우하우스 출신 작가들은 작품활동과 제자 양성을 통해 지금까지도 영향을 끼치고 있다.

이 시기 바우하우스에서 디자인한 작품 중 가장 주목받았고 아마도 가장 중요한 의미를 지닌 가구는 철제파이프로 만든 클럽 의자 B3이다. 나중에 〈바실리 체어 Wassily Chair〉(P.109)라고 불렸다. 이 의자는 독일의 모더니즘 거장 마르셀 브로이어Marcel Breuer의 가장 뛰어난 작품으로 평가된다. 이보다 앞서 이미 60년 전에 토넷이 대량생산 기술을 완성했지만, 〈바실리 체어〉는 기능성을 중시하는 발본적이고도 진보적인 디자인을 신소재와 제작기술에 도입한 최초의 시도였다. 토넷이 이룩한 성과 역시 덜 중요한 것은 아니었다. 그러나 크롬 도금한 철제파이프라는 〈바실리 체어〉의 새로운 소재가 준 충격을 목재가구는 도저히 따라갈 수 없었다.

브로이어가 철제파이프 사용에 일단 성공하자 기술혁신의 문이 활짝 열렸다. 철제의 진정한 잠재력이 드러나는 것은 시간문제였다. 캔틸레버Cantilever가 등장했다. 캔틸레버 의자를 최초로 만든 사람은 네덜란드의 건축가 마트 스탬Mart Stam으로 알려졌다. 이 소식을 접한 브로이어와 독일 태생의 동시대인 루드비히 미스 반 데어 로에Ludwig Mies van der Rohe는 그 중요성을 깨닫고 곧바로 자기들만의 캔틸레버 의자 제작에 나섰다. 결국 누가 캔틸레버 의자를 발명했는가를 놓고 논란이 일어났다. 이는 법정 공방으로 이어져 1920년대 말에야 판결이 났다. 그 결과 스탬이 먼저 개발했다는 것을 인정받아 유럽에서 '특허권'을 갖게 되었다.

미스 반 데어 로에는 모더니즘 건축에서 가장 위대한 인물로 꼽힌다. 그는 또한 가구디자인 역사상 혁신적인 작품을 여럿 내놓았는데, 가장 중요한 작품은 1920년대에 창조했다. 대표작으로는 스탬의 캔틸레버 원칙을 이용한 의자 시리즈와 1929년 바르셀로나 엑스포 독일관에 설치했던 〈바르셀로나 체어Barcelona Chair〉가 있다. 그의 디자인은 시각적으로 극단적인 미니멀리즘적인 모더니즘을 창조했는데, 이것이 당대의 모더니즘 운동을 대표하게 되었다.

위 : <E-1027>(아일린 그레이, 1924). 높이 조절이
가능한 테이블 제품으로 장 바도비치와 공동 진행한
건축 프로젝트의 일부이다.

철제파이프 소재의 〈캔틸레버 체어(Cantilever
Chair)〉(마트 스탬, 1927). 사진은 L&C 아놀드에서
라이선스 방식으로 시판하는 버전이다.

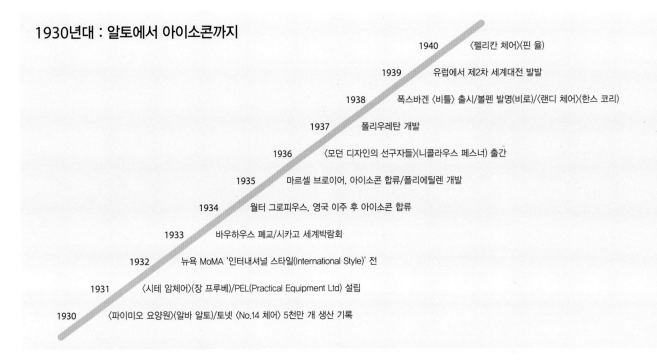

1930년대 : 알토에서 아이소콘까지

1940 〈펠리칸 체어〉(핀 율)

1939 유럽에서 제2차 세계대전 발발

1938 폭스바겐 〈비틀〉 출시/볼펜 발명(비로)/〈랜디 체어〉(한스 코리)

1937 폴리우레탄 개발

1936 〈모던 디자인의 선구자들〉(니콜라우스 페스너) 출간

1935 마르셀 브로이어, 아이소콘 합류/폴리에틸렌 개발

1934 월터 그로피우스, 영국 이주 후 아이소콘 합류

1933 바우하우스 폐교/시카고 세계박람회

1932 뉴욕 MoMA '인터내셔널 스타일(International Style)' 전

1931 〈시테 암체어〉(장 프루베)/PEL(Practical Equipment Ltd) 설립

1930 〈파이미오 요양원〉(알바 알토)/토넷 〈No.14 체어〉 5천만 개 생산 기록

한편, 미스 반 데어 로에가 추구한 풍부한 시각 효과와는 대조되는 방향을 선택한 디자이너도 있었다. 프랑스의 건축가이자 디자이너인 르 꼬르뷔지에Le Corbusier와 샬롯 페리앙Charlotte Perriand은 전통 가구를 재해석하여 산업미학을 가미한 작품을 내놓았다. 르 꼬르뷔지에의 홈 인테리어 작품 〈생활을 위한 기계(machine for living)〉([새로운 건축을 향해(Vers Une Architecture)]에서 발표, 1923)는 신소재를 사용하여 과거의 형태와 스타일을 단순 명료하게 처리했다. 르 꼬르뷔지에와 페리앙의 가구는 디자인 역사상 탁월함에도 불구하고 철제 관과 유리를 사용하는 디자인 때문에 제작이 쉽지 않고 본래부터 비용이 많이 들었다. 같은 시기 브로이어와 미스 반 데어 로에의 디자인이 보다 '민주적'이라는 평가를 받은 것과 대조되었다.

브로이어, 스탬, 미스 반 데어 로에, 르 꼬르뷔지에 등이 1920년대에 디자인을 극적으로 바꾸는 동안, 리트펠트는 새로운 소재의 실험을 계속하는 한편 유트레히트의 주요 건축위원회인 〈쉬뢰 더 하우스the Schroder House〉에서 일하면서 계속 중요한 공헌을 했다. 리트펠트의 작품은 당시 전성기를 누리던 바우하우스의 그늘에 가려 제대로 평가 받지 못한 면도 있다. 그렇지만 리트펠트는 왕성히 활동하며 다양한 종류의 가구 작품을 내놓았다. 이 시기 리트펠트의 대표작으로 꼽히는 두 개의 의자가 있다. 하나는 의자 전체를 알루미늄으로 압착

형성한 작품이고, 다른 하나는 래미네이트 합판 한 장으로 좌판과 등판을 만든 작품이다. 후자는 찰스 임스Charles Eames의 작품을 20년이나 앞선 것이다.

1930년대는 모더니즘의 미학이 널리 받아들여진 시기였다. 영화, 자동차, 건축 장식물 등 모든 요소에서 모더니즘 특유의 단순한 라인이 유행했다. 또한 1930년대 전반에 '아르 데코Art Deco'가 사회 전반에서 통용되었다. 프랑스어로 '장식 미술'을 뜻하는 이 말은 1925년 파리에서 열린 '현대산업장식미술박람회(Exposition Internationale des Arts Decoratifs et Industriels Modernes)'의 명칭에서 유래했다. 멋진 할리우드 영화와 해외여행이 아르 데코 스타일에 영향을 주었다. 크롬, 유리, 래미네이트, 에나멜 등을 이용한 새로운 디자인과 동물가죽, 상아, 거북등과 같은 이국적 느낌을 주는 소재가 널리 사용되었다. 1920년대처럼 화려하지는 않지만 전전기(戰前期)는 모더니즘의 성숙기였다. 특히 이 시기에는 래미네이트 목재가 주요 소재로 널리 사용되었는데, 이전에 단순한 목재가 '모던'하지 못한 소재로 등한시된 것과 대조적인 현상이다. 목재였음에도 불구하고 모던한 소재로 받아들인 것이다.

위 왼쪽 : '레드 로즈 길드(Red Rose Guild)'(1935) 전시회에 출품된 의자(아서 W. 심슨, 1934)

〈파이미오 암체어(Paimio Armchair)〉(알바 알토, 1930)

아래 : PEL에서 출시한 <RP6>와 <RP7> 네스팅 의자(1931~1932). 철제파이프와 캔버스 소재로 포개어 쌓을 수 있게 디자인되었다.

영국에서는 건축디자인 그룹 아이소콘Isokon이 가구의 기술혁신을 주도했다. 아이소콘은 이민 간 발터 그로피우스Gropius에 이어 디자인 감독으로 마르셀 브로이어를 등용했다. 브로이어는 전쟁이 일어나기 전 잠시 런던에 머무는 동안 디자인 감독을 맡았다. 1930년대에 아이소콘이 혁신적인 가구를 내놓은 것은 사실이다. 그렇지만 이후의 가구 제작과 디자인에 가장 큰 충격을 준 것은 핀란드의 건축가 알바 알토Alvar Aalto였다. 그는 〈파이미오 암체어Paimio Armchair〉를 발표해서 크고 복잡한 형태의 가구를 일체형으로 래미네이트하는 기법을 선보였다. 이는 가구 역사상 누구도 달성하지 못했던 기술이었다. 1920년대 내내 알토는 실험을 통해 래미네이트을 연구했다. 핀란드의 한 제조업체와 협력하여 드디어 결실을 맺을 수 있었다. 그는 지금은 잘 알려진 건축물인 파이미오 요양병원(Paimio Sanatorium)의 가구를 디자인하던 중 〈파이미오 암체어〉 개발에 성공했다.

아르 데코 스타일은 영국과 유럽의 가구 제작자와 가구 업체 사이에 빠르게 퍼져갔다. 하지만 대규모의 래미네이팅 공법을 실현할 수 있는 기술력을 갖춘 업체는 거의 없었기 때문에 알토, 브로이어, 그리고 영국 디자이너 웰스코츠Wells Coates와 아서 심슨Arthur W. Simpson이 선보인 새로운 시각언어는 대부분 전통적인 제작 기법이 적용됐다. 심슨이 디자인한 팔걸이의자는 전전(戰前) 주류 현대 가구의 새로운 고전으로 자리 잡았고 이를 재해석한 작품이 1950년대까지도 이어졌다.

1940년대 : 율에서 임스와 베그너까지

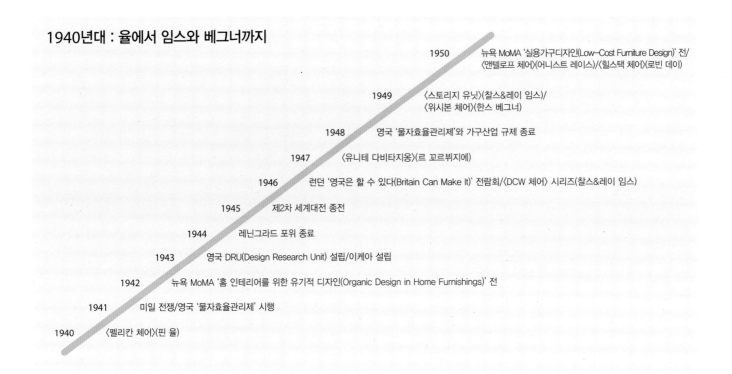

1950 — 뉴욕 MoMA '실용가구디자인(Low-Cost Furniture Design)' 전/
〈앤텔로프 체어〉(어니스트 레이스)/〈힐스택 체어〉(로빈 데이)

1949 — 〈스토리지 유닛〉(찰스&레이 임스)/
〈위시본 체어〉(한스 베그너)

1948 — 영국 '물자효율관리제'와 가구산업 규제 종료

1947 — 〈유니테 다비타지옹〉(르 꼬르뷔지에)

1946 — 런던 '영국은 할 수 있다(Britain Can Make It)' 전람회/〈DCW 체어〉 시리즈(찰스&레이 임스)

1945 — 제2차 세계대전 종전

1944 — 레닌그라드 포위 종료

1943 — 영국 DRU(Design Research Unit) 설립/이케아 설립

1942 — 뉴욕 MoMA '홈 인테리어를 위한 유기적 디자인(Organic Design in Home Furnishings)' 전

1941 — 미일 전쟁/영국 '물자효율관리제' 시행

1940 — 〈펠리칸 체어〉(핀 율)

가구 업체들 사이에 모더니즘 디자인의 세련된 아름다움을 대중용 가구에 접목하려는 시도가 이어졌다. 영국 업체 PEL(Practical Equipment Ltd.)이 웰스 코츠Wells Coates의 디자인을 채용한 철제 가구를 대량생산한 것이 그 중 하나였다. 이들 업체의 제품은 혁신의 우월성이라는 측면에서 바우하우스의 위상에 감히 범접하지 못했지만, 대중적 홍보 면에서는 상당한 성과를 거두었다. 〈스튜디오The Studio〉같은 잡지에 제품 기사가 났고 구매자 가정에서 실물을 본 사람이 늘면서 넓은 층의 대중에게 노출되었다. 모더니즘 스타일 선호 여부와는 무관하게 이것이 바로 미래의 디자인이라는 뚜렷한 인상을 심어준 것이다. PEL이 생산한 가구는 미국에 대공황이 시작될 무렵 상대적으로 부유한 가정의 상징으로 자리 잡았다. 그뿐만 아니라, PEL은 저렴한 대량생산 가구를 공공시설에 공급했다. 1931~1932년 생산한 〈RP6 네스팅 체어Nesting Chair〉가 그 중 하나다. 철제파이프 프레임에 캔버스 소재로 좌판과 등판을 만든 이 의자는 1930년대 미국의 관공서뿐 아니라 근대화중인 국가의 학교 건물 어디서나 흔히 볼 수 있었다.

미국에서는 1933년 시카고 세계박람회(Chicago World's Fair)의 영향으로 도널드 데스키Donald Deskey를 비롯한 디자이너들이 모더니즘과 아르 데코 스타일의 가구를 디자인했다. 가구업체 하웰Howell Co.은 디자이너 길

버트 로드Gilbert Rohde를 채용하여 철제파이프를 주요 소재로 사용한 제품을 내놓기도 했다. 이후 브로이어를 비롯한 모더니즘 디자이너들의 지속된 영향으로 아메리칸 아르 데코American Art Deco라는 새로운 스타일이 나타났다. 이때 뿌려진 씨앗이 자란 결과 미국은 1940~1950년대에 가구디자인의 혁신을 주도하는 위치에 오를 수 있었다.

아래 : 1946년 '영국은 할 수 있다(Britain Can Make It)' 전람회(런던 V&A 미술관)에서 '물자효율 가구' 제품을 선보였다. 사진은 클라이브 래티머가 디자인한 테이블과 의자 제품

제2차 세계대전이 일어나자 가구제작자와 디자이너들의 활동이 크게 위축되었다. 그렇지만 동시에 연합국과 추축국에서 신소재와 신기술이 잇달아 개발되었고 이는 전후(戰後) 가구 기술의 새 시대를 여는 바탕이 되었다. 과거 제1차 세계대전 후 가구 산업이 한층 진보했던 것과 유사한 현상이었다. 플라스틱이 첨단 소재로 막 등장한 가운데, 래미네이트 목재와 알루미늄이 가구의 두 가지 주요 소재로 쓰였다.

신소재의 영향은 전통적 디자인의 가구도 변화시켰다. 그 변화는 기술적 측면뿐 아니라 개념적 측면과 미학적 측면에서도 일어났다. 한 예로 덴마크 디자이너 핀 율 Finn Juhl의 1940년 작 〈펠리컨 체어Pelican Chair〉를 들 수 있다. 기술만 본다면 〈펠리컨 체어〉는 그다지 특별할 것이 없었다. 그러나 조형미의 관점에서는 독창적인 시각언어가 빛나는 작품으로 완전히 시대를 앞선 현대적 스타일이었다. 스칸디나비아 디자인은 덴마크를 비롯하여 노르웨이, 스웨덴, 핀란드 등 지역에서 시작되었다. 스칸디나비아 가구운동의 신조는 저가이면서 기능적일 뿐 아니라 아름다운 가구를 대량생산 가능한 소재로 만드는 것이었다. 덴마크는 1930년대 이래 브루노 마트손 Bruno Mathsson, 핀 율 같은 유명 디자이너들을 배출했는데, 가장 유명한 이는 한스 베그너 Hans Wegner 일 것이다.

〈로우 암체어(Low Armchair)〉(찰스 임스&레이 임스, 1949) 최근 시판 버전

아래 왼쪽 : 〈위시본 체어(Wishbone Chair)〉(한스 베그너, 1949) 최근 시판 버전

아래 오른쪽 : 〈펠리칸 체어(Pelican Chair)〉(핀 율, 1940) 최근 시판 버전

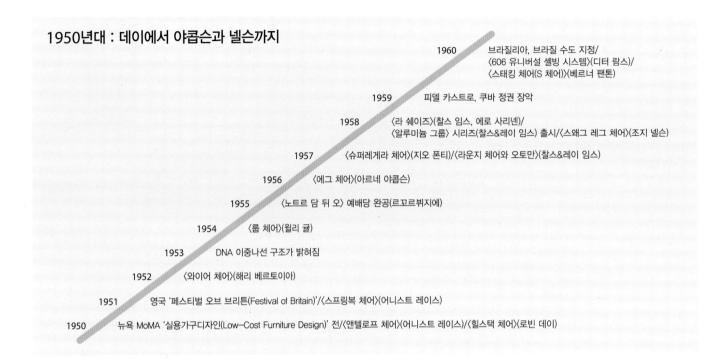

1950년대 : 데이에서 야콥슨과 넬슨까지

1960	브라질리아, 브라질 수도 지정/〈606 유니버설 셸빙 시스템〉(디터 람스)/〈스태킹 체어(S 체어)〉(베르너 팬톤)
1959	피델 카스트로, 쿠바 정권 장악
1958	〈라 쉐이즈〉(찰스 임스, 에로 사리넨)/〈알루미늄 그룹〉 시리즈(찰스&레이 임스) 출시/〈스왜그 레그 체어〉(조지 넬슨)
1957	〈슈퍼레게라 체어〉(지오 폰티)/〈라운지 체어와 오토만〉(찰스&레이 임스)
1956	〈에그 체어〉(아르네 야콥슨)
1955	〈노트르 담 뒤 오〉 예배당 완공(르꼬르뷔지에)
1954	〈룹 체어〉(윌리 귤)
1953	DNA 이중나선 구조가 밝혀짐
1952	〈와이어 체어〉(해리 베르토이아)
1951	영국 '페스티벌 오브 브리튼(Festival of Britain)'/〈스프링복 체어〉(어니스트 레이스)
1950	뉴욕 MoMA '실용가구디자인(Low-Cost Furniture Design)' 전/〈앤텔로프 체어〉(어니스트 레이스)/〈힐스택 체어〉(로빈 데이)

베그너는 당대 최고의 명성을 누리며 유럽과 미국 디자인계에 큰 파장을 일으킨 인물이다. 그가 명성을 날리기 시작한 것은 1947년작 〈피콕 체어Peacock Chair〉였다. 이 작품은 아름답고 독창적인 디자인으로 호평을 받았지만 현대적 디자인보다는 전통 공예에 뿌리를 둔 것이었다. 당시 임스Eames와 사리넨Saarinen 같은 디자이너들이 '신세계'의 비전을 추구한 것과는 거리가 있었다. 그렇지만 1949년 베그너는 칼 한센Carl Hansen에서 시판된 〈위시본 체어Wishbone Chair〉에서 성숙한 스타일을 선보였다. 〈위시본 체어〉는 전통미를 깊게 반영하면서도 완벽하게 현대적인 감성을 조화시킨 디자인으로 격찬을 받았다. 이는 당시 덴마크 디자이너들의 주된 흐름이기도 했다. 비록 디자인은 잘되었지만 이 제품은 상당한 수공 작업이 필요하다는 점 때문에 대량생산하기에는 제작 단가가 높아서 상품으로서는 성공적이지 못했다. 그렇지만 〈위시본 체어〉는 처음부터 '대중적인 의자'라는 개념이 아니었다. 그 디자인의 진정한 가치는 세련된 아름다움, 높은 품격, 그리고 절제된 현대 감각의 창출에 있다.

영국에서는 물자 결핍으로 인한 효율적 디자인과 생산이 관건이었다. 그리하여 1941년 물자효율관리제(Utility Scheme)가 시행되어 직물과 가구 제작을 정부가 감독하게 되었다. 전쟁의 여파로 부족한 물자를 효율적으로 사용하고 수급을 조절하기 위한 것으로, 이 제도 하에서 생산된 제품을 '물자효율가구Utility furniture'라고 부른다. 물자효율가구는 스타일보다 원자재 활용을 우선시하는 특징이 있다. 간소한 디자인에 외관은 다소 투박한 반면 실용성과 효율이 강조되었기 때문에 기능적이고 견고하게 설계되었다. 제2차 세계대전 이전에 나온 대중용 가구제품은 대부분 내구성이 떨어졌다. 이에 반해 물자효율가구는 오늘날의 관점에서 보아도 놀라울 정도로 튼튼하고 오래 사용할 수 있도록 제작되었다.

물자효율관리제는 1948년까지 계속되었다. 전후 사회, 경제, 사회기반시설 재건사업의 일환으로 1946년 '영국은 할 수 있다(Britain Can Make It)'는 전람회가 개최되었다. 여기에 물자효율가구도 전시되었는데, 물자효율제의 원칙을 지키면서도 '현대적' 감각을 담아낸 우수한 디자인을 선보였다. 같은 해 미국 디자이너 찰스 임스Charles Eames와 레이 임스Ray Eames가 내놓은 디자인이 선풍적인 인기를 끌었음에 비해 영국의 물자효율가구는 큰 주목을 받지 못했다. 그러나 물자효율가구 중 상당수가 우수한 디자인이었고 특히 클라이브 래티머Clive Latimer가 디자인한 힐 앤 선Heal&Son Ltd.의 식탁과 의자 제품은 당시 어떤 디자인과 비교해도 손색이 없었다. 그가 사용한 주조된 알루미늄 다리와 합판 본체 조합은 가구 디자인의 표준이 되어 향후 20년 동안 수많은 제품에 응용되었다.

그렇지만 가구 전문가와 소비자 모두에게 1940년대 가구디자인 최고의 스타는 미국에서 활약한 부부 디자

1960년대 : 람스에서 새퍼, 팬톤, 페세까지

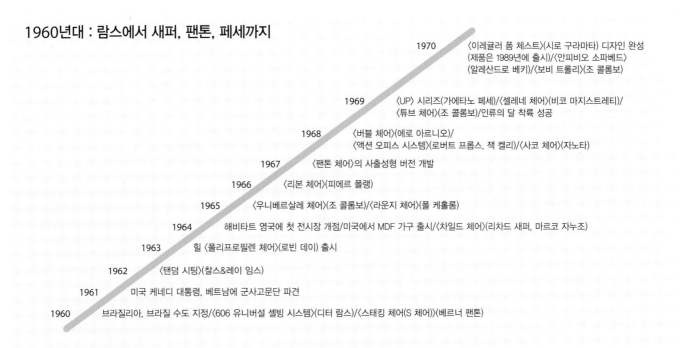

1970 〈이레귤러 폼 체스트〉(시로 구라마타) 디자인 완성
(제품은 1989년에 출시)/〈안피비오 소파베드〉
(알레산드로 베키)/〈보비 트롤리〉(조 콜롬보)

1969 〈UP〉 시리즈(가에타노 페세)/〈셀레네 체어〉(비코 마지스트레티)/
〈튜브 체어〉(조 콜롬보)/인류의 달 착륙 성공

1968 〈버블 체어〉(에로 아르니오)/
〈액션 오피스 시스템〉(로버트 프롭스, 잭 켈리)/〈사코 체어〉(자노타)

1967 〈팬톤 체어〉의 사출성형 버전 개발

1966 〈리본 체어〉(피에르 폴랭)

1965 〈우니베르살레 체어〉(조 콜롬보)/〈라운지 체어〉(폴 케홀롬)

1964 해비타트 영국에 첫 전시장 개점/미국에서 MDF 가구 출시/〈차일드 체어〉(리차드 새퍼, 마르코 자누조)

1963 힐 〈폴리프로필렌 체어〉(로빈 데이) 출시

1962 〈탠덤 시팅〉(찰스&레이 임스)

1961 미국 케네디 대통령, 베트남에 군사고문단 파견

1960 브라질리아, 브라질 수도 지정/〈606 유니버설 셸빙 시스템〉(디터 람스)/〈스태킹 체어(S 체어)〉(베르너 팬톤)

이너 찰스와 레이 임스라는 점에는 의심의 여지가 없다. 찰스 임스는 엘리엘 사리넨Eliel Saarienne 밑에서 디자인을 공부했고 나중에 그의 아들 에로 사리넨Eero Saarienne과 긴밀한 관계를 맺게 되었다. 두 사람은 1940년 복합 래미네이트 소재의 프로토타입prototype을 개발하여 뉴욕 현대미술관 MoMA의 '홈 인테리어를 위한 유기적 디자인(Organic Design in Home Furnishings)' 경진대회에서 최우수상을 받았다.

이들은 미국 정부의 주문으로 군용품을 디자인하기도 했다. 래미네이트 소재 부목(副木)은 부상당한 병사의 공적을 상징하는 시대의 아이콘이 되었다. 1920~1930년대에 알토, 브로이어, 스탬이 일으킨 혁신이 가구디자인의 새 시대를 열었다면, 1940년대에 임스와 사리넨은 그것을 한층 진화시켜 새로운 차원으로 끌어올렸다고 할 수 있다.

전쟁이 끝나 사회가 안정되자 찰스 임스는 활동의 폭을 넓혀 다양한 프로젝트를 시도했다. 1940년에 결혼한 후 부인 레이와 많은 작업을 함께 진행했다. 1940년대 중반에 들면서 더욱 왕성하게 작품을 내놓는데, 이 시기 임스 부부의 첫 번째 전설적인 작품으로 〈로우 암체어Low Armchair〉, 〈DCM 체어〉, 〈LCM 체어〉 등이 있다.

영국 디자이너 로빈 데이Robin Day는 클라이브 래티머Clive Latimer와 공동으로 뉴욕 현대미술관 MoMA에서 개최된 1948~1949년 가구디자인 경진대회에 출품하여 성

〈차일드 체어(Child's Chair)〉〈세기올리노, 4999)〉
(리차드 새퍼&마르코 자누조, 1964)

공을 거두었다. 수상작은 1950년 현대미술관의 '저가 가구디자인(Low-Cost Furniture Design)' 전에 전시되었다. 이 성과를 계기로 데이는 가구 업체 힐Hille의 디자인감독으로 발탁되었고 이후 수십 년 동안 영국의 전후 세대 디자인을 주도했다. 그의 1950년 작 〈힐스택 체어Hillestak Chair〉는 영국 가구디자인 사의 한 획을 그은 작품이다. 이후 수많은 실험작으로 이어져 1960년의 대혁신의 계기가 되기도 했다. 〈힐스택 체어〉는 두 가지 타입으로 제작되었다. 하나는 래미네이트 합판으로 된 본체에 철제파이프로 된 다리 프레임을 부착한 형태이다. 다른 하나는 의자 전체를 일체형 래미네이트 소재로 만든 형태로 임스 부부의 〈DCW 체어〉 디자인을 응용한 것이었다.

이 시기 미국에서는 임스 부부가 사상 최대의 성공작인 〈DSR 체어〉(p.40)를 내놓았다. 1949~1950년에 허먼 밀러Herman Miller가 시판한 제품으로 최초로 첨단 소재 화이버글래스fibreglass(섬유를 넣어 강화한 유리)를 사용한 의자였다. 〈DSR 체어〉를 시작으로 임스 부부는 1950년대에 계속 화이버글래스 소재 작품을 내놓으며 디자인을 진화시켰다. 1958년에는 〈라 쉐이즈La Chaise〉(p.186, 에로 사리넨과 공동 작품)로 정점에 달했

다. 〈라 쉐이즈〉의 의자 본체를 제작하는 데 사용된 성형공법은 인력이 많이 소요된다는 단점이 있었다. 그렇지만 아직 사출성형 기술이 나오기 이전인 당시 기술로는 이 공법이 독창적이고 유기적인 형태의 디자인을 구현할 수 있는 최선의 방법이었다.

임스 부부는 가구디자인에서 시각언어의 변혁에만 치우치지 않았다. 그들은 1940년대 이후 지속적으로 합판을 응용한 구조와 신소재 개발 실험을 이끌었다.

〈팬톤 체어(Panton Chair)〉(베르너 팬톤, 1969) 폴리
프로필렌 버전

〈라운지 체어와 오토만Lounge Chair and Ottoman〉은 영화감독 빌리 와일더Billy Wilder에게 선물하기 위해 원래는 한 세트만 만들 예정이었다. 그렇지만 디자인이 명백하게 대량 제작에 적합했기 때문에 결국 허먼 밀러에서 시판용으로 생산하게 되었다. 1956년 시장에 나온 이래 지금까지도 인기 높은 디자인이다. 사무실과 가정 어디에서나 '성공한 남성의 업무 공간'의 상징이 되었다. 1958년 허먼 밀러는 제품 라인을 확장하여 사무용 가구 시리즈로 구성한 임스Eames 부부의 〈알루미늄 그룹Aluminum Group〉(p.41)을 내놓았다. 〈알루미늄 그룹〉은 사무용 가구 역사상 최고의 성공작으로 수많은 모방작을 낳았고, 지금까지도 그 명성과 인기는 여전하다.

임스만큼 잘 알려지지는 않았지만 1940~1950년대 미국 건축과 가구디자인을 대표하는 인물로 조지 넬슨George Nelson을 들 수 있다. 그의 1958년 작 〈스왜그 레그 체어Swag Leg Chair〉는 따로 떨어진 두 개의 구성물을 접합하여 의자 본체를 만들었다. 화이버글래스 소재의 두 구성물은 임스 부부의 특허 공법으로 제작한 것이다. 이 의자는 두 개의 구성물이 균형을 잡아 튼튼하게 몸무게를 지지하는 동시에 유연하게 움직이도록 설계되었다. 이 작품을 계기로 의자의 인체공학적 측면이 주목 받기 시작했고 향후 본격적인 연구 개발로 이어졌다.

1950년대에는 소비주의와 새로운 구매 패턴이 등장했다. 가구 산업은 1950년대에도 크게 성장했지만 그 추세가 1960년대에 들어 더욱 가속되었다. 여기에 큰 역할을 한 것이 1962년에 일어난 기술혁신이었다. 영국 업체 힐의 디자인감독 로빈 데이가 폴리프로필렌 소재에 사출성형(injection molding) 공법을 적용하여 일체형 의자 본체를 제작하는 데 성공한 것이다(폴리프로필렌 체어Polypropylene Chair, p.43). 이전까지의 기술로는 아주 작은 형태만 사출성형으로 만들 수 있었다. 그러므로 의자 본체 같은 대형 물체를 성형한 것은 놀라운 성과였다. 영국에서는 아이소콘이 1930년대 이루었던 혁신 이후에 뚜렷한 성과가 없던 상태였으므로 국가적으로 중요한 의미가 있었다. 사출성형 공법은 가구 산업의 지각 변동을 일으켰다. 플라스틱이 새로운 소재로 부상하면서 래미네이트 목재는 그 위상을 잃게 되었다. 사출성형에 필요한 설비투자비용이 막대하다는 단점에도 불구하고 플라스틱은 무한한 가능성을 가진 소재로 각광받았고 대량생산 가구의 주역으로 떠올랐다.

〈폴리프로필렌 체어〉(p.43)는 1963년 판매 개시 이래 1,400만 개 이상이 팔렸고 지금도 매년 50만 개 이상 팔리고 있다. 수십 년이 흐른 지금도 똑 같은 디자인으로 제작되어 여전히 높은 판매를 기록한다는 사실, 그리고 많은 이들에게 가장 편안한 의자로 꼽힌다는 사실을 볼 때 이 제품을 개발한 로빈 데이와 루시엔 데이Lucienne Day의 재능과 실력에 감탄하지 않을 수 없다.

화이버글래스와 플라스틱이라는 신소재의 등장은 가구미학의 새로운 차원을 열었다. 이전까지 소재의 한계 때문에 '유기적'으로 표현할 수 없었던 시각언어를 보다 자유롭게 추구하는 것이 가능해졌고 의자를 중심으로 하는 풍조에서 벗어나 다양한 제품이 나오기 시작했다. 독일 출신의 산업디자인 거장 디터 람스Dieter Rams는 1950년대 중반 이후 가구디자인에 큰 영향을 미친 인물이다. 람스는 미스 반 데어 로에의 영향을 받았고 미니멀리즘을 추구한 최초의 디자이너로 꼽힌다. 그의 대표작 〈606 유니버설 셸빙 시스템Universal Shelving System〉(p.42)은 가구의 새로운 개념을 창출한 걸작으로 꼽힌다. 이는 영국 업체 비초에+잽프Vitsoe+Zapf에서 시판한 모듈 가구 시스템이다. 이 제품은 구성, 비율, 소재의 조화를 바탕으로 단순 명료하고 감각적인 효과가 극치를 이루는 디자인으로 격찬을 받았다. 이후 수많은 디자이너가 람스의 디자인을 응용한 제품을 내놓았지만 그 어느 것도 〈606 유니버설 셸빙 시스템〉의 기능성을 능가하지 못했다. 시각적 측면에서도 람스가 보여준 기품과 아름다움에 근접한 것은 불과 몇 제품뿐이었다.

1950년대 중반 이후 가구 업계 전체가 사출성형 기술에 주목했고 많은 업체들이 기술 개발에 투자하였다. 오랫동안 수많은 디자이너와 기술자의 최우선 목표는 플라스틱을 사출성형하여 '모노블록monobloc' 의자를 만드는 것이었다. '모노블록'은 일체형, 즉 이음새 없는 하나의 덩어리로 이루어진 제품을 뜻한다. 사리넨은 모노블록을 '구조적인 완전체'라고 불렀다. 1962년 영국 업체 힐에서 의자 본체 부분을 일체형 플라스틱으로 만드는 데 성공했다. 그렇지만 여전히 기술의 한계가 남아 있었고 의자 전체를 모노블록으로 만드는 것은 불가능했다. 대신 여러 개의 플라스틱 부품을 조립하여 만든 '모노코크monocoque' 형태를 시도했다. 이 방식으로 제작된 제품으로 리차드 사퍼Richard Sapper와 마르코 자누조Marco Zanuso의 1964년 작 〈차일드 체어Child's Chair〉(p.25)와 조 콜롬보Joe Colombo의 1965년 작 〈우니베르살레 체어Universale Chair〉(p.106)가 있다. 이 둘은 최초로 의자 전체를 플라스틱으로 만든 제품이었다.

1970년대 : 콜롬보에서 스텀프와 스콧까지

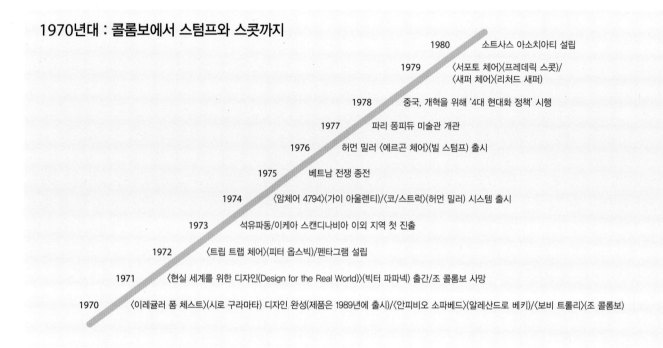

1980	소트사스 아소치아티 설립
1979	〈서포토 체어〉(프레데릭 스콧)/〈새퍼 체어〉(리처드 새퍼)
1978	중국, 개혁을 위해 '4대 현대화 정책' 시행
1977	파리 퐁피두 미술관 개관
1976	허먼 밀러 〈에르곤 체어〉(빌 스텀프) 출시
1975	베트남 전쟁 종전
1974	〈암체어 4794〉(가이 아울렌티)/〈코/스트럭〉(허먼 밀러) 시스템 출시
1973	석유파동/이케아 스칸디나비아 이외 지역 첫 진출
1972	〈트립 트랩 체어〉(피터 옵스빅)/펜타그램 설립
1971	〈현실 세계를 위한 디자인(Design for the Real World)〉(빅터 파파넥) 출간/조 콜롬보 사망
1970	〈이레귤러 폼 체스트〉(시로 구라마타) 디자인 완성(제품은 1989년에 출시)/〈안피비오 소파베드〉(알레산드로 베키)/〈보비 트롤리〉(조 콜롬보)

신기술과 신소재 개발이 이어지는 가운데 가구디자인의 혁신도 빠르게 일어났다. 최초의 모노코크 플라스틱 의자가 나온 지 불과 2년 후 또 하나의 대사건이 일어났다. 1967년 밀라노 가구 박람회에서 베르너 팬톤Verner Panton이 모노블록 플라스틱 의자에 캔틸레버 원리를 적용한 제품을 선보인 것이다. 이 의자는 허먼 밀러 사의 〈S 체어S Chair〉 시리즈 중 하나로 1960년에 화이버글래스 소재로 시판되었던 제품과 동일한 디자인이다. 곧이어 1969년에 비코 마지스트레티Vico Magistretti도 모노블록 플라스틱 의자 〈셀레네Selene〉를 내놓았다. 〈셀레네〉의 시판 업체인 카시나Cassina는 미래지향적 디자인으로 잘 알려져 있다.

같은 해에, 이전에 미술가였던 이탈리아 출신의 30세 디자이너 가에타노 페셰Gaetano Pesce도 신기록을 세웠다. 그의 1969년 작 〈UP 시리즈〉는 발포 폴리우레탄polyurethane foam 소재의 특성을 활용하여 효율을 극대화한 최초의 가구 제품이었다. 의자, 스툴, 풋스툴 등으로 구성된 〈UP 시리즈〉는 씨앤비 이탈리아C&B Italia가 시판한 제품이다. 나중에 회사명이 비앤비 이탈리아B&B Italia로 변경되었다. 이 제품은 압축 진공 포장으로 배송 시 부피를 최소화하고 효율을 높였다. 내부에 공기를 머금는 발포 폴리우레탄을 압축 포장하면 부피가 줄어들지만 나중에 포장을 제거하면 다시 공기가 들어가 제품 원형이 되살아나는 원리를 이용한 것이다.

1970년대에는 신기술의 발전에 대한 반발로 과거로 돌아가려는 움직임이 일어났다. 첨단 인공 소재가 각광 받는 한편 많은 디자이너들이 지속 가능성과 천연 소재에 눈을 돌리게 되었다. 산업혁명 이전 방식으로 디자이너가 가구 제작까지 직접 하는 경우도 늘었다. 복고풍에 힘입어 덴마크 스타일 목재 가구와 수공 제품의 인기가 높아졌다. 이 가운데 '반(反)미학(anti-aesthetic)'이라는 새로운 트렌드가 일어났다. 기능을 가장 중요시하고 그에 맞춰 제품의 구조를 결정했다. 노르웨이 디자이너 피터 옵스빅Peter Opsvik은 스타일에 무관심했다. 그가 1972년 발표한 〈트립 트랩 체어Tripp Trapp Chair〉(p.46)는 철저히 의자의 목적에 초점을 맞춰 디자인하였다. 이 의자는 온 가족이 한 식탁에 함께 앉을 수 있게 하는 데 중점을 두고 설계한 것이다. 따라서 어린이와 어른이 모두 사용할 수 있도록 높이 조절이 가능하게 만들었다. 이처럼 기능과 목적을 중요시하는 트렌드는 1970년대 건축물에서 잘 나타난다. 그 예로 파리의 퐁피두 미술관(Centre Pompidou)을 들 수 있다. 퐁피두미술관은 이탈리아 건축가 렌조 피아노Renzo Piano가 영국 출신 리차드 로저스Richard Rogers, 수 로저스Su Rogers와 공동으로 설계했다.

1960년대까지 가구 기술의 혁신이 이어졌던 것과는 달리, 1970년대에 들어서는 진보의 속도가 눈에 띄게 느려졌다. 신기술 개발이 전자제품이나 IT 계통에 집중

옆 페이지 : 〈서포토 체어(Supporto Chair)〉(프레데릭 스콧, 1979)

되었다. 그러나 기술 개발이 없었다는 면이 오히려 자극이 되어 1980년대 포스트모더니즘 디자인 혁명이 일어나는 계기가 되기도 했다. 1960년대 말의 발본적 스타일은 조 콜롬보Joe Colombo와 알레산드로 베키Alessandro Becchi 등에 의해 1970년대까지 이어졌다. 폴 케홀름Poul Kjaerholm 같은 보다 보수적 디자이너의 작품이 모더지니즘의 시각적 아이디어와 개념적 아이디어를 1979년대까지 추구했음에도 불구하고, 저명한 미술사학자 페니 스파크Penny Sparke를 비롯한 대다수 학자들은 1960년대에 일어난 디자인 혁명이 모더니즘의 최후였다고 본다. 그러나 일부 디자이너들은 1970년대에도 모더니즘의 맥을 이어갔다. 프레데릭 스코트Frederick Scott는 〈서포토 체어Supporto Chair〉로 1970년대 말까지도 정통 모더니즘 디자인을 내놓았다. 이처럼 1970년대에는 하나의 흐름이 전체를 압도하는 것이 아니라 다양한 부류가 공존하며 각기 다른 디자인 원칙을 가지고 다양한 스타일의 제품을 내놓은 것이 특징이다.

1980년대 : 스탁에서 멤피스그룹까지

1990 〈쥬시 살리프〉(필립 스탁)

1989 런던 디자인 뮤지엄(London Design Museum) 개관/베를린 장벽 철거

1988 〈톨레도 체어〉(조르쥬 펜시)

1987 〈라이트 라이트 체어〉(알베르토 메다)/
〈하우 하이 더 문 암체어〉(시로 구라마타)

1986 〈노모스〉 시리즈(노먼 포스터)/
〈무드 데스크〉(페르난도 우르키요, 조르지오 마콜라)/〈웰 템퍼드 체어〉(론 아라드)

1985 MS 윈도우즈 OS 발표/이케아 미국 진출

1984 〈에쿠아 체어〉(빌 스텀프, 돈 채드윅)/애플 매킨토시 컴퓨터 발표

1983 컬러코어 공식 출범

1982 〈코스테스 체어〉(필립 스탁)/〈토르소 시팅〉(파올로 데가넬로)/〈페넬로피 체어〉(찰스 폴락)

1981 밀라노 가구 박람회에서 멤피스그룹 데뷔

1980 소트사스 아소치아티 설립

1970년대 영국 잡지에 실린 모팻 키친스 주방가구
광고

〈암체어(Armchair)〉(가이 아울렌티, 1974)

왼쪽부터 순서대로 : 〈코스테스 체어(Costes Chair)〉
〈필립 스탁, 1982〉

〈토르소 시팅(Torso Seating)〉〈파올로 데가넬로,
1982〉. 이탈리아 업체 카시나의 '이 콘템포라니' 시리
즈 제품

1960년대에 등장한 조립식 가구는 1970년대 중반에 는 가구 시장의 주류로 성장했다. 물류 효율을 높이기 위해 평평한 형태로 포장되므로 '플랫 팩flat-pack' 가구라 고 부른다. 플랫 팩 가구가 성공을 거둔 배경에는 이케 아IKEA와 같은 가구 업체의 영향이 컸다. 이케아는 다양 한 제품을 내놓으면서 본거지 스칸디나비아 지역은 물 론 전 세계 시장에서 크게 성장할 수 있었다. 또한 1970 년대 말에 합판 표면을 처리하는 신기술이 개발되면 서 플랫 팩 가구 시장이 더욱 확대되었다. 포일 랩핑foil wrapping과 멤브레인 압축공법membrane pressing 등(p.209) 새로 운 마감 공법을 이용하여 저렴한 합판으로 고급 재질과 같은 시각적 효과를 낼 수 있게 된 것이다. 그러나 이 같은 새로운 기술이 등장하기 전까지 1970년대에 가구 에 주로 사용된 것은 포마이카Formica류의 마감재였다.

1973년 석유파동의 영향으로 플라스틱 원료가격이 급상승했다. 상승폭이 40%에 이르는 큰 충격이었으며 플라스틱 가구 시장도 직접 타격을 입었다. 1960년대에 크게 도약했던 사출성형 기술은 1970년대에 들어 발전 속도가 늦어졌다. 다만 1960년대 중반 개발된 RIM(반 응사출성형, reaction injection molding) 공법은 1970 년대에도 지속적으로 발달되어 다양한 종류의 폴리우 레탄polyurethane 소재 가공에 응용되었다. 그 결과 폴리우 레탄 소재를 사용하여 극도로 복잡한 형태를 정교하게 성형할 수 있는 기술이 완성되었다. 밀도가 다른 여러

종류의 폴리우레탄 소재를 혼용하는 실험도 성공단계 에 이르렀다. 1974년에는 이탈리아의 건축 디자이너 가 이 아울렌티Gae Aulenti가 홈 인테리어 업체 카르텔Kartell과 합작하여 RIM 공법을 이용하여 각 부위의 푹신한 정도 가 다른 모노코크 의자를 제작하는 성과를 올렸다.

이 시기에 사무용 모듈 가구 분야에서도 큰 발전이 있 었다. 허먼 밀러Herman Miller와 스틸케이스Steelcase 등 미래지 향적 업체들은 사무실 업무 환경과 사무직 노동자의 행 태에 대해 심도 깊게 연구하고 그 결과를 제품에 반영했 다. 그 노력의 산물이 바로 혁신적 사무용 가구 시스템 〈액션 오피스 시스템Action Office System〉(p.44)과 의료용 가구 시리즈 〈코/스트럭Co/Struc〉이다. 이들은 허먼 밀러의 시 대를 앞선 비전과 디자인 철학을 잘 보여주는 제품으로 지금까지도 널리 사용되고 있는 성공작이다(pp.92~93 의 사례연구 '허먼 밀러의 조사연구' 참조).

1980년대는 '디자이너의 시대(designer decade)'로 불린다. 이 시기에는 디자인의 역사를 재조명하고자 하 는 흐름이 크게 일어났다. 세계적 규모의 미술관들이 잇달아 디자인 작품을 다루기 시작했고 디자인 전문 박 물관이 조성되기도 했다. 디자이너들 역시 과거의 스타 일을 응용하여 독특한 디자인으로 재창조하는 작품 활 동을 펼쳤다. 한편 이와는 반대로 과거와의 단절을 추 구하는 부류도 있었는데, 밀라노에서 활동한 멤피스 그 룹Memphis Group이 그 대표적인 예이다.

1990년대 : 이케아에서 아라드까지

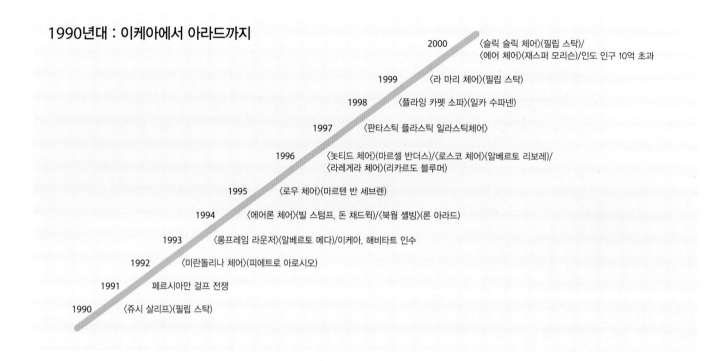

2000	〈슬릭 슬릭 체어〉(필립 스탁)/〈에어 체어〉(재스퍼 모리슨)/인도 인구 10억 초과
1999	〈라 마리 체어〉(필립 스탁)
1998	〈플라잉 카펫 소파〉(일카 수파넨)
1997	〈판타스틱 플라스틱 일라스틱체어〉
1996	〈낫티드 체어〉(마르셀 반더스)/〈로스코 체어〉(알베르토 리보레)/〈라레게라 체어〉(리카르도 블루머)
1995	〈로우 체어〉(마르텐 반 세브렌)
1994	〈에어론 체어〉(빌 스텀프, 돈 채드윅)/〈북웜 셸빙〉(론 아라드)
1993	〈롱프레임 라운저〉(알베르토 메다)/이케아, 해비타트 인수
1992	〈미란돌리나 체어〉(피에트로 아로시오)
1991	페르시아만 걸프 전쟁
1990	〈쥬시 살리프〉(필립 스탁)

멤피스 그룹이 가구디자인 역사에 뚜렷한 발자취를 남긴 것은 분명한 사실이다. 그렇지만 실제로 디자인계에 미친 영향에 대해서는 다소 과대평가되는 경향이 있다. 그들은 월등한 창의력과 지능을 겸비한 인재들이었고 모더니즘으로부터 완전히 탈피한 새로운 미학을 유감없이 발현했다. 그러나 포스트모더니즘Postmodernism이라는 움직임이 일어나는 데 멤피스 그룹이 한 역할은 신호탄에 지나지 않았고 지속적이거나 초월적인 선언을 남기지는 못했다.

1980년대는 또한 디자인의 흐름이 여러 방향으로 다양하게 펼쳐지기 시작한 시기이다. 1920년대나 1930년대에 큰 주류의 흐름이 시대 전체를 지배했던 것과는 대조적으로 1980년대에는 수많은 부류의 첨단 디자인이 다방면에서 일어나면서 전체적으로도 빠른 변화가 이어졌다. 1980년대의 변혁을 주도하며 막강한 영향력을 미쳤던 디자이너로 필립 스탁Phillippe Starck을 들 수 있다. 그는 수많은 성공작을 남기며 당대 최고 '스타'의 명성을 얻었다. 그의 작품은 디자이너에게는 창의력의 본보기였고 소비자에게는 감탄의 대상이었다. 스탁과 더불어 가구디자인의 새로운 언어 창출에 결정적인 역할을 한 인물로 에토레 소트사스Ettore Sottsass와 시로 구라마타Shiro Kuramata가 있다.

스탁의 초기 작품은 기술적 진보보다는 시각적 독창성에 초점을 두고 있었다. 그렇지만 1980년대를 거치며 진화를 거듭한 결과 기술과 디자인 두 측면에서 모두 혁신을 추구하게 되었다. 파리의 카페 코스테스Café Costes에 설치된 의자는 그의 명성의 발판이 된 대표작이며 온전히 상업용으로 디자인된 제품이다.

이 의자는 합판과 철제라는 전통적 소재를 사용하여 시대를 앞선 진보적 디자인을 담아냈다. 여기에서 선보인 기품 있는 스타일은 앞으로 10년 동안 스탁의 작품 활동에서 주요 테마로 등장했고 특히 플라스틱 제품에서 두드러지게 나타났다.

해체적이며 포스트모더니즘의 특성이 보다 명확히 드러나는 디자인으로는 파올로 데가넬로Paolo Deganello의 1982년 작 카시나Cassina 소파 제품이 있다. 강한 개성을

아래 : 〈롱프레임 라운저(Longframe Lounger)〉(알베르토 메다, 1993)

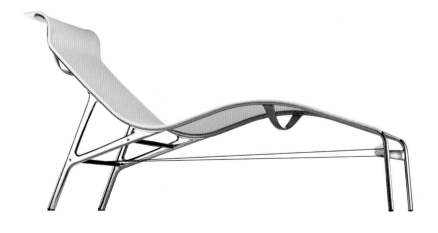

〈플라잉 카펫 소파(Flying Carpet Sofa)〉(일카 수파넨, 1998)

드러내는 특이한 스타일, 위트 넘치는 표현 등 1980년대 중반 포스트모더니즘이라는 이름으로 자리 잡은 디자인 트렌드를 잘 보여준다. 이 소파 또한 기술적 혁신보다 독창적 디자인을 우선시하는 당시 흐름을 잇고 있다. 한편 같은 시기 론 아라드Ron Arad는 실험적인 '반(反)제품(anti-product)' 가구를 내놓으며 돋보이는 행보를 보였다. 아라드의 디자인은 하나의 작품으로만 제작되는 한정적 개념으로서 스탁의 가구 제품이 대량으로 생산되어 반복적으로 소비되었던 것과는 대조적이었다. 이렇듯 정반대 위치에 있던 스탁과 아라드는 시간이 흐름에 따라 상호보완적 움직임을 보이기도 했다. 아라드는 실험적 디자인을 대량생산 제품에도 접목시켰고, 스탁은 신소재와 기술 혁신에 깊이 관여하기도 했다.

1980년대는 스탁을 비롯한 스타 디자이너들이 빛을 발했던 시기였고 상대적으로 신기술 개발은 크게 주목받지 못했다. 그러나 이 시기에도 분명한 기술 혁신이 있었다. 특히 사무용 가구의 인체공학적 설계 분야에서 발전이 두드러졌다. 〈에쿠아 체어Equa Chair〉(허먼 밀러, 1984)는 빌 스텀프Bill Stumpf와 돈 채드윅Don Chadwick의 합작 디자인이다. 이 제품을 시작으로 스텀프와 채드윅은 공동 연구를 계속했고 그 결과를 집성한 것이 10년 후 나온 〈에어론 체어Aeron Chair〉이다. 이보다 앞서 찰스 폴락Charles Pollock이 디자인한 〈페넬로피 체어Penelope Chair〉(카

스텔리Castelli, 1982) 역시 중요한 기술 혁신으로 꼽는다. 〈페넬로피 체어〉는 그물망 소재를 사용하여 통풍성을 높였지만 제작 비용이 높다는 단점이 있었다(나중에 〈에어론 체어〉에서는 이 문제를 혁신적인 방식으로 해결했다). 한편 노먼 포스터Norman Foster의 〈노모스Nomos〉 오피스 시리즈(테크노Tecno, 1986, p.47)는 인체공학적 설계뿐 아니라 스타일에서도 사무용 가구의 전형이 된 디자인이다. 알베르토 메다Alberto Meda의 〈라이트 라이트 체어Light Light Chair〉(1987)는 실험적 구조로 새로운 가능성을 열었다는 점에서 지오 폰티Gio Ponti의 1957년 작 〈슈퍼레게라 체어Superleggera Chair〉에 견줄 만한 혁신을 이루었다. 다만 〈라이트 라이트 체어〉는 수작업이 필요하다는 점 때문에 대량생산에 적합한 디자인이 아니었다.

1980년대가 '디자이너의 시대'라면 1990년대는 디자인이 주류에 합류한 시기였다. 1980년대에 디자인계의 '무서운 아이들'로 불렸던 론 아라드는 1990년대에 런던 왕립예술학교(Royal College of Art)의 교수로 재직하면서 전 세계의 디자인 교육을 주도하는 역할을 맡게 되었다. 이렇게 디자인 교육이 과거와 확연히 달라진 것은 1990년대 디자인계의 트렌드를 잘 드러내는 한 단면이다. 특히 영국의 산업디자인 전공 학과의 커리큘럼은 제품에 관련된 실무 영역에서 벗어나 디자인의 미학에 보다 큰 비중을 두게 되었다.

세계의 정치지형변화는 전 지구적인 환경위기의 시작뿐 아니라 다른 많은 사회변동에도 큰 영향을 미쳤다. 소비자와 업체도 생태적 지속 가능성이라는 근본적인 요구를 인지하기 시작했다. 그렇지만 이러한 요구를 제품에 반영한 것은 극히 소수의 미래지향적 업체들뿐이었다. 1990년대가 끝날 무렵에서야 가구 디자이너, 제조 업체, 그리고 유통업체들이 환경문제를 광범위하게 고민하고 의미 있는 대책 마련에 나서기 시작했다.

지속 가능성이라는 요구에 대한 초기 대응은 재생 소재로 가구제품을 만드는 것이었다. 재활용 물품을 수공 작업으로 리폼하거나 조합하는 방식, 또는 재생 플라스틱을 원료로 대량생산하는 방식 등이다. 이렇게 만든 제품은 디자인 전문지나 박물관, 전시회에서는 큰 호응을 얻었다. 그렇지만 정작 주류 또는 진보적 가구 디자인과 제조에는 거의 영향을 끼치지 못했다. 1994년 허먼 밀러가 〈에어론 체어〉를 출시한 다음에야 비로소 보다 광범위한 가구 디자이너들이 재생 소재를 어떻게 잘 활용할 수 있는지 올바로 인식하게 되었다. 〈에어론 체어〉는 오래 사용하고 손쉽게 해체할 수 있도록 설계되었는데 자재의 94%가 고품질 재생 소재였다. 당시까지의 그 어떤 가구보다도 생태중심 기업윤리를 잘 보여줬다. 이는 2010년대에는 진보적 브랜드가 당연히 갖추어야 할 기본 관점이 되었다.

전반적인 세계 강대국의 세력 균형 변화와 특히 중국의 막강한 제조능력 덕분에 모든 종류의 물품을 매우 저렴한 비용으로 대량생산하여 세계시장에 공급할 수 있게 되었다. 그 결과 우수한 디자인의 제품이 폭넓은 계층의 소비자에게 보급되었다. 반면, 고전 디자인을 베끼는 것 말고는 '새로운' 디자인의 가구 제품을 제작하는 데 드는 비용이 상대적으로 높아졌다. 이케아는 저렴한 가구 제품으로 세계 시장에서 확고한 위치를 차지한 대표적인 경우다. 앞서 1980년대 중반인 1985년에 미국에 처음으로, 1987년에 영국 매장을 열어서 저렴한 가구에 대한 기대치를 높였다. 실제 시장점유율은 그리 높지 않지만, 소비자의 취향을 좌우하며 경쟁 업체들의 신제품 라인에까지 영향을 미칠 만큼 막강한 힘을 발휘했다. 시대의 아이콘으로 평가 받은 디자인 작품이 일상생활에서 흔히 쓰이는 가구 제품으로 출시되는 경우는 드물다. 그러나 이와는 반대로 실용 가구 제

이케아의 1999년 카탈로그.
한쪽에 〈포앙 암체어(Pöang Armchair)〉가 보인다.

품이 높은 인기를 얻었다는 점 하나만으로 아이콘과 같은 대접을 받는 경우가 종종 있다. 이케아의 〈포앙 암체어Poäng Armchair〉가 바로 이런 경우다. 알바 알토의 〈체어 406〉을 어설프게 모방한 듯한 디자인으로 1972년 출시된 이래 지금까지 엄청난 물량이 판매되면서 '디자인 아이콘'으로 등극하였다. 또한 〈포앙 암체어〉는 요즘 가정에서 흔히 볼 수 있는 가구 중에서 구조와 성능의 측면에서 가장 흥미로운 품목 중 하나일 것이다.

1990년대에 새롭게 떠오른 디자인의 테마는 스탁과 아라드의 실험 정신에서 출발한 것으로 '신제작 과정 또는 기존 제작과정에서 영감을 얻거나 주도되는 혁신'이라는 말로 요약할 수 있다. 이 테마는 리카르도 블루머Ricardo Blumer의 〈라레게라 체어Laleggera Chair for Alias〉(알리아스Alias, 1996)에서 잘 드러난다. 이는 합판에 폴리우레탄을 주입한 신소재로 제작된 의자이다. 또 다른 사례로는 피에트로 아로시오Pietro Arosio의 〈미란돌리나 체어Mirandolina Chair〉(자노타Zanotta, 1992)가 있는데 이는 압출성형 공정을 적용한 제품이다. 특히 〈미란돌리나 체어〉는 아라드의 〈판타스틱 플라스틱 일라스틱 체어Fantastic Plastic Elastic Chair〉(1997, p.48)와 공통점이 많다. 간단히 줄인 명칭으로 〈FPE 체어〉로 불리는 이 의자는 아라드의 최고작으로 꼽힌다. 소재와 제작 기법의 장점을 극대화시킨 완숙한 디자인이 돋보이는 작품이다. 그는 가구의

2000년대 이후 : 그리치치부터 부훌렉 형제와 디에즈까지

2011	〈섀시 체어〉(스테판 디에즈)/〈헴프 체어〉(베르너 아이슬링어)
2010	〈디프리언트 월드 체어〉(닐 디프리언트)
2009	〈후디니 체어〉(스테판 디에즈)
2008	〈파피루스 체어〉(로낭&에르완 부훌렉)/〈체어 원〉(콘스탄틴 그리치치)
2007	〈미토 체어〉(콘스탄틴 그리치치)/세계 경제위기
2006	〈워크네스트〉 시리즈(로낭&에르완 부훌렉)/〈불편한 진실〉(앨 고어) 출간/〈커런츠〉 시리즈(로버트 로이터, 찰스 로지어)
2005	〈임프린트 체어〉(요하네스 포어섬, 피터 히요르트-로렌젠)/〈페이싯 체어〉 시리즈(로낭&에르완 부훌렉)
2004	이라크 '대량살상무기' 진위 논란/비트라 〈홈 컬렉션〉 런치/〈체어 원〉(콘스탄틴 그리치치)
2003	〈미라 체어〉(스튜디오 7.5)/〈에로 벤치〉(데이비스 퍼니처)/〈조인 오피스 시스템〉(로낭&에르완 부훌렉)
2002	지속 가능성 개발을 위한 세계 정상 회담(World Summit on Sustainable Development)
2001	미국 9.11 피습/〈루이 고스트 체어〉(필립 스탁)/애플 iPod 출시
2000	〈슬릭 슬릭 체어〉(필립 스탁)/〈에어 체어〉(재스퍼 모리슨)/인도 인구 10억 초과

소재와 제작 기법을 완벽히 장악하는 능력으로 평판이 높다. 이 점은 〈톰 백 체어Tom Vac Chair〉(p.49)에서 여실히 드러난다. 아라드의 작품만큼 칭송받지는 않지만 비슷한 시기 두각을 드러낸 작품으로 일카 수파넨Ilkka Suppanen의 〈플라잉 카펫 소파Flying Carpet Sofa〉(1998)가 있다. 역시 1998년 밀라노 가구박람회에 출시된 바 있다.

이 소파는 여섯 개의 철제 스프링 다리가 좌석을 떠받치는 구조이다. 좌석 부분은 탄성력이 있는 철판의 양면에 6mm 두께의 펠트를 붙여서 만들었다. 그 결과 인체의 움직임에 반응하여 역동적으로 살아 움직이는 안락한 소파가 완성되었다. 이전에도 없었고 이후에도 다시 나오지 못한 독보적인 디자인으로서 디자이너의 천재적 재능이 엿보이는 작품이다.

새로운 세기가 시작되기까지의 10년 동안 디자인의 감수성이 주류 문화에까지 스며들었다. 디자인 제품을 직접 소비할 여력이 없는 계층도 사회 전반에서 디자인에 노출되고 디자인을 경험하게 되었다. 런던, 뉴욕, 밀라노 등 유명 디자인 페스티벌에 몰리는 인파를 보면 디자인의 인기가 얼마나 높은지 알 수 있다. 또한 페스티벌에서 새로운 형태의 각종 문화 이벤트가 파생하여 인기를 얻었다. 런던 이스트엔드의 디자이너스블럭Designers block이 대표적 예이다. 한편 디자이너가 가구 제작까지 겸하면서 디자인, 공예, 예술 영역이 합쳐진 수공 가구를 만드는 움직임도 나타났다. 여기서 더 발전한 개념이 '디자인아트design-art' 가구이다. 소규모 시장을 향해 특이한 제품을 한 개씩만 제작하는 한정판 개념의 가구이다. 대량생산 제품이 주류를 이루는 가운데 디자인아트 제품은 가구디자인의 영역을 넓힌다는 중요한 의미가 있다. 그렇지만 다른 한편으로는 제품 디자인이 대량생산 가구와는 달리 효율성과 합리성이 결여된다는 단점도 있다.

2000년대 초 유럽과 북미의 가구디자인 전공 커리큘럼을 보면 디자인아트 영역에 초점을 두고 있음을 알 수 있다. 방송 매체에 등장하는 가구디자인도 마찬가지이다. 갤러리와 디자인 전문지에서도 대량생산용의 산업형 디자인은 외면당하는 경우가 많았다. 디자인아트를 중요시하는 흐름은 다른 제품보다 가구와 홈 인테리어 분야에서 월등히 두드러진다. 그렇지만 제품에서 단순한 실용성보다 예술적 감성을 추구하는 경향은 가구디자인뿐 아니라 산업디자인 전반에서 공통으로 나타나는 트렌드이다. 아이팟iPod의 예에서 볼 수 있듯 전자 제품에서도 미학적 스타일을 강조하는 사례가 많다.

1990년대 말과 2000년대 초에는 신소재 개발이 두드러졌는데 대표적인 것이 폴리카보네이트polycarbonate와 폴리프로필렌polypropylene이다. 이들 소재의 등장으로 이른바 '구조적 완성체', 즉 모노블록에 새로운 미학을 적용하는 것이 가능해졌다. 예컨대 필립 스탁의 혁신적인 〈라 마리 체어La Marie Chair〉(카르텔Kartell, 1999)는 세계 최초의 투명 플라스틱(폴리카보네이트) 사출성형 모노블록 의자였다. 폴리카보네이트 소재 연구를 계속한 결과 2년 후에는 〈루이 고스트 체어Louis Ghost Chair〉(2001, p.179)를 내놓았다. 이 의자는 대량생산 가구에 최초로 포스트모던 원칙을 적용하여 전통적인 형태를 현대적 감각으로 재창조한 제품이다.

2000년대에는 신세대 스타 디자이너 군단이 등장했다. 대표적인 인물로 프랑스의 로낭 부홀렉Ronan Bouroullec과 에르완 부홀렉Erwan Bouroullec 형제, 그리고 런던에서 활동한 콘스탄틴 그리치치Konstantin Gricic가 있다. 이들은 빠르게 인기를 얻어 2002~2003년 무렵에는 최상급 고객과 최고 수준의 커미션을 자랑하는 위치에 올랐고 뛰어나고 아름다운 디자인에 기술에서도 혁신적인 프로젝트를 다수 수행했다.

부홀렉 형제의 개성이 강한 디자인은 가구 업체 비트라Vitra 및 마지스Magis와의 튼튼한 협력관계를 통해 완성된 것이다. 이들은 2005년 〈페이싯 체어Facett Chair〉 시리즈(p.110)를 개발하면서 가구디자인의 새로운 패러다임을 창출했다. 그리고 매번 프로젝트마다 보다 진화한 디자인으로 소재와 테크닉의 한계를 뛰어넘는 행보를 계속하고 있다. 이들이 선보이는 작품은 큰 반향을 일으키며 가구디자인의 흐름을 이끌고 있다. 대표작으로 〈워크네스트 체어Worknest Chair〉(비트라, 2006)와 〈파피루스 체어Papyrus Chair〉(카르텔, 2008)를 들 수 있다.

시각적인 진전을 이룬 것은 아니지만 콘스탄틴 그리치치의 〈미토 체어Myto Chair〉(BASF, 2007)는 2000년대의 플라스틱 가구 중 가장 혁신적인 제품으로 꼽힌다. 최첨단 디자이너로서 그리치치의 위상을 더욱 확고하게 만든 제품이다. 이 의자는 내구성이 뛰어난 첨단 플라스틱 소재 울트라듀어Ultradur를 사용하여 캔틸레버 모노블록 구조로 제작되었다. 가구디자인 역사의 관점에서 이전에 베르너 팬톤의 사출성형 제품 〈팬톤 체어Panton Chair〉가 차지했던 '첨단기술의 정상' 자리를 이제 그

리치치의 〈미토 체어〉가 정정당당하게 물려받았다고 볼 수 있다.

2000년대에는 유럽과 미국의 사무용 가구시장에서 기술개발 경쟁이 치열했다. 2003년 허먼 밀러가 스튜디오 7.5의 디자인으로 〈미라 체어Mirra Chair〉(p.51)를 출시하며 변혁을 일으킨 것을 계기로 인간공학과 지속가능성을 접목한 혁신이 가속되었다. 곧 스틸케이스Steelcase, 놀Knoll, 휴먼스케일Humanscale, 비트라Vitra 등 업체들이 뒤를 이어 신기술을 내놓으며 사무용 가구의 신세계를 개척했다. 특히 작업용 의자 기술 발전이 두드러졌다. 휴먼스케일의 〈디프리언트 월드 체어Diffrient World Chair〉(2010, p.57)는 가구제작의 새로운 기준을 제시한 제품이다. 제작 과정에서 에너지 소모를 줄이고 부품의 재사용 및 재활용이 손쉽도록 설계되었다. 이 제품은 가구 시장에서 기업의 '도덕성'이 더 이상 선택 사항이 아닌 필수 요건이라는 점을 잘 보여준다.

각 시대의 디자인에는 그 시기에 중요하게 떠오른 문제에 대한 고민이 담겨 있다. 지금 가구디자인에서 가장 관심을 모으고 있는 문제는 지속 가능성, 윤리적인 제작, 친환경적 폐품 처리 등이다. 지금의 소비자는 디자인에 대해 과거 어느 때보다 높은 관심을 가지고 깊이 이해하고 있다. 가구 시장에는 날마다 새로운 제품이 나오고 있어 선택의 폭은 어느 때보다 넓어졌다. 가구 자체의 성능은 물론 업체의 제작 관행에 대해서도 인식과 기대치가 한층 높아졌다. 미래 디자이너의 과제는 높은 소비자의 안목에 합당한 제품을 만드는 것이다. 이는 결코 쉬운 일이 아니다. 1859년 토넷의 〈No. 14 체어〉(p.15)에서 출발한 가구디자인의 혁신은 브로이어, 프루베, 임스, 람스, 아라드, 그리치치 등 많은

〈파피루스 체어(Papyrus Chair)〉〈로낭 부홀렉 & 에르완 부홀렉, 2008)

옆 페이지, 위부터 순서대로 : 〈미토 체어(Myto Chair)〉〈콘스탄틴 그리치치, 2007)

〈섀시 체어(Chassis Chair)〉〈스테판 디에즈, 2011)

디자이너에 의해 계승되었고 지금도 계속 이어지고 있다. 지금 신세대 디자이너에게 혁신의 트렌드는 미학과 기술의 실험을 바탕으로 가구의 새로운 개념을 만드는 데 있다. 대표적인 사례로 도시 래비앙Doshi Levien의

〈임파서블 우드Impossible Wood〉(p.10)와 스테판 디에즈Stefan Diez의 〈셰시 체어Chassis Chair〉을 들 수 있다. 〈임파서블 우드〉는 복합 바이오bio composite 목재를 사용했고 〈셰시 체어〉는 딥 드로잉deep drawing 공법을 적용했다.

1b: 소재와 제작 기술의 혁신

뛰어난 가구디자인은 소재와 제작 공법의 특성을 잘 이해하고 인간공학을 적절하게 적용하는 데서 출발한다. 디자인 역사에 남은 작품들은 새로운 소재와 기술로 가구의 패러다임 전환을 이룬 경우가 많다. 마르셀 브로이어Marcel Breuer의 철제파이프 제품, 찰스와 레이 임스Charles and Ray Eames의 래미네이트 목재 제품, 가에타노 페세Gaetano Pesce의 확장형 〈UP 체어UP Chair〉, 돈 채드윅과 빌 스텀프Don Chadwick and Bill Stumpf의 〈에어론 체어Aeron Chair〉 등이 그 예이다. 이들의 공통점은 새로운 시각 언어를 창조하고 기술의 한계를 뛰어넘었다는 점이다.

앞 절에서 보았듯이 가구의 역사에서 혁신은 새로운 것이 아니다. 과거에 장 프루베Jean Prouvé와 조지 넬슨George Nelson이 내놓았던 디자인은 현재 론 아라드Ron Arad나 부훌렉 형제Bouroullec brothers의 디자인만큼이나 발본적인 것이었다. 혁신을 일으키는 디자이너들에게는 공통점이 있다. 스타일을 창조하는 데 그치지 않고 남보다 앞선 지식으로 무장하고 혁신을 주도한다는 것이다. 좋은 가구를 디자인하기 위해서 디자이너는 주위를 면밀히 관찰하고 사물의 구조를 깊이 연구해야 한다. 또한 창의력을 발휘하기에 앞서 디자인의 기본기를 다지고 각종 제작 기법을 잘 이해해야 한다. 기본 지식이 없는 상태에서는 원칙을 충실히 따를지 아니면 정석을 벗어나 창조적인 실험을 시도할지 판단 자체가 불가능하기 때문이다.

장 프루베의 1931년 작 〈시테 암체어Cité Armchair〉는 최첨단 금속 가공 기술과 시대를 앞선 디자인 언어가 결합되어 탄생한 수작이었다. 발본적이고 역동적인 시각 언어만으로도 모든 디자이너들이 연구해야 할 본보기로 꼽힌다. 찰스와 레이 임스의 〈DSW〉와 〈DSR〉 의자 시리즈 역시 혁신적 스타일로 주목 받았으며 전시회와 매체를 통해 널리 소개되어 대중문화에 영향을 미치기도 했다. 여기 사용된 유리섬유는 당시로서는 첨단 신소재였고 큰 반향을 불러 일으켰다. 나중에 플라스틱 소재로 대체하여 제작되었지만 기술 혁신, 미학 혁신이라는 측면에서 여전히 가구디자인 계보에서 중요한 자리를 차지하고 있다.

디터 람스Dieter Rams의 1960년 작 〈606 유니버설 셸빙 시스템606 Universal Shelving System〉(p.42)은 처음 출시 당시에도 혁신적인 디자인으로 주목 받았지만 지금도 여전히 각광 받고 있다. 아름다운 스타일과 실용성을 동시에 실현한 뛰어난 디자인으로 수납 가구의 기준을 완전히 바꾸어 놓은 명작이다.

로버트 프롭스Robert Propst와 잭 켈리Jack Kelly가 디자인한 〈액션 오피스 시스템Action Office System〉(허먼 밀러Herman Miller, p.44)은 출시한 지 40년이 넘은 지금에도 여전히 빛을 발한다. 1960년대나 지금이나 변하지 않는 디자인 원칙을 바탕으로 우수한 기능과 효율을 실현했고 시대 변화에도 빠르게 반응하여 사무실의 새로운 작업 환경에 맞추어 구조 일부를 변경하였다. 비슷한 사례로 피터 옵스빅Peter Opsvick의 1972년 작 〈트립 트랩 체어Tripp Trapp Chair〉(p.46)가 있다. 이 역시 기능성을 향상시키기 위해 새로운 부속품을 추가하였고 그 결과 계속 호평 받는 우수한 제품으로 남아 있다.

인류가 존재하는 한 디자인은 끊임없이 진화하며 계속 새로운 미학과 스타일을 탄생시킬 것이다. 그러나 반드시 혁신적이고 새로운 개념의 작품만이 디자인 발전에 기여하는 것은 아니다. 스테판 디에즈Stefan Diez의 〈후디니 체어Houdini Chair〉(p.56)와 같은 작품은 디자이너가 상상력과 통찰력을 발휘한다면 전통적 기술과 소재를 가지고도 영향력이 큰 디자인을 만들어낼 수 있다는 점을 보여준다.

다음 쪽부터 나오는 연구 사례는 디자인 역사에 중요한 의미를 가지는 뛰어난 디자인을 모아놓은 것이다. 이 작품들이 각자 어떤 방식으로 미학, 제작 기법, 소재, 다양한 기능적 요구사항 등의 문제를 풀어나갔는지 눈 여겨 보도록 하자.

시테 암체어(Cité Armchair)

장 프루베(Jean Prouvé, 1931)

장 프루베는 프랑스를 대표하는 디자이너로 꼽힌다. 철제 소재 가공에 특히 뛰어난 능력을 보였는데 1920년대 말에 가구 제작 업체를 만들어 큰 성공을 거두었다. 이 업체는 철제 건축 설치물과 진보적 가구제품을 주로 제작했고 〈시테 암체어〉도 그 중 하나였다. 이 제품은 당시 최첨단의 금속가공 기법과 용접 기술을 적용한 것으로 역동적인 디자인을 통해 새로운 시각언어를 창출해냈다는 평가를 받았다.

의자 프레임은 철제 소재에 스탬핑stamping과 프레스 압축pressing 공정을 가한 후 용접하여 네 개의 파트로 만들고 각 파트에 분체도장powder coating을 입힌 후(원래는 에나멜 도장을 사용했다) 조립한 것이다. 좌석 부분은 철제파이프 프레임에 패브릭 소재의 슬링 커버를 걸쳐 무게를 지탱하도록 만든 구조이다. 의자 프레임의 접합 부속품은 철제로 만든 통합형이며 좌석 앞부분에 고정되어 있다. 슬링 커버 위에 쿠션을 덧붙인 후 의자 전체에 패브릭 커버를 씌웠다. 팔걸이는 옆판 프레임에 가죽 스트랩을 감아서 만들었다.

〈시테 암체어(Cité Armchair)〉는 비트라에서 생산되는 최근 버전

DSR 체어(DSR Chair)와 DSW 체어(DSW Chair)

찰스 임스&레이 임스(Charles and Ray Eames, 1950; 1951)

〈DSR 체어〉는 에펠탑을 모티브로 한 디자인으로 최초로 대량 생산된 플라스틱 의자였다. 오리지널 버전은 유리섬유 소재로 제작되었고 1950년 뉴욕 현대미술관 MoMA의 '저가 가구 디자인(Low-Coast Furniture Design)' 전(展)에서 선보였다. 다리 프레임 역시 오리지널 버전은 크롬도금을 입힌 연철 소재를 용접해서 만들었지만 현재 시판되는 제품은 크롬도금, 아연도금, 분체도장의 세 가지 종류로 제작된다. 이 중 아연도금과 분체도장 제품은 실외용이다.

〈DSW 체어〉는 목재 다리를 장착한 버전으로 1951년에 출시되었다. 이 제품의 다리는 비치beech 목으로 만든 다리를 분체도장을 입힌 철봉으로 엮어 고정하는 구조이다. 다리와 의자 본체의 연결은 철제 브래킷을 사용하는데, 목재 다리 윗부분에 각기 홈을 파서 브래킷을 삽입하고 그 위에 의자 본체를 놓고 고정시키는 방식이다. 다리 프레임 부품은 나사못으로 조립된다.

비트라는 1990년대 초에 〈DSR〉과 〈DSW〉의 최신 버전을 출시했고 이 제품은 현재도 판매되고 있다. 최신 버전은 의자 본체가 사출성형 폴리프로필렌으로 제작되었고 본체 아랫부분에 있는 연결부에 여러 종류의 다리를 끼워 조립하는 방식이다.

〈DSR 체어(DSR Chair)〉와 〈DSW 체어(DSW Chair)〉
와 〈DSW 체어〉의 최근 시판되는 버전

알루미늄 그룹(Aluminium Group)

찰스 임스&레이 임스(Charles and Ray Eames, 1958)

〈알루미늄 그룹〉은 여섯 개의 주요 부품(팔걸이를 장착할 경우 여덟 개)만으로 구성된다. 다양한 종류의 좌석과 다리를 선택 조합할 수 있는 것이 특징이다. 의자 위치 조절도 오리지널 버전의 회전방식을 비롯하여 새로 개발된 공기압력 다중 조절(좌석 높이, 등받이 각도) 방식까지 선택폭이 넓다.

이 제품의 획기적 특징은 의자 쿠션을 밑에서 받치는 구조물 없이 좌판과 등받이가 공중에 떠있다는 점이다. 좌판–등받이를 양옆 프레임에 물린 다음 두 개의 가로봉으로 팽팽하게 잡아서 형성된 구조이다. 좌석과 등받이는 폴리에스터 소재 슬링에 가죽 커버를 씌운 것이다. 커버는 가죽 이외에도 호프색Hopsak(100% 폴리아미드 나일론 섬유)과 넷위브Netweave(코팅처리한 폴리에스터 섬유) 소재가 있다.

의자 프레임과 구조물은 95% 재생 알루미늄으로 다이캐스팅 공법으로 제작되며 광택처리나 크롬도금으로 마감된다.

〈알루미늄 그룹(Aluminium Group)〉 의자는 네 가지 종류(사이드, 라운지, 고급형, 최고급형)가 있으며 각 제품마다 여러 소재 버전이 있고 다양한 옵션을 추가할 수 있다.

606 유니버설 셸빙 시스템(Universal Shelving System)

디터 람스(Dieter Rams, 1960)

〈606 유니버설 셸빙 시스템〉(비초에+잽프Vitsoe+Zapf)은 람스가 브라운Braun의 디자인 팀을 이끌던 시절인 1960년에 디자인한 제품이다. 모듈식으로 구성품을 자유롭게 선택하여 좁은 틈새용 소형 데스크부터 대규모 도서관 책장까지 폭넓게 적용할 수 있는 '유니버설(만능)' 수납 시스템이다. 캔틸레버 구조 압출성형 부품인 E-트랙 또는 X-포스트를 사용하는 두 가지 방식이 있다. 하나의 E-트랙(벽 표면에 수직 방향으로 부착하는 레일)에 선반 및 구성품을 걸어 설치하는 방식, 또는 네 개의 X-포스트 (바닥부터 천정까지 수직으로 세우는 기둥)를 세우고 그 가운데에 선반 및 구성품을 설치하여 앞뒤와 양 옆에서 무게를 지지하는 방식이다.

E-트랙과 X-포스트 중 어느 것을 선택할지는 예상 하중과 설치 벽면 종류에 따라(아예 벽이 없는 경우 포함) 달라진다. 또는 단순히 어느 쪽이 더 보기 좋은지 사용자의 선호도에 따라 판단할 수도 있다. 두 가지를 혼용하는 것도 가능하다. 선반, 수납장, 책상 등 구성품은 알루미늄 핀을 E-트랙 또는 X-포스트에 삽입, 관통시킴으로써 벽면과 수직으로 설치된다.

선반은 연철 소재로 스탬핑과 폴딩 과정을 거친 후 분체도장 하여 제작된다. 수납장은 MDF 소재로 래미네이트 또는 비치 베니어로 마감된 재질이다.

〈606 유니버설 셸빙 시스템(606 Universal Shelving
System)〉 벽면 장착 버전

폴리프로필렌 체어(Polypropylene Chair)

로빈 데이(Robin Day, 1963)

영국 업체 힐Hille에서 생산하는 〈폴리프로필렌 체어〉는 가구의 혁신을 대변하는 획기적 제품으로 극히 단순한 디자인이 특징이다. 사출성형으로 제작된 의자 본체에 다리를 연결하는 부위가 성형되어 있어 여기에 여러 종류의 다리를 나사못으로 장착시키는 방식이다. 안정적인 구조로 견고하게 설계되어 오랜 기간 빈번한 사용에도 버틸 수 있는 제품이다. 특히 본체 테두리의 형태는 내구성을 높이는 중요한 디자인 요소이다.

이 의자는 내구성이 매우 뛰어나 거의 반영구적으로 사용할 수 있다. 다만 지나치게 험하게 다루어지는 경우 주로 다리 부분에 변형 또는 마모가 일어날 수 있다.

〈폴리프로필렌 체어〉와 같은 사출성형 플라스틱 제품은 대량생산으로 판매량이 손익분기점을 넘으면 이윤이 크지만 제작 설비에 드는 투자비용이 매우 크다는 단점이 있다. 유사한 디자인의 일체형 의자로 유리섬유 소재 제품이 다수 있지만 제작 시간이 길고 생산 단가도 저렴하지 않다.

힐의 〈폴리프로필렌 체어(Polypropylene Chair)〉는
학교 의자의 상징이 된 디자인이다.

액션 오피스 시스템(Action Office System)

로버트 프롭스&잭 켈리(Robert Propst and Jack Kelley, 1968)

1950년대 후반부터 북유럽과 북미 사회에서 직장 개념이 생산직 분야를 탈피하기 시작했고 1960년대에 들어서는 사무직 분야가 지배적이 되었다. 미래지향적 가구 업체들은 이러한 트렌드에 주목하고 이에 맞춘 신개념 제품을 기획하기 시작했다. 1968년에 출시된 허먼 밀러사의 〈액션 오피스 시스템〉은 바로 이런 노력이 낳은 결실이다. 허먼 밀러가 조지 넬슨George Nelson의 지휘 아래 심층 연구 끝에 내놓은 제품으로 대규모 개방형 사무실 환경을 위해 디자인된 최초의 가구이다.

〈액션 오피스 시스템〉은 가구 업계 전체에 큰 파급 효과를 일으켰고 수많은 모방작을 낳기도 했다. 시대가 바뀐 지금도 사무실 환경에 잘 어울리는 효과적인 디자인으로 꼽히며 여전히 허먼 밀러의 주력 제품으로 각광받고 있다. 또한 지속적인 세부 기능 보완을 통해 시대 변화와 첨단 기술 환경에 대처하는 유연한 디자인이다. 프롭스Robert Propst가 오리지널 버전을 디자인할 때 가장 중요시한 요소가 유연성이었고, 바로 이것이 〈액션 오피스 시스템〉이 긴 세월 동안 생명력을 유지하는 비결이다.

시스템 구성은 수직 패널, 수납장, 작업 테이블의 세 그룹으로 되어있다. 주요 디자인 보완 사항으로 사무기기의 전선 배치를 효율적으로 할 수 있도록 수직 패널 구조를 바꾸고 기능을 추가한 것을 들 수 있는데, 첨단 기술 변화에 적극적으로 대처하여 진화하는 디자인의 좋은 사례이다.

기본 수납장은 사무실 바닥에 설치하거나 수직 패널 위에 캔

틸레버 방식으로 장착할 수 있다. 후자의 경우 가벼운 하중의
수납 또는 장식장의 용도이다. 벽면 수납장은 사무실 벽 위에
캔틸레버 방식으로 장착한다. 작업 테이블은 일직선(기본), 90°,
또는 135°의 형태로 구성할 수 있고 수납장 또는 패널 위에 설치
하거나 다리를 장착하여 단독으로 사용할 수 있다.

〈액션 오피스 시스템(Action Office System)〉은
최초로 개방형 공간 개념을 사무실용 가구에 도입한
디자인이다.

트립 트랩 체어(Tripp Trapp Chair)

피터 옵스빅(Peter Opsvick, 1972)

스토케Stokke에서 생산하는 〈트립 트랩 체어〉는 간결하고 유연한 디자인이 돋보이는 제품으로 기능의 독창성에서 타의 추종을 불허하는 독보적 자리에 있다. 오리지널 버전은 다소 적용성에 한계가 있었지만 베이비 세트Baby Set, 플레이 트레이Play Tray 등 구성품을 추가하여 결점을 보완했고, 그 결과 첨단 시대에도 걸맞은 효용성이 뛰어난 디자인으로 호평을 받고 있다.

이 제품은 아홉 개의 주요 부품으로 구성된다. 의자 옆판을 이루는 두 개의 L모양 판을 가로봉과 함께 두 개의 등받이와 양 발 사이의 연결 봉이 단단하게 잡아주어 전체가 안정감 있게 유지되는 구조이다. 좌석과 발걸이는 양 옆판이 조여 주는 힘에 의해 견고하게 고정되며 연결 볼트를 풀어 손쉽게 앞뒤 또는 위아래로 위치를 변경할 수 있다. 위치 조정은 곡선 슬롯 안에서 이루어지는데, 그 범위는 좌석의 맨 앞부터 등받이 끝까지이다.

L모양 옆판은 비치 원목 소재를 접착 및 다월접합(dowel joint)하여 제작한다. 등받이는 곡선 가공한 래미네이트 비치 목재이고 좌석과 발걸이는 비치 목재 합판이다.

〈트립 트랩 체어(Tripp Trapp Chair)〉의 오리지널 버전. 사진은 〈베이비 세트(Baby Set)〉(안전띠와 지지대)를 장착한 모습이다.

노모스 데스크(Nomos Desk)

노먼 포스터(Norman Foster, 1986)

〈노모스 시스템Nomos system〉은 건축디자이너 노먼 포스터가 자신의 회사 포스터 앤드 파트너스Foster+Partners 사무실을 위해 1980년대 초에 개발했던 개념(concept)을 발전시킨 디자인이다. 제품 시리즈는 다양한 형태의 모듈식 책상과 회의용 테이블로 구성된다. 모두 유리 상판과 알루미늄 및 스틸 소재 다리 프레임으로 되어 있다.

〈노모스〉는 정교하고 복잡한 구조를 바탕으로 한다. 이러한 개념은 1980년대 건축물에서 실험적으로 시작되었던 구조 형식과 깊이 연관되어 있다. 다리 프레임은 네 개의 다이캐스팅 알루미늄 브래킷, 여덟 개의 철제파이프 조립 구조물, 그리고 다수의 부품(주물 또는 절단 처리한) 등을 조립한 것이다.

첫 출시 당시 〈노모스〉는 투명 강화유리 상판과 크롬도금한 스틸 소재 다리로 구성되었지만 이후 다양한 마감재가 추가되었다. 현재 테크노Tecno에서 시판되는 제품은 여러 가지 색상으로 다리에 에나멜을 입히고 유리 상판도 도색 처리한 버전이 있으므로 다양한 색상 중에서 선택할 수 있다. 1980년대의 오리지널 버전은 당시 주류를 이룬 가구디자인을 대변하는 전형적인 스타일이었지만, 필자의 의견으로는 미학적 표현과 해석 방식에서 당대 디자인과 구분되는 완전히 '새로운' 개념을 창조해낸 성공작이었다.

〈노모스 데스크(Nomos Desk)〉는 1980년대 첫 출시 당시의 클래식 디자인을 그대로 유지하면서 다양한 마감재로 새로운 버전을 추가하여 현대적 감각을 구현한다.

판타스틱 플라스틱 일라스틱 체어
[Fantastic Plastic Elastic(FPE) Chair]

론 아라드(Ron Arad, 1997)

론 아라드의 〈판타스틱 플라스틱 일라스틱 체어(FPE 체어)〉는 눈을 사로잡는 충격적 형태를 통해 소재와 제작 기법의 특성을 표현하는 혁신적인 디자인의 발상에서 출발한 것이다. 카르텔Kartell에서 제작하는 이 의자는 가로 연결봉이 전혀 없이 플라스틱 본체가 양 옆 프레임 사이에 놓여 있는 구조이다. 본체는 충분한 안정성을 유지하면서 어느 정도 흔들림을 허용하는 탄력이 있어 앉아 있는 행위에 재미를 부여한다. 처음부터 의도했던 것은 아닐지 모르지만 아라드는 〈FPE 체어〉를 출시하면서 이러한 역동적 효과를 강조했다.

원래 이 제품은 전체를 압출성형 방식으로 제작할 계획이었으나 소재의 특성, 제품의 마감 표면, 주형틀의 구조 등 여러 제한점 때문에 결국은 플라스틱 본체 부분에 대해서 사출성형 방식으로 변경했다.

의자 프레임은 연성 합금 소재로 압출성형한 후 중간을 분리하여 다리 부분을 만든 것이다. 그 다음 형태를 만들고 숙성 과정을 거쳐 페인트칠로 마감했다. 이렇게 만든 프레임에 폴리프로필렌 본체를 삽입하여 의자를 완성했다.

〈FPE 체어(FPE Chair)〉는 플라스틱 소재 자체의 특성 덕분에 가로 연결봉 없이도 견고하게 유지된다.

톰 백 체어(Tom Vac Chair)

론 아라드(Ron Arad, 알루미늄 프로토타입 : 1997, 사출성형 버전 : 1998)

〈톰 백 체어〉는 원래 론 아라드가 건축디자인 전문지 『도무스 매거진Domus Magazine』의 협찬을 받아 1997년 밀라노 가구전에 출품 했던 대규모 조형물이었다. 대개 이러한 협찬금은 하나의 대형 작 품을 만드는 데 이용되지만 아라드는 남다른 기지를 발휘했다. 이 자금으로 CNC 장비와 슈퍼포밍superforming 공정(p.169 참조) 설비를 구축하여 100개의 의자를 제작한 후 높이 쌓아 올려 대규모 작품 을 구성한 것이다. 의자 본체는 알루미늄 소재이고 다리는 크롬도 금한 철제파이프로 제작했다. 이 의자를 프로토타입으로 하여 개 발된 제품이 현재 비트라에서 사출성형 방식으로 생산하는 폴리 프로필렌 버전이다.

현재 시판되는 폴리프로필렌 제품은 프로토타입과 마찬가지로 좌석 부분의 물결 구조를 통해 하중을 분산시켜 의자의 안정성을 높인다. 그러나 폴리프로필렌 소재의 탄성 때문에 좌석의 흔들림 이 훨씬 심하므로 이를 보완하기 위해 다리에서 더 큰 하중을 지 지할 수 있도록 보강했다. 다리 프레임을 좌석 아래 연결 부위를 관통시켜 장착하는 구조이며 본체 표면은 스파크 침식spark erosion 처 리로 마감했다. 시판 제품 은 다섯 가지 색상으로 생 산된다. 다리 프레임은 실내 용이냐 실외용이냐에 따라 분체 도장 또는 크롬도금 마감이 있으며 발 모양도 다르다.

1997년 발표된 '프로토타입' 버전 중 하나로, 광택 처리한 알루미늄 소재이다.

에어로 벤치(Aero Bench)

알베르토 리보레, 지넷트 알테르, 마넬 몰리나(Alberto Lievore, Jeannette Altherr and Manel Molina, 2003)

〈에어로 벤치〉는 2000년대 가장 널리 알려지고 높이 평가되는 가구 중 하나이다. 간결한 디자인이 주는 뛰어난 시각적 효과와 더불어 대형 알루미늄의 압출성형이라는 혁신적 제작 공법으로 주목 받으며 델타 데 오로Delta De Oro와 레드 도트Red Dot 등 디자인 상을 수상했다. 공항 등 교통시설과 유명 건축물에 설치되어 일반 대중의 눈에 익숙해진 덕분에 흔히 볼 수 있는 디자인이라는 오명을 얻기도 했다.

원래 실내용으로 설계된 제품이기 때문에 빗물 배수 등은 고려하지 않았다. 의자 본체는 세 개의 부품(같은 부품 두 개 포함)으로 구성되는데, 각 부품은 산화처리 알루미늄을 압출성형한 것으로 표면에 가로방향 빗살무늬가 있고 속이 비어 있는 형태이다. 각 부품의 속이 뚫린 부분이 서로 이어지도록 연결하고 양 끝을 스테인리스스틸 판으로 막아 고정한다. 다리 프레임은 좌석 아랫면에 있는 구멍에 볼트를 이용하여 장착한다. 다리는 스테인리스스틸 소재이고 그 밑에 부착되는 발은 캐스트 알루미늄이다.

현재 시판되는 제품은 선택사양으로 좌석과 등받이 쿠션을 추가할 수 있다. 쿠션은 발포 폴리우레탄 소재로 커버가 없는 자체 마감 버전과 커버를 씌운 버전이 있다. 또한 등받이가 없는 형태의 제품도 있다.

셀렉스에서 생산되는 〈에어로 벤치(Aero Bench)〉

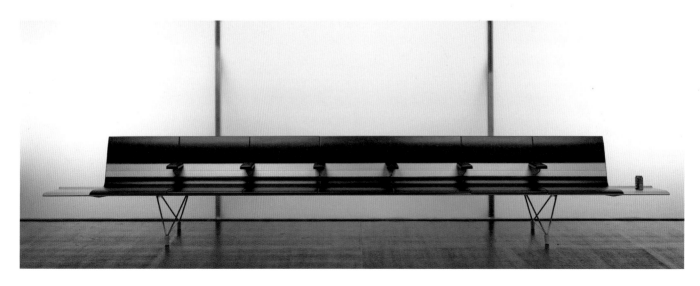

미라 체어(Mirra Chair)

스튜디오 7.5(Studio 7.5, 2003)

〈미라 체어〉는 독일의 디자인 그룹 스튜디오 7.5가 디자인하고 허먼 밀러에서 시판하는 제품으로 2003년 출시되었다. 앞서 1994년 출시되었던 〈에어론 체어〉의 뒤를 이어 '인간공학적 의자'의 대표주자로 손색이 없는 제품이다. 〈에어론 체어〉가 높낮이 조절 등 첨단 기능이 돋보였던 반면에 〈미라 체어〉는 특수 소재를 활용한 설계로 최대의 인간공학적 효과를 유지하는 동시에 복잡한 기능을 단순화하여 생산 단가를 낮춘 것이 특징이다. 〈미라 체어〉의 좌석은 포스츄어 핏$_{PostureFit}$ 기술(허먼 밀러가 개발한 첨단 인간공학기술로 〈에어론 체어〉에서도 각광 받았던 기능이다)을 적용한 것으로 인체의 움직임에 정교하고 효과적으로 반응하여 바른 자세를 유지시켜준다. 또한 등받이는 첨단 소재 울트라마이드$_{Ultramid}$(복원력이 뛰어난 특수 복합 나일론)와 트라이플렉스$_{TriFlex}$ 기술을 사용하여 형태와 구조를 최적 상태로 유지하고 뛰어난 성능을 발휘한다. 〈미라 체어〉는 복잡한 수동조절장치를 최소한으로 줄인 기본 버전 이외에 선택사양으로 다양한 수동조절기능을 추가한 버전이 있다.

〈미라 체어〉는 소재를 효과적으로 사용하여 기능성을 극대화한 우수한 디자인이다. 또한 제품의 보수, 재사용, 재활용 등이 쉽도록 설계했다는 면에서 미래지향적 친환경 디자인의 모범 사례로 꼽힌다.

〈미라 체어(Mirra Chair)〉는 첨단 인간공학 설계와 뛰어난 통기성으로 바른 자세와 쾌적한 환경을 유지해준다.

임프린트 체어(Imprint Chair)

요하네스 포어섬, 피터 히요르트−로렌젠(Johannes Foersom and Peter Hiort-Lorenzen, 2005)

〈임프린트 체어〉는 람횰츠Lammhults에서 생산하는 제품으로 소재 혁신의 대표적 사례이다. 고가의 금형과 설비가 요구되는 사출성형 대신 열성형(thermoforming) 공정을 선택함으로써 초기 설비 비용을 대폭 낮추었다. 기본 버전은 다듬지 않은 형태이며 구매자가 선택할 경우 손질한 형태로도 시판한다. 다만 제품 가장자리를 깎아 다듬는 과정을 추가할 경우 비용이 추가되어 결과적으로는 제품 단가가 더 높아진다.

의자 본체는 셀루프레스Cellupress라는 특수 소재로 만든다. 셀루프레스는 셀룰로오스cellulose(90% 나무섬유질과 10% 고분자 접합제의 혼합물) 소재의 얇은 판을 여러 장 겹쳐 고온 압축한 것으로 밀도가 매우 높고 표면 입자가 곱고 매끄러운 특징이 있다. 이 소재는 〈임프린트 체어〉의 디자인 팀이 수년 간 연구 끝에 개발에 성공한 것으로 람횰츠의 기술적 전문성을 보여주는 결정체이다.

의자를 지지하는 다리 프레임은 목재 소재이다. 시판 제품은 가장자리를 다듬지 않은 기본 버전과 다듬은 버전이 있으며 선택 사양으로 펠트 쿠션을 추가할 수 있다.

〈임프린트 체어(Imprint Chair)〉 본체는 평판 형태
소재를 열성형하여 모양을 만든 것이다.

커런츠 시리즈(Currents Series)

로버트 로이터, 찰스 로지어(Robert Reuter and Charles Rozier, 2006)

〈커런츠 시리즈〉는 놀Knoll, Inc.에서 시판하는 종합 사무용 가구 시스템이다. 개인 데스크, 작업용 테이블, 가림판, 수납장, 칸막이 등 폭넓은 범주의 품목을 포괄하며 다양한 형태로 응용하여 독립된 개인 작업 공간 또는 개방형 팀 작업 환경을 구성할 수 있다. 인간공학적 설계, 다양한 기능, 폭넓은 응용 형태 등 모든 면에서 유연한 디자인의 좋은 사례로 오피스 가구 시리즈를 기획하는 디자이너라면 누구나 참고할 만한 우수한 제품이다. 또 한 가지 눈여겨 볼 점은 로이터와 로지어는 이 시리즈를 디자인하면서 놀의 기존 제품 라인과 혼용이 가능하도록 하는 데 중점을 두었다고 한다. 이는 생산 비용을 최소화하면서 제품 시리즈의 다양성과 유연성을 극대화할 수 있는 좋은 방안이다.

데스크와 테이블은 여러 가지 모양이 있으며 모듈식으로 조합하여 다양하게 응용할 수 있다. 고정된 높이의 기본 버전과 높이 조절이 가능한 버전 중 선택이 가능하다. 높이 조절은 최대 25cm까지 가능하며 이 역시 저렴한 고정핀 방식 또는 보다 정교한 회전 방식 중에서 선택할 수 있다.

데스크 및 칸막이와 연계되는 서비스 월service wall은 이 시스템의 핵심 요소로 복잡한 전선을 하나의 패널에 깔끔하게 정리해준다. 칸막이 위에 설치하여 모니터와 소형 수납장을 걸 수 있는 처마도 여러 재질 중 선택할 수 있다.

칸막이는 독립된 벽을 구성하는 제품과 데스크에 연결하는 형태가 있다. 여러 가지 소재와 다양한 높이의 제품이 있어 다양하게 조합할 수 있다. 독립된 벽도 두 가지 형태 중 선택할 수 있다.

이 시리즈의 수납 시스템은 이동식 수납장 한 종류뿐이다. 대신 놀의 〈로이터스Reuters〉 시리즈의 다양한 수납장 중에서 선택할 수 있다. 〈커런츠〉 시리즈의 칸막이 및 서비스 월의 구조가 〈로이터스〉 수납장과 호환되도록 설계되었기 때문이다.

〈커런츠 시리즈(Currents Series)〉는 놀에서 생산하는 다른 시리즈 제품과 호환되므로 더욱 폭넓은 구성이 가능하다.

후디니 체어(Houdini Chair)

스테판 디에즈(Stefan Diez, 2009)

e15에서 생산하는 〈후디니 체어〉는 획기적인 구조와 독특한 외관으로 주목을 끌며 현대 가구의 상징으로 떠오른 제품이다. 생산 단가가 매우 높기 때문에 이 절에 소개된 사례 중 가장 덜 '민주적인' 가구로 꼽힐 것이다. 그러나 제작 과정에 수공 작업이 포함되기 때문에 단가가 높은 것이며 제품을 제작하기 위한 설비 투자 비용은 크지 않다.

이 의자는 원목과 래미네이트 합판을 접합하여 제작한다. 좌석은 원목 소재로 좌판에 C모양 테두리를 접착제로 붙인 것이다. 테두리 위에 접착제로 붙인 등받이는 4mm 두께 합판이다. 원목으로 된 다리는 좌석 밑에 구멍을 뚫어 끼워 넣은 후 접착제로 붙인다.

착색도장한 오크 베니어 버전, 페인트칠한 버전, 커버를 씌운 암체어 버전 등 다양한 종류가 있다.

〈후디니 체어(Houdini Chair)〉 암체어 버전 및 여러 색상의 일반 의자 버전

디프리언트 월드 체어(Diffrient World Chair)

닐 디프리언트(Niels Diffrient, 2010)

휴먼스케일의 〈디프리언트 월드 체어〉는 단순함과 기능성이 돋보이는 수작으로 2000년대 사무용 의자가 대부분 복잡한 구조를 보인 것과 뚜렷이 대조된다. 디프리언트는 '성능과 지속 가능성'을 최적화하며, 소재 사용량을 최소한으로 줄이고 부품 및 장치를 최대한 단순하게 만드는 것에 중점을 두었다.

2010년 레드 도트Red Dot '베스트 오브 베스트Best of the Best' 수상작인 이 의자는 첫 출시 이후 계속 진화해왔다. 수동 조절 요소는 단 둘(좌석 높이와 깊이)뿐인데도 인간공학적으로 매우 뛰어난 성능을 발휘하는 비결은 인체에 세밀하게 반응하는 능동적 디자인에 있다. 특히 망사 소재의 좌석과 등받이는 인체에 반응하여 무게를 지지하고 자동으로 기울기를 조절하여 최적의 자세와 균형을 유지해준다.

회의실용 겸 책상용 버전의 무게가 12.2kg에 불과하여 〈미라 체어〉(p.51)의 절반 정도이다. 또한 100% 재생 알루미늄 소재를 사용한다. 〈디프리언트 월드 체어〉는 2010년 현재 시판 중인 고성능 의자 중 가장 지속 가능성 지수가 높은 제품이다.

〈디프리언트 월드 체어(Diffrient World Chair)〉 팔걸이 장착 버전. 같은 디자인으로 팔걸이가 없는 버전도 있다.

헴프 체어(Hemp Chair)

베르너 아이슬링어(Werner Aisslinger, 2011)

〈헴프 체어〉는 세계 최초로 천연 섬유 소재로 제작된 모노블록 의자이다. 이 제품에 사용된 원료는 70% 마섬유에 30% Acrodur®를 혼합하여 고압과 열을 가해 만든 합성물이다. Acrodur®는 화학공업회사 BASF가 개발한 수성접착제로 페놀 및 포름알데히드 성분을 함유하지 않는 무독성 물질이다.

〈헴프 체어〉에 사용된 마섬유 합성물은 BASF와 자동차 제조사 BMW의 기술 합작으로 개발된 것으로 차량 도어 패널용으로 적합한 경량 소재이다. 엄밀한 의미에서 완전한 바이오 복합 소재는 아니지만 무독성 접착제를 사용했다는 점에서 친환경 소재라고 볼 수 있다. 또한 이 의자는 제작 및 운반 과정에서 에너지 소모와 온실가스 배출이 적은 저탄소 제품으로 석유화학 소재 의자를 대체할 수 있는 대안 제품이라 할 수 있다. 단 현재로서는 소재의 재활용이 불가능하다는 아쉬움이 있다. 〈헴프 체어〉는 가구에 천연 섬유 소재를 도입한 첫 사례로 의미가 클 뿐 아니라 Acrodur®를 활용한 친환경 소재의 가능성(목재, 유리섬유 등)을 열었다는 점에서 중요한 제품이다.

〈헴프 체어(Hemp Chair)〉의 소재는 원래 자동차 부품용으로 개발된 경량 소재이다. 가구 제품 소재로도 일반 플라스틱을 대체하는 친환경 소재로 활용 가치가 크다.

1c: 새로운 가구 – 현대 가구디자인의 혁신 이해

이 책은 가구의 기술 혁신과 기능 혁신에 중점을 두고 있다. 그렇지만 가장 유명한 현대 가구는 대부분 기술보다는 독창적 디자인 덕분에 성공을 거둔 경우가 압도적으로 많다. 그 결과 가구 전문지와 학회 등 주류 담론에서 제작 과정, 소재, 구조 설계, 기능 등을 혁명적으로 바꾼 것은 등한시된다. 반면 가구디자인의 미학 관련 주제가 각광을 받는다. 가구 제품을 묘사하는 말을 정리해보면 많은 소비자들과 디자이너들조차도 결국 '아름답다'와 '뛰어나다'라는 두 가지 개념 사이에 위치한다. 가구에서 '아름다움'은 중요한 요소지만 그 자체로는 무의미하며 소재, 구조, 기능에 대한 전문지식을 바탕으로 표현될 때 진정한 가치가 있다. 물론 기술 혁신인지 디자인 혁신인지를 나누는 선은 불명확하다. 따라서 다음에 논할 혁신 사례들은 필자의 주관적 판단에 따라 어느 측면이 더 강조되었는지 구분한 것이다.

옆 페이지 : 〈파일 오브 수트케이스(A Pile of Suitcases)〉(마르텐 데 퀼라어르, 갤러리 닐루파, 2008)

아래 : 〈새틀라이트 캐비닛 시스템(Satellite Cabinets System)〉(에드워드 바버&제이 오스거비, 2006)

디자이너의 시대로 불리는 1980년대 이후 디자인 개념이 세계 각지에서 주류문화의 일부로 스며들었다. 선진 세계에서 디자인에 대한 관심이 급격히 높아지고 광범위한 대중들이 디자인을 받아들임에 따라 역사상 다른 어느 시기보다도 더 디자인 관련 활동들이 활발하게 전개되고 있다. 새로운 디자인 작품과 전시회 관련 정보는 인터넷을 타고 전 세계로 빠르게 확산되어 디자인에 대한 관심을 더욱 증폭시키고 있다. 덕분에 2000년대에 들어서 첨단디자인으로 호응을 얻는 디자이너의 수가 폭발적으로 증가했을 뿐 아니라 학문적으로도 디자인 철학 또는 디자인 방법론 분야 연구가 발달하게 되었다. 가구 시장은 놀라운 성장세를 과시하면서 과거로부터 누적된 방대한 양의 클래식 제품들을 꾸준히 소

비시키는 동시에 매일 쏟아지는 신세대 디자이너 제품들을 왕성히 소화해내고 있다. 미래의 성장 여력도 충분해서 앞으로 등장할 혁신 제품을 얼마든지 계속 수용할 것이다. 다만 이전에 비해 진보의 속도가 점차 늦춰지는 추세이며, 미래의 진보는 보다 작은 규모로 나타날 것으로 전망된다.

다음에 나오는 제품들 중 일부는 디자인, 기술, 기능성이라는 측면 모두에서 혁신적이지만 대부분은 하나의 범주에서 확연하게 뛰어나다. 아래에서는 주요한 사례들을 살펴보고자 한다. 이는 반드시 상업적인 성공을 의미하지는 않는다. 시각디자인과 기술에서 유용한 혁신적 가구를 통해 신세대 디자이너들을 위한 전략과 접근방식을 살펴보고자 한다.

시각언어

구도

구도와 비례는 가구디자인의 핵심 요소이다. 이론적으로 '황금분할(Golden Section)' 등 여러 비례의 공식이 있지만 실무에서는 수치를 정확히 재기보다는 디자이너가 몸에 익은 감각을 가지고 본능적으로 적용하는 경우가 많다. 구도 역시 정해진 규칙보다는 디자이너가 상황에 맞게 판단하여 응용한다. BOA(Barber Osgerby Assosicates)의 모듈식 수납가구 〈새틀라이트 캐비닛 시스템Satellite Cabinets System〉의 예를 살펴보자. 디자이너는 이 제품이 '비율, 모듈구성, 개성이 어우러진 순수함을… 상징적 부호라는 매체를 사용해서… 시각적으로 표출하고 정돈된 공간에 담아낸 결과물'이라고 설명한다. 여기서 '이디오그램Ideogram'이란 추상적 개념을 표현하기 위해 사용하는 구체적, 기하학적 형상을 뜻한다. 넓은 의미에서 본다면 가구디자인의 대부분에 해당되지만 특히 〈새틀라이트 캐비닛〉의 구성적 특징을 잘 나타내는 말이다.

〈새틀라이트 캐비닛〉은 예닐곱 가지 다양한 방식으로 모듈을 조합할 수 있다. 단, 구성 모듈은 제품 주문 시 결정해야 하며 나중에 고객이 구성을 바꿔 재조립할 수는 없다. 수납장 하나만 놓고 볼 때는 평범하지만 모든 모듈들과 다리프레임을 합쳐 시스템을 완성하면 선명한 기하학적 대조가 돋보이는 독창적인 디자인으로 변신한다. 수납장 문과 본체는 착색도장한 MDF이며 다리 프레임은 두 개의 알루미늄 주물관이다. 수납장 손잡이는 문을 절삭하여 비스듬하게 뒤로 밀어 넣어서 만들어졌다.

마르텐 데 술레어Maarten De Ceulaer가 디자인한 〈파일 오브 수트케이스Pile of Suitcases〉는 여러 개의 여행가방을 조합하여 구성한 모듈식 수납 가구이다. 가구 제품이자 동시에 설치미술 작품이기도 하다. 오리지널 버전은 밀라노의 갤러리 닐루파Gallery Nilufar에서 선보였다. 현재는 캐스매니아Cassmania에서 재생가죽 소재와 기계식 공정으로 경제성을 보완한 버전을 〈발리스Valises〉라는 제품명으로 출시하고 있다. 구성 모듈이 되는 여행가방은 브뤼셀의 가구공예 장인 랠프 바갈레이Ralph Baggaley가 전통 기술로 제작하여 섬세하고 정교한 디테일이 특징이다. 선반, 고정장치, 옷걸이봉 등 기본 사항이 빠져 있어 가구로 사용하자면 불편을 감수해야 한다. 그렇지만 아름다운 디자인 하나만으로도 가치가 충분하다. 실용성을 보완하기 위해 구조를 변경한다면 원래 디자인이 지닌 간결미와 호소력이 훼손될 것이다.

〈폴더 소파(Polder Sofa)〉(헬라 용에리위스, 비트라, 2005)

BOA의 〈새틀라이트〉, 쉐이 알칼레이Shay Alkalay의 〈스택Stack〉과 마찬가지로 〈발리스〉에서 색상의 역할은 매우 중요하다. 만약 여행가방이 흔한 갈색 가죽으로 제작되었다면 드 큘라에르De Ceulaer의 디자인은 범작으로 평가 받았을 것이다. 이처럼 디자인의 세계에서는 최초가 된다는 것, 즉 전에 없었던 새로운 영역을 개척하는 것이 큰 의미를 가진다.

많은 가구 작품들이 다학제적인(multidisciplinary) 접근 방법을 적용하지만 네덜란드의 헬라 용에리위스Hella Jongerius만큼 광범한 영향을 끼친 인물은 드물다. 특히 비트라의 가구 제품과 마하람Maharam의 직물 제품에서 특유의 미학과 소재 활용법을 선보여 많은 디자이너들의 미학과 소재 세부 처리 기술에 영향을 끼쳤다. 그녀의 〈폴더 소파Polder Sofa〉 시리즈 이름은 네덜란드의 저지대인 '간척지(polder)'에서 따온 것이다. 전통적 소재와 제작 기법을 사용하여 완전히 혁신적인 디자인을 구현한다. 이 제품의 독특한 디테일, 구성, 배색은 처음 출시될 때만 해도 전통으로부터의 발본적인 미학적 결별이었다. 그렇지만 이후 몇 년이 흐르는 동안 하나의 트렌드로 인정받으며 새로운 미학 흐름을 주도하고 있다.

〈폴더〉는 가구디자인, 직물디자인, 도자기디자인 등 폭넓은 분야를 포괄하는 디자이너의 감각과 재능을 보여준다. 장식 요소 중 단추에는 여러 개의 구멍이 비대칭적으로 배열되어 있는데 여기에 여러 색상의 실을 엮어 구성한 다양한 패턴이 독특한 시각적 효과를 낸다.

이처럼 세부까지 치밀하게 계산된 디자인 덕분에 〈폴더〉는 가까이서 관찰할 때와 멀리 떨어져서 볼 때 각기 다른 느낌으로 다가온다. 멀리서 전체를 볼 때는 정돈된 구도와 비례의 균형감이 눈에 들어온다.

밀라노에서 활동하는 스페인 출신 디자이너 파트리시아 우르퀴올라Patricia Urquiola 역시 여러 분야를 섭렵하며 2000년대 이후 두각을 드러낸 인물이다. 2010년에는 모로소Moroso의 커미션 프로젝트인 〈실버 레이크Silver Lake〉 팔걸이 의자와 소파 시리즈로 주목 받았다. 작품명 '실버 레이크'는 미국 로스앤젤레스의 한 지역 이름으로 모더니즘 건축물과 반문화(counterculture)로 유명한 곳이다.

우르퀴올라는 〈실버 레이크〉에서 이전 작품세계를 한층 발전시킨 새로운 기하학적 표현을 완성했다. 이 시리즈는 소파 세 종류와 팔걸이의자 두 종류로 구성된다. 이들은 디자인과 소재 측면에서 빛을 발하는 수작이다. 다만, 팔걸이 없는 의자는 시각적 효과가 다소 떨어지므로 시스템 구성에 포함시키지 않는 편이 합리적이었을 것이다. 여러 가지 소재, 형태, 기능이 적절히 배합되어 빚어내는 독창적인 스타일이 압권이다. 소파 본체는 목재, 합판, 철재로 구성된 프레임 위에 밀도가 다른 여러 종류의 발포 폴리우레탄 소재를 덧씌워 만들었다. 팔걸이와 다리는 폴딩 가공한 철재에 착색도장을 입혀 만들었고, 추가 구성품인 팔걸이 쿠션(사진에는 없음)은 폴리에스터 솜으로 속을 채웠다.

〈실버 레이크 소파(Silver Lake Sofa)〉(파트리시아 우르퀴올라, 모로소, 2010)

기본에 충실한 디자인

단순미의 추구와 소재의 직설적 사용은 가구디자인에서 거듭 제기되는 주제이다. 헤리트 리트펠트Geritt Rietveld와 마르셀 브로이어Marcel Breuer가 등장한 이후 절제된 표현이 당대의 디자인 질서가 되었다. 이 원칙을 말할 때, 그리고 초기 모더니즘 디자이너들 및 디터 람스Dieter Rams와 비교해서 언급되는 대표적인 인물이 영국 디자이너 재스퍼 모리슨Jasper Morrison이다. 그의 〈코르크 스툴Cork Stools〉(무이Moooi)만큼 이러한 접근방식이 더 확실하게 드러난 작품은 없을 것이다.

〈코르크 스툴〉이 중요한 사례로 언급되는 것은 모리슨이라는 디자이너가 오랫동안 이끌어온 작품 세계의 연속선상에 있기 때문이다. 만약 이것이 무명 디자이너의 작품이었다면 주목 받지 못했을 것이다. 상상했건 못했건 간에 이 작품이 여기 실린 것은 가구디자인이 얼마나 기본에 다가갈 수 있는지 보여주었기 때문이다. 〈코르크 스툴〉은 와인병 마개를 접착하여 형성한 대형 코르크 덩어리를 깎아서 제작한 것으로 의자 겸 탁자로 사용할 수 있다. 모리슨은 2004년 비트라의 코르크 테이블 시리즈를 시작으로 여러 가지 코르크 소재 작품을 내놓았다. 처음 비트라 제품은 보다 복잡한 기하학적 형태였지만 〈코르크 스툴〉에서 직설적이고 단순한 디자인으로 진화했다. 이 제품은 코르크 알갱이 크기에 따라 결과물에서 보이는 효과가 달라지므로 소재의 성질을 이해하는 것이 중요한 경우이다. 아무리 단순한 디자인이라도 원하는 결과를 얻기 위해서는 세부(소재의 특성)와 전체(작품 형태)의 관계를 잘 파악해야 한다.

〈코르크 스툴〉은 아예 디자인 범주에 포함시킬 수 없거나 주목할 만한 가치가 없다는 주류디자인계의 의견도 있을 만큼 논란의 여지가 크다. 그렇지만 실용성이라는 점에서는 몰라도 아름다움에 대해서는 거의 이견이 없다. 쉐이 알칼레이Shay Alkalay의 〈스택Stack〉도 대다수에게 아름답다고 인정받는 작품이다. 시각적 호소력이 뛰어난 디자인으로 이스태블리쉬드 앤드 선즈Established&Sons의 대표제품으로 꼽는다. 알칼레이는 런던에서 활동하는 2인조 디자이너 그룹 로우 에지스Raw Edges의 일원이다.

〈스택〉은 색상 배합에서 발휘되는 뛰어난 시각적 효과와 더불어 제품 형태를 자유롭게 바꿀 수 있다는 점에서 매우 성공적이다. 각 서랍의 레일 부위를 연결하는 방식에 따라 수직으로 가지런히 또는 서로 엇갈려 불규칙한 모양으로 쌓을 수 있다. 시판용으로 4층 또는 8층 서랍의 두 가지 버전이 나온다. 많은 서랍으로 구성된 고층 버전은 전시용이다. 사진에 보이는 것 이외에 다양한 색상이 있으므로 선택의 폭이 넓다. 기능성보다 외관에 중점을 두어 가구로서의 실용성은 다소 떨어지지만 〈스택〉은 21세기 가구디자인에서 가장 파급력이 큰 작품으로 꼽힌다. 놀라운 점은 〈스택〉 제품 사이즈가 의외로 크다는 사실이다. 8층 서랍 제품의 높이가 무려 178cm로 사진으로만 봤을 때 짐작하는 것보다 두 배 이상 크다.

〈스택〉의 통제된 화려함과는 대조적인 것이 프랭크Frank의 〈시그널 캐비닛Signal Cabinets〉이다. 극히 단순한 디자인 뒤에 숨겨진 세련미와 독창성이 엿보인다. 기차선로 옆의 철제함에서 영감을 받았다. 소재와 제작 기법에 대한 실용적 접근방식 위에 정제된 디자인 미학을 접목시켰다. 본체는 프레스-브레이크press-brake 가공을 거친 철재이며, 손잡이는 철재 또는 목재 중 선택할 수 있다. 경사진 밑받침은 그림자를 만들어 독특한 시각적 효과를 내며 여러 개를 시리즈로 조합하면 그 효과가 더욱 고조된다. 단순한 형태를 어떻게 활용하여 뛰어난 디자인으로 승화시킬 수 있는지 보여주는 좋은 사례이다. 다만 밑받침까지 한 눈에 들어오지 않는 가까운 거리에서는 효과를 느낄 수 없다. 따라서 그 디자인의 힘을 살리기 위해서 충분히 넓은 공간에 설치해야 한다.

아래 : 〈코르크 스툴(Cork Stools)〉(재스퍼 모리슨, 무이, 2008)

옆 페이지, 윗줄 왼쪽 : 〈스택(Stack)〉(쉐이 알칼레이, 이스태블리쉬드&선즈, 2008)

옆 페이지, 윗줄 오른쪽과 아랫줄 : 〈시그널 캐비닛(Signal Cabinets)〉(프랭크, 이스태블리쉬드&선즈, 2008)

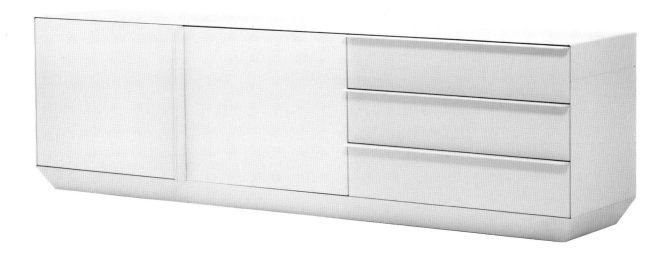

〈피콜라 파필리오 체어(Piccola Papilio Chair)〉
(나오토 후카사와, B&B 이탈리아, 2009)

과거의 재해석

나오토 후카사와Naoto Fukasawa는 1990년대 이후 가구 및 산업디자인에서 두드러진 업적을 보이고 있는 인물이다. 그의 대표작 〈파필리오 체어Papilio Chair〉(비앤비 이탈리아B&B Italia)는 완성도 높은 디자인을 구현했지만 시대에 뒤떨어진 과거의 스타일을 연상시키는 요소가 있다. 그는 2009년 밀라노 가구전에서 〈파필리오〉를 재해석하여 새로운 형태로 만든 작품 〈그란데 파필리오Grande Papilo〉와 〈피콜라 파필리오Piccola Papilio〉를 선보였다. 특히 〈피콜라 파필리오〉는 크기를 줄인 콤팩트 버전으로 기존의 디자인을 효과적으로 변경하여 새로운 제품으로 재창조한 경우이다.

〈피콜라 파필리오〉는 좁은 공간에 적합하도록 등받이 높이를 낮춘 것이 특징이다. 덕분에 보다 편안한 의자가 되었다는 평가까지 받았다. 〈그란데 파필리오〉와 〈피콜라 파필리오〉 둘 다 360도 회전된다. 철제파이프로 된 내부 프레임 위에 베이핏Bayfit(저온성형 발포 폴리우레탄으로 만든 탄력이 뛰어난 특수 소재) 완충재를 대고 커버를 씌워 만들었다. 커버는 패브릭과 가죽 두 가지가 있는데, 전체가 하나로 연결된 형태에 등받이 뒷부분에 지퍼가 달려있다. 〈피콜라 파필리오〉는 그 자체로 발본적 혁신 요소를 갖춘 것은 아니다. 그렇지만 과거의 디자인을 재해석하고 작은 부분을 개선하는 '사이드 스텝'을 밟음으로써 제품의 장점을 극대화한 좋은 예이다.

〈피콜라 파필리오〉 같은 미묘한 혁신은 이미 과거에 진정으로 발본적인 혁신을 성공시킨 적이 있는 디자이너가 아니라면 주목 받기 힘들다. 마르셀 반더스Marcel Wanders의 〈뉴 앤티크New Antiques〉는 150년 전의 디자인을 재해석한 것으로 가구의 가로 폭을 줄인 것이 핵심이다. 전통적 의미에서 이것은 창작 활동이 아니라고 할 수도 있다. 그렇지만 현대 디자인의 시각에서 볼 때 반더스가 〈뉴 앤티크〉에서 보인 성과는 중요한 의미가 있다. 과거의 디자인을 변경하여 새로운 효과와 스타일을 만들어내는 데 성공했을 뿐 아니라 동시대 디자이너들에게 본보기가 되는 사례를 남겼기 때문이다.

〈뉴 앤티크〉의 스타일에서 과연 어디까지 반더스 자신의 창작물이라고 할 수 있을지는 불분명하다. 그러나 19세기 스타일 가구는 모방작을 제작하는 것조차 난이도가 매우 높다는 점을 감안한다면 〈뉴 앤티크〉의 성과는 충분히 설득력이 있다.

〈뉴 앤티크(New Antiques)〉(마르셀 반더스, 카펠리니, 2005)

'비주류' 디자인

가구디자인 작품의 절대 다수를 차지하는 것이 의자와 테이블이다. 그렇기 때문에 디자이너들의 창작 활동도 그 범주에만 한정되어 새로운 기회를 놓치는 경우가 많다. 흔히 코트 스탠드나 라이팅데스크 등 비주류 품목은 디자인 작품으로서의 가치가 낮다고 여긴다. 그렇지만 이것은 잘못된 생각이다. 코트스탠드 같은 단순한 품목은 더 접근성이 높고 생산적이다. 의자보다 인체공학 등 기술 관련 제약이 적은 만큼 더 자유롭게 작업하고 예술성이 강한 디자인을 구현할 수 있다.

제임스 어바인James Irvine은 비주류 품목으로 성공한 경우다. 그의 대표작 〈도디치Dodici〉는 3mm 두께의 철판으로 제작된 코트 스탠드 제품이다. 옷걸이 후크가 12개이기 때문에 이탈리아어로 숫자 12를 뜻하는 '도디치'라는 제품명이 붙었다. 간결함과 화려함이 적절히 조화된 디자인은 폭넓은 계층에게 호응을 얻는 장점이 있다. 가정용이 아닌 다수의 기호를 만족시켜야 하는 상업용 시장에서 유리하다. 〈도디치〉는 레이저 절단, 프레스 가공, 용접 등의 과정을 거쳐 제작된다.

필기용 소형 책상(escritoire)은 1980~1990년대에 가정용 PC 보급이 늘면서 수요가 줄었다. 그렇지

만 최근에는 기술발전의 결과로 노트북 컴퓨터가 보편화됨에 따라 다시 인기가 높아졌다. 마이클 영Michael Young의 〈라이팅 데스크Writing Desk〉(이스태블리쉬드&선즈Established&Sons)는 언뜻 보기에 시각적으로 독특한 디자인 이외에 별다른 요소가 없는 것처럼 보인다. 자세히 살펴보면 아름다운 외관의 밑바탕에 뛰어난 기술력이 깔려있는 제품이다.

〈라이팅 데스크〉, 즉 '필기용 책상'이라는 이름은 여러 면에서 부족하다. 첫 인상은 이름처럼 분명한 용도를 가진 것처럼 보인다. 그렇지만 디자인에 담긴 개념과 소재가 드러나고, 일단 한번 써보면, 훨씬 높은 평가를 하게 된다. 다리의 다이캐스팅 알루미늄 소재는 풍부한 감각을 표출하면서 앞판의 부드러운 펠트 소재와 대비되어 절묘한 조화를 빚어낸다. 이 효과는 둥근 지붕 안쪽에 감추어진 조명등에서 흘러나오는 은은한 빛 아래 한층 고조된다. 게다가 펠트 소재는 소음을 흡수하는 성질이 있으므로 실제 효과가 미미하더라도 심리적으로 조용해지는 것 같은 느낌을 준다. 따라서 간접조명의 부드러운 빛과 함께 평온하게 작업에 몰두할 수 있는 환경을 만들어준다. 둥근 지붕은 보통 필기용 책상의 덮개처럼 언뜻 보기에 윗부분을 끌어내릴 수 있을 거라고 기대하게 만들지만 사실은 모양만 그렇게 보일 뿐 책상 덮개 기능은 없다.

까다로운 공정을 거쳐 높은 단가로 제작되는 최고급 라인 가구도 디자인에서 사치와 호화로움을 추구하는 경우는 많지 않다. 호화로운 디자인(visual opulence)이라는 표현은 주로 아르데코Art Deco 또는 디자인아트 작품의 모양새와 장식에 국한되는 말로 현대 가구의 주류와는 거리가 멀다. 주류 시판 제품으로는 매우 드물게 풍부한 시각적 효과와 호화로운 디자인으로 호평을 받은 사례로 에드 바버Ed Barber와 제이 오스거비Jay Osgerby의 〈쿠폴라 리딩 테이블Cupola Reading Table〉이 있다. 소재 자체의 아름다움과 뛰어난 상상력이 만나 탄생한 디자인은 가구의 한계를 뛰어넘은 새로운 차원을 보여준다. 내구성이 약하다는 단점조차 전혀 문제가 되지 않을 만큼 빛나는 디자인이다. 미학과 규모 그리고 소재와 제작을 만끽하면 된다.

테이블 아래 기둥의 바닥 부분은 벨기에산(흑색) 또는 카라라산(백색) 대리석이고 가운데 및 위 부분은 특수 가공 유리 소재이다. 테이블 위 기둥은 유백색 반투명 유리로, 조명등을 감싸는 역할을 한다. 테이블 상판은 백동(white bronze) 소재를 케이싱 및 스피닝 가공한 것으로 표면을 광택처리하여 거울처럼 비치는 효과를 낸다. 〈쿠폴라 테이블〉 디자인의 핵심은 구성 소재에 있기 때문에 다른 재질로 대치하는 것은 바람직하지 않지만, 사출성형 플라스틱을 회전 공법으로 가공한다면 오리지널 버전에 근접한 효과를 낼 수도 있다.

이처럼 주류의 틀을 깨려는 시도는 그 주체가 되는 대중 가구 업계에서 주도하는 것이 바람직하다. 특히 이케아처럼 대중인지도가 높은 업체는 '새로운' 디자인으로 소비자의 호응을 끌어낼 수 있는 좋은 입지에 있다.

왼쪽: 〈라이팅 데스크(Writing Desk)〉(마이클 영, 이스태블리쉬드&선즈, 2005)

오른쪽: 〈쿠폴라 리딩 테이블(Cupola Reading Table)〉(에드 바버&제이 오스거비, 2008)

옆 페이지: 〈도디치(Dodici)〉(제임스 어바인, 반 에슈, 2006)

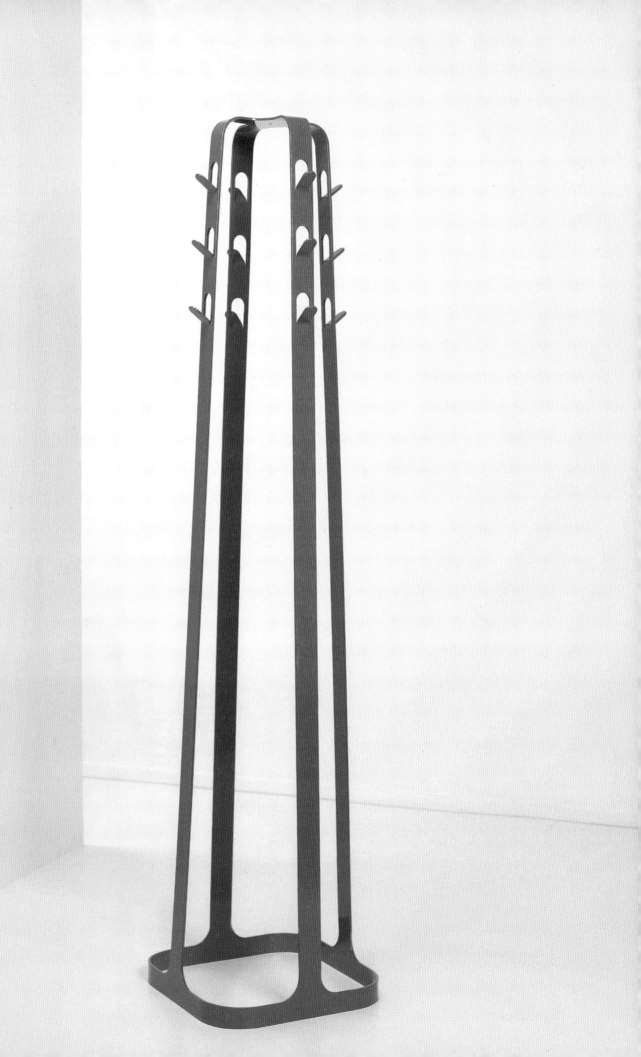

기술 혁신과 기능 혁신

순수미술작품이 아닌 이상 가구에서 기술적 측면은 큰 비중을 차지한다. 가구디자인 프로젝트에서는 반드시 기능성, 시스템 구성, 소재의 채택, 제작과정 혁신, 생산비용 절감 등의 문제에 대해 가능한 모든 해결방안을 모색해야 한다.

사용자의 개성을 위한 배려

클라우디오 카러멜Claudio Caramel의 책장 〈행Hang〉은 기능성과 제작 기법이라는 두 가지 혁신 요소가 효과적으로 연계되어 서로 상승효과를 불러오는 점이 돋보인다. 이 제품은 벽면에 설치하는 긴 브라켓과 브라켓 위에 장착하는 선반으로 구성되며 브라켓 끝부분을 가림판이 덮는 구조이다. 선반과 브라켓은 둘 다 알루미늄을 압출 성형하여 제작한 것이다. 선반은 철재나 알루미늄을 폴딩가공한 후 조립하는 방식으로 제작했더라도 충분히 무게를 지지할 수 있었다. 굳이 압출성형을 선택한 이유는 성형 과정에서 직접 선반에 슬롯을 만들어 넣기 위해서이다.

슬롯을 이용함으로써 사용자가 손쉽게 제품을 설치할 수 있게 했을 뿐 아니라 추가 부품을 자유롭게 선택 장착하여 다양한 편의 기능을 누릴 수 있게 만들었다. 선택 추가 부품은 10종이 있는데 북엔드, 서류정리함, 사물을 걸 수 있는 레일과 후크 등 다양한 기능을 제공한다. 각 추가 부품은 선반의 위아래 슬롯에 끼워 고정되며 손쉽게 탈부착이 가능하다. 상황에 맞게 부품 구성을 변경하여 실용성을 높이는 것은 물론 제품 외관의 시각적 효과 또한 사용자의 개성을 반영할 수 있도록 한 유연한 디자인이다.

데니스 산타치아라Denis Santachiara의 〈북스Booxx〉는 역동적일 뿐 아니라 기능성이 돋보이는 독특한 제품이다. 철재를 레이저 절단 및 프레스−브레이킹press-braking(폴딩) 가공하여 제작해서 강도와 연성이 높은 철재 소재의 장점을 활용하고 견고성과 지지하중을 극대화하도록 설계된 제품 구조가 돋보인다. X모양으로 연결된 부분의 각도를 조절하여 선반 사이 간격을 좁히거나 넓힐 수 있으며 이에 따라 전체 높이를 최소 35cm에서 최대 230cm까지 유연하게 변경할 수 있다. 제품을 설치할 때는 나사못 등 벽면 특성에 적합한 고정부품을 사용해야 하며 제품 맨 위와 아래 부분, 그리고 중간 지점을 벽면 위에 고정시킨다.

각 선반의 한 쪽 끝에는 북엔드 기능을 하는 판이 달려 있고 반대편에는 낮은 가장자리 판이 있다. 사진에서처럼 각 선반을 수평으로 설치하여 계단식으로 배치할 수도 있고, 또는 X연결부를 수직으로 배열하여 기울어진 선반으로 사용할 수도 있다. 각 선반을 하나씩 따로 간격을 조절할 수 없다는 한계가 있지만, 대신 전체 설치 각도를 자유롭게 변경하여 다양한 방법으로 응용이 가능하다. 군더더기를 빼고 기본 기능에 충실한 간결한 디자인으로 목적을 성공적으로 달성한 좋은 사례이다.

규칙을 깨는 발상

가구디자인에 유별난 감각을 적용하기란 매우 어렵다. 대개 유별난 디자인은 가구의 기능성을 해치게 마련이다. 또한 침대에서는 혁신을 찾아보기 힘들다. 침대가 아닌 다른 용도의 가구로 변신시키지 않는 이상 침대 디자인을 획기적으로 바꾸는 것은 거의 불가능해

옆 페이지 : 〈행(Hang)〉(클라우디오 카러렐, 데살토, 2006)

위 : 〈북스 북케이스(Booxx Bookcase)〉(데니스 산타치아라, 데살토, 2006)

〈하이랜즈 베드(Highlands Bed)〉(파트리시아 우르퀴올라, 모로소, 2003)

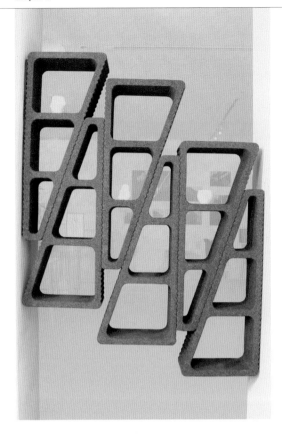

보인다. 이런 식으로 일종의 '규칙'이 되어버린 고정관념을 바꾸어놓은 사례가 있다. 파트리시아 우르퀴올라Patricia Urquiola의 〈하이랜드 베드Highlands Bed〉(소파 세트와 침대로 구성된 〈하이랜드 시리즈〉의 일부)를 들 수 있다. 이 침대는 머리 부분을 접어서 편안한 등받이로 사용하고, 사용하지 않을 때 이것을 펴놓으면 안쪽의 깨끗한 부분이 겉으로 보이도록(접어서 사용하다 보면 등에 닿는 부분이 자연히 모양이 변형되게 마련이므로) 만들었다. 침대 본체와 머리 부분은 모두 합판 위에 발포 폴리우레탄과 폴리에스터 섬유를 완충재로 사용하고 여러 종류의 패브릭 소재를 커버로 입혔다. 머리 부분의 접고 펴는 장치는 철재를 사용하여 만든 것이다.

때로는 아주 평범한 영역에서 놀라운 발상의 전환을 보여주는 유별난 디자인이 나오기도 한다. 런던에서 활동하는 디자이너 겸 아티스트 피터 매리골드Peter Marigold의 〈메이크/쉬프트Make/Shift〉(모비시Movisi, 2006)가 바로 그런 디자인이다. 이 제품은 매리골드의 디자인 중 예외적으로 사출성형 공법을 이용한 경우이다. 자신의 예전 작품을 새로운 소재 EPP(expanded polypropylene, 팽창 폴리프로필렌)로 재해석한 것이다. EPP 소재는 성형 틀의 구배각(draft angle)을 최소한으로 할 수 있는 장점이 있으므로(p.180 참조) 〈메이크/쉬프트〉와 같이 수평 또는 수직 어느 방향으로나 쌓는 것이 가능한 형태를 만들 수 있다.

〈메이크/쉬프트〉는 여러 개의 모듈을 맞대어 접하는 표면의 골진 모양끼리 밀착시켜 연결하면서 두 개

의 고정 구조물 사이에 설치하여 수평방향의 압력을 받아 고정되도록 설치한다. 나사못 등 부품을 전혀 사용하지 않으므로 벽면에 손상을 입히지 않는다. 구성 모듈의 개수를 조절하고 맞닿는 방식을 변경하면 다양한 폭에 맞출 수 있다(두 개의 모듈로 구성했을 때 최소 48.9cm에서 최대 87.4cm까지 조절이 가능하다). 모듈 연결부를 클립으로 고정하면 고정 구조물이 없는 곳에 독립적인 구조로도 설치할 수 있지만, 역시 클립 같은 부품을 사용하지 않는 편이 원래의 디자인 개념을 살리는 방식이다.

유연한 디자인

의자는 수납가구에 비해 더 복잡한 기능을 수행해야 하므로 제품을 디자인할 때 고려할 사항도 더 많다. 디자인 그룹 피어슨로이드PearsonLloyd의 〈코비 체어Cobi Chair〉(스틸케이스Steelcase)는 작업용 의자에 필요한 기능을 모두 갖추면서도 구성 부품과 장치를 최소한으로 줄인 간결한 디자인이다. 특히 이 의자에 장착된 자동 높이 조절 기능은 시장의 변화에 대처하는 유연한 디자인의 좋은 사례이다. 이 기능은 바쁜 사무실에서 한 의자에 여러 명이 번갈아 앉는 경우가 많기 때문에 매번 높이를 조절하는 것이 번거롭다는 점에 착안하여 개발한 것이다. 피어슨로이드가 얼마나 적극적으로 시장변화를 수용하는지 잘 보여준다.

〈코비 체어〉의 자동 높이 조절 기능은 혁신적인 진동 메커니즘을 이용한 것이다. 의자에 앉은 사람의 무게중심을 감지하고 이에 따라 최적의 높이로 맞춰준다. 등

왼쪽: 〈메이크/쉬프트(Make/Shift)〉(피터 매리골드, 모비시, 2006)

아래: 〈코비 체어(Cobi Chair)〉(피어슨 로이드, 스틸케이스, 2008)

옆 페이지: 〈스모 체어(Sumo Chair)〉(하비에 러스트, 세루티 발레리, 2008)

받이 역시 혁신적인 신소재와 인체공학적 설계로 인체의 움직임에 반응하여 최적의 작업 환경을 만든다. 등받이는 고분자 폴리머 소재로 수직 방향 결을 넣고 그 위에 오버몰딩overmolding 가공한 탄성중합체 소재를 두른 구조로 인체의 무게를 수직 방향 결을 따라 고르게 분산시켜 편안한 상태를 유지해준다. 등받이 소재 자체가 탄력성과 복원력이 뛰어나기 때문에 패드를 덧입힐 필요가 없다.

유머감각의 발현

'편안함'은 '인체공학적' 설계에만 국한된 것은 아니다. 하비에 러스트Xavier Lust의 〈스모 체어Sumo Chair〉는 앉는 사람에게 깊고 부드러운 편안함을 선사해준다. 러스트는 이 의자를 만들면서 '포근히 안아주는' 느낌을 염두에 두었다고 하는데, 그 의도대로 잘 표현된 디자인이다. 인체공학적 관점에서 유익한가, 아닌가의 문제와는 별도로 〈스모 체어〉는 인체의 움직임에 따라 유연하게 반응한다는 점에서 전형적인 의자의 뻣뻣하고 움직이지 않는 이미지에서 한 차원 발전한 디자인이다.

〈스모 체어〉는 정육면체와 구의 중간쯤 되는 비정형적 형태로 역동적이면서 평온한 느낌을 동시에 표현한다. 친환경 폴리우레탄 소재를 불룩한 형태로 성형하고 내부 프레임으로 잡아 불룩하게 튀어나온 느낌을 더욱 강조했다. 좌판과 팔걸이 내부에 고정끈을 넣어 형태를 유지하고 구조를 지탱하도록 했다. 특히 팔걸이는 인체와 함께 양 옆으로 한껏 늘어나도록 하는 것이 디자이너의 의도였는데, 내부에서 잡아주는 고정끈이 없다면 단 몇 번 사용만으로 의자의 형태가 완전히 망가질 것이다.

〈스모 체어〉에서 표현된 '장난기'는 가구디자인에서 보기 드물다. 대부분 디자이너들은 심각하게 가치 있는 특색을 추구한다. 그러나 소수이지만 하비에 마리스칼Javier Mariscal, 론 아라드Ron Arad 등 '장난스러운 디자인'으로 절찬을 받는 디자이너도 있다. 벨기에 디자이너 데크와이넌츠Dirk Wynants의 〈도넛츠DoNuts〉는 2000년대 가구디자인 중 단연 눈에 띄는 제품이다.

〈도넛츠〉가 인기를 얻은 비결은 실용성이 뛰어나다는 데 있다. 그렇지만 40대 이상 중년들은 이 제품의 '실용성'에 공감하지 않을 지도 모른다. 〈도넛츠〉는 6명이 둘러앉을 수 있는 의자 겸 테이블로 의자 부분에 공기를 주입하는 방식이다. 가벼워서 이동이 손쉽고 특히

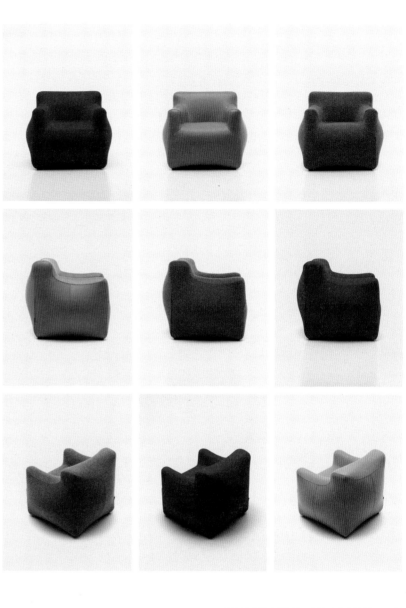

햇볕을 피해서 자리를 움직이거나 하는 경우 아주 편리하다. 게다가 사용하지 않을 때는 공기를 빼고 부피를 줄여 간편히 치워놓을 수 있다. 사용자는 바깥쪽을 바라보고 앉아 테이블을 등받이로 사용할 수도 있다. 압력을 잘 맞춰 공기를 넣어주기만 하면(정확히 0.15bar로 맞춰야 하는데 제품에 동봉된 압력계를 이용하면 된다) 테이블도 균형이 잘 맞고 의자도 무척 편하게 쓸 수 있다. 주류시장에서 좋은 기회가 주어진다면 이처럼 폭넓은 소비자에게 매력 있는 제품은 보다 널리 팔려나갈 수 있지 않을까?

〈도너츠(DoNuts)〉(데크 와이넌츠, 익스트리미스, 2004)

작업 공간

새로운 기술발달과 관행이 변함에 따라 사무실의 환경도 크게 변화하고 있다. 이에 따라 사무용 가구, 사무용품, 사무실 인테리어 등에 대한 요구사항은 예전과 크게 달라졌다. 가구디자이너들은 현재 시장의 요구를 잘 이해함은 물론 미래의 흐름까지 예측하는 눈을 키워야 한다. 21세기의 첫 10년에 나온 제품은 외관 디자인이 획기적일 뿐 아니라 변화하는 시장의 요구에 맞춘 첨단 기능을 갖추고 있다. 로낭 부훌렉Ronan Bouroullec과 에르완 부훌렉Erwan Bouroullec이 디자인한 〈조인 오피스 시스템Joyn Office Systems〉(비트라)은 사무용 가구의 가장 두드러진 혁신이다. 〈조인〉 시리즈는 개별 데스크, 칸막이, 회의용 '장막(hut)', 능동형 수납 시스템, 기술 수납장 등으로 구성된다. 부훌렉 형제는 '소통과 협동을 바탕으로 생산성을 높이는 것'에 초점을 맞춰 제품을 디자인했다고 한다.

〈조인〉 시리즈의 모듈식 테이블 시스템은 이동식 작업 공간을 구성하는 가구 시스템이다. 기본 테이블을 플랫폼으로 필요에 맞게 모듈을 선택할 수 있다. 테이블에는 컴퓨터와 사무용 기기를 연결하는 전원장치가 구비되어 있다. 구성품인 〈써드 레벨Third Level〉을 중앙 케이블 채널 위에 설치하고 여기에 칸막이, 정리용 소품, 조명, 특수 어댑터, 평면 모니터 등 각종 모듈을 장착할 수 있다. 테이블 아래에는 PC 수납장을 넣을 수 있다.

〈조인〉의 독창성은 편안한 분위기와 체계적 작업 환경을 동시에 제공한다는 점에서 독창적이다. 대규모 팀 프로젝트에서 구성원들 간의 협력이 원활하고 효율적으로 이루어지도록 도와준다.

〈조인〉과 같은 광범위 시스템과 대조되는 사례로 이로 비야녠Iiro Viljanen의 〈마이박스MyBox〉가 있다. 보다 작은 규모의 작업 환경을 위한 가구이다. 디자이너 자신의 경험을 바탕으로 고객들의 요구를 수렴하여 설계했다고 한다. 사무실용으로 시판되는 제품이지만 책상 덮개를 닫아 깔끔히 정돈하는 디자인이라서 가정 내 재택근무 공간에서 쓰기에도 적합하다. 〈마이 박스〉의 개념 자체는 학생 과제로 흔히 볼 수 있을 만큼 평범한 것이다. 그렇지만 그 디테일 곳곳에서 디자이너의 비범한 문제 해결 능력이 드러난다. 특히 책상 덮개를 여닫는 메커니즘이 돋보인다. 다이캐스팅 알루미늄으로 된 브라켓을 이용하여 책상 덮개 부분을 위로 들어올린 다음 고정시키는 방식이다. 또한 필기구를 깔끔히 정돈할 수 있는 플라스틱 수납 칸과 견고한 잠금장치가 구비되어 있다.

위부터 순서대로 : 〈조인 오피스 시스템(Joyn Office Systems)〉(로낭&에르완 부훌렉, 비트라, 2003)

〈마이박스(MyBox)〉(이로 비야녠, 마텔라, 2008)

위부터 순서대로: 〈IXIX〉(세바스챤 베르네, 비트라, 1999)

〈링크(LINK)〉(피어슨로이드, 모비시, 2007)

이 제품은 전체 높이를 72cm로 낮추고 덮개 아래 수납공간을 줄인다면 책상(덮개를 올렸을 때)과 식탁(덮개를 닫았을 때) 겸용으로 사용할 수 있을 것이다. 이 경우 상판의 폭을 늘여 다리 프레임 바깥쪽으로 넓힌다면 양 끝에 한 자리씩을 추가할 수 있으므로 식탁으로서의 활용도를 더욱 향상시킬 수 있다.

기능성과 가변성

가구에서 '가변성'을 논할 때 흔히 생각하는 것이 접이식 테이블이다. 여기서 중요한 점은 수납, 부피, 이동의 문제이다. 해결책이 명확하기 때문에 학생 과제로 적합한 품목이기도 하다. 세바스챤 베르네Sebastian Bergne의 〈IXIX〉는 수납과 이동이라는 문제를 체계적이고 효과적으로 해결한 좋은 사례이다. 이 제품은 다섯 개의 접이식 테이블을 트롤리에 수납하는 방식이다. 트롤리는 가볍고 조작이 간편할 뿐 아니라 프로젝터 스크린이나 화이트보드로도 사용할 수 있다. 공간을 여러 용도로 활용하기 위한 접이식 테이블의 본래 취지에 잘 맞는 디자인이다.

다이캐스팅 알루미늄으로 된 다리는 가위 모양으로 엇갈려 여닫는 방식으로 책상 아랫면에 부착된 브라켓에 끼워 고정된다. 브라켓은 유연한 고분자 플라스틱 소재로 다리를 견고하게 잡아준다. 누구나 손쉽게 테이블을 펴고 접을 수 있도록 상판을 초경량 MDF 소재로 하고 다리 고정 부분도 힘들이지 않고 단단히 끼울 수 있게 만들었다.

공간을 가변적으로 활용하기 위한 좋은 방편으로 공간분할이 있다. 영국의 디자인 컨설팅 그룹 피어슨로이드PearsonLloyd의 사무용 가구 시스템 〈파크스PARCS〉(베네Bene, p.90 참조)에는 〈링크LINK〉라는 독특한 디자인의 공간분할 제품이 포함되어 있다. 이들은 창의력을 북돋고 생산성을 높이는 동시에 가변적인 회의공간을 만들 수 있는 작업공간을 구성하는 데 초점을 맞추었다.

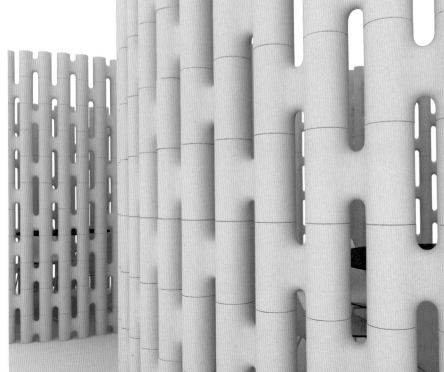

위부터 순서대로 : 〈레이지 시팅 컬렉션(Lazy Seating Collection)〉(파트리시아 우르퀴올라, 비앤비 이탈리아, 2004)

〈RU〉(쉐인 슈넥, 헤이, 2010)

〈링크〉는 EPP 소재의 모듈식 제품으로 유연성이 돋보이는 디자인이다. 회의공간 또는 작업공간을 구별 짓는 벽이나 사무실 내부 칸막이로 활용할 수 있다. 심지어 장식적인 조형물로 구성하기에도 손색이 없다. 엄밀한 의미에서 가구는 아니며 독립적 구조물도 아니다. 그렇지만 '가구디자인'의 범주를 넓혀 발상의 전환을 유도하는 좋은 사례이다. 〈링크〉는 열 가지 색상이 있으며 면적 1m²를 만드는 데 기본 모듈 15개가 필요하다. 모듈끼리 연결부는 견고하지만 일직선으로 길게 뻗은 형태로 안정적으로 세우는 데는 무리가 있으므로 주의해야 한다.

소재는 디자인의 가능성을 열어주는 동시에 한계점을 명확하게 정의해준다. 따라서 소재를 출발점으로 하여 제품 개발의 개념을 정하는 것도 좋은 방법이다. 파트리시아 우르퀴올라의 〈레이지 시팅 컬렉션Lazy Seating Collection〉(비앤비 이탈리아B&B Italia)은 획기적인 요소는 없지만 매우 효과적인 디자인이다. 제품 프레임은 단순한 형태의 철재이고 좌석과 등받이는 발포 폴리우레탄과 폴리에스터 섬유 소재이다. 커버는 가죽 또는 패브릭으로 지퍼가 달려 있어 손쉽게 탈착된다. 실외용 버전은 텍스틸렌Textilene(PVC 코팅을 입힌 패브릭) 소재이다. 이 컬렉션은 처음에는 쉐이즈라운지chaise lounge 하나로 시작했는데 곧 라운지 의자 두 종류(등이 높은 것과 낮은 것)의 라운지 의자를 포함하는 시리즈로 확장되었고 나중에 팔걸이의자와 스툴(높이가 다른 두 버전)도 추가되었다. 시리즈를 구성하는 모든 제품은 소재와 기본 구조가 같다.

한편 프로모세디아 국제디자인전(Promosedia International Design Exhibition)에서 우르퀴올라가 초대작품으로 선택한 〈RU〉는 진정한 의미에서 미리 정해진 소재와 제작공정에 따라 디자인된 의자이다. 〈RU〉는 스톡홀름을 근거지로 하는 디자이너 쉐인 슈넥Shane Schneck의 작품이다. 래미네이트 소재를 완전히 새로운 방식으로 재해석한 독창적인 디자인이다. 이 의자는 일곱 개의 래미네이트 목재 부품(양 끝이 직각으로 구부러진 형태 3개 포함)을 접합하여 정교한 형태로 빚어낸 것이다. 철저한 기술 연구를 바탕으로 디자이너 자신의 어린 시절 학교 가구의 추억을 담은 디자인이라고 한다. 학교와 커피숍 등에 적합한 구조로 여러 개를 포개어 쌓을 수 있다. 또 뒤집어서 테이블 위에 걸쳐놓을 수 있으므로 바닥을 청소할 때 편리하다.

〈자 스택커블 벤치 시스템(ZA Stackable Bench
System)〉(신 아주미&토모코 아주미, 라팔마/
데이비스 퍼니처(미국), 2003)

이와 반대로 제품의 용도와 사용 환경을 먼저 생각하고 이에 맞춰 디자인을 진행하는 방법도 있다. 신 아주미Shin Azumi와 토모코 아주미Domoko Azumi의 〈자 스택커블 벤치 시스템ZA Stackable Bench System〉이 그 경우이다. 이 제품은 넓은 면적의 공공장소에서 사용하는 것을 염두에 두고 개발하여 위치와 구조를 변경하기 쉽도록 하는 데 중점을 둔 디자인이다. 제품명 '자'는 일본어로 '앉는 자리(座)'라는 뜻이다. 세 개의 모듈이 한 세트를 이루며 다양한 형태로 자유롭게 구성할 수 있다.

각 모듈끼리는 클램프를 끼워 맞추는 방식으로 손쉽게 연결된다. 좌석 본체는 래미네이트 처리한 3D 베니어3D Veneer 소재이고, 양 끝의 다리 프레임은 주물 가공한 알루미늄이다. 좌석 아래를 따라 두 줄로 고정된 철재파이프를 통해서 양쪽의 다리 프레임끼리 연결된다. 〈자〉는 한 자리에 고정해 놓고 계속 사용해도 되고 상황에 따라 필요할 때만 설치하는 간이 의자로 활용할 수도 있다. 사용하지 않을 때는 모듈끼리 포개어 쌓을 수 있으므로 보관이 용이하다.

기술적 묘기

소재와 제작 기법의 혁신이라는 주제 안에서 제품 디자인의 출발점으로 생각해볼 수 있는 다른 하나는 영리함의 강조이다. 특히 제품의 용도가 한정된 경우 시각적 또는 기술적 기발함을 선보이는 것이 효과적일 수 있다. 이때 명심할 점은 얄팍한 과시욕의 표출에 그치지 않고 효과적인 결정타를 날려야 한다는 것이다. 이 경우 성공작의 기준은 지극히 주관적일 수도 있겠지만 분명 좋은 디자인과 나쁜 디자인은 확연히 구분된다. 좋은 디자인은 정직하지만 나쁜 디자인은 겉보기에만 영리해보인다.

샹 누벨Jean Nouvel의 〈그래듀에이트Graduate〉 수납 시스템은 일종의 착시 요소가 포함되어 있지만 디자인 자체는 정직하다. 캔틸레버 원리로 벽면에 설치된 맨 위 선반에서부터 내려오는 스테인리스스틸 소재의 얇은 철봉에 아래 선반들이 모두 매달려 있는 구조다. 이런 구조 때문에 맨 위 선반을 벽면에 견고하게 고정하는 것이 필수적이다. 그것만 제대로 이루어진다면 이 제품은 1m당 25kg의 하중을 지지할 수 있다. 일반적인 수납 용도로 충분한 하중이다.

〈그레이듀에이트 시스템(Graduate System)〉(장 누벨, 몰테니&씨, 2003)

아래 선반들을 지지하는 철봉은 맨 위 선반 내부에 감춰진 브라켓에 매달려 있다. 압출성형 알루미늄으로 선반의 두께를 아주 얇게 만들고 그 가장자리에 합판을 둘러 장식 효과를 더했다. 각 선반은 철봉에 새겨진 홈에 브라켓을 장착하여 고정시키는데, 이 브라켓은 선반 가장자리에 감춰져 겉에서 보이지 않는다. 브라켓은 정해진 위치에만 장착되므로 선반 사이 간격을 변경할 수는 없다. 〈그래듀에이트〉는 도서관 책꽂이처럼 무거운 하중보다는 가벼운 장식품을 배치하는 용도로 적합하다.

〈그래듀에이트〉를 두고 기술적 묘기에 의존하는 디자인이라고 하는 것은 잘못된 평가일지 모른다. 이 제품에서 극적인 효과를 내기 위한 장치는 합판으로 된 선반 가장자리 단 하나 뿐인데, 그것은 순수한 미학적 역할도 겸하기 때문이다. 또한 선반이 매우 얇다는 점을 감안하면 철봉에 매다는 구조가 프레임을 만들어 하중을 바닥에 전달시키는 방식보다 더 합리적이라고 판단할 수 있다.

플로리안 페트리Florian Petri의 〈플라튼-보Platten-Bau〉는 보다 순수한 방식으로 소재, 제작 기법, 구조의 영리함을 명백하게 드러내는 훌륭한 사례이다. 2005년 레드 도트Red Dot 디자인 수상작이기도 하다. 이 제품은 조립식 수납 시스템으로 HPL(고압 라미네이트, high-pressure laminate, p.199 참조) 소재를 사용했다. 4mm 두께의 합판을 CNC 공법으로 정밀 절단하여 제품의 형태와 구조의 안정성이 유지되도록 했다. 세로 판에는 옆면에 I모양 부속품을 덧대어 보강했는데, I의 긴 부분이 가로 선반에서 가해지는 수직 방향 하중을 지지하는 구조이다. 선택 사양으로 문과 뒤판을 덧대어 수납함을 구성할 수 있다.

디자인의 유창성

단일 소재를 가지고 복합기능을 하는 가구 제품을 디자인할 때 장점과 단점이 모두 있기 때문에 적절한 지점에서 균형을 찾아야 한다. 이때 가장 어려운 과제는 그 디자인의 가치를 결과물의 관점에서 철저히 검토하고 파악하여 최선의 가치를 끌어내는 것이다. 〈플래튼-보〉는 개념이 명확하다는 점에서는 성공적이지만 결과적으로 많은 한계도 있다.

보다 주류 디자인에서는 고객들이 단일 소재라는 도전 과제의 가치에 대한 공감대가 없다. 단일 소재에서 나오는 제약 때문에 희생된 기능성과 그 결과로 나타난

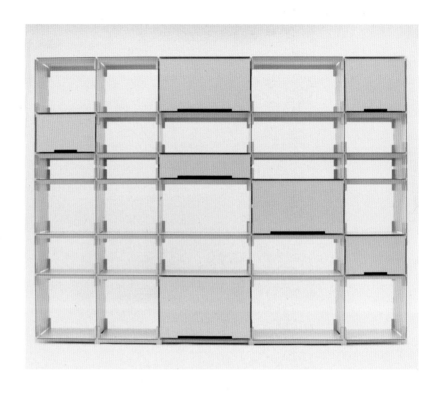

'삭막한' 미학 역시 이해를 얻기 힘들 것이다. 대부분은 다양한 기능을 제공하고 많은 사람들이 아름답다고 인정하는 제품이 더 디자인 수상작 자격이 있다고 생각할 것이다. 그러나 디자인의 완성도를 개념의 깊이와 이상과 실제의 균형이라는 관점으로 바라보는 세계에서는 〈플래튼-보Platten-Bou〉와 같은 작품이 단연 빛나는 디자인으로 평가 받을 것이다. 때론 순수한 아이디어로 태어난 디자인적 개념은 조금 깔끔하지 못한 모습으로 성장하기도 하지만, 이와 같은 '불완전한' 디자인도 충분히 추구할 가치가 있다.

〈플래튼-보(Platten-Bau)〉〈플로리안 페트리, 뫼벨바우 카에테르&바이제, 2005)

옆 페이지 : 〈카본 체어(Carbon Chair)〉〈베르얀 포& 마르셀 반더스, 무이, 2004)

제작 과정 혁신

의자에 대해 가장 중요한 사항을 물어보면 대부분 실용성 또는 편안함이라고 말한다. 그렇지만 이것은 의자를 어떤 용도로 사용하는가에 따라 달라진다. 매일 앉는 의자가 아니라 작품으로 소장하는 경우라면 편안함은 중요치 않다. 베르얀 포Bertjan Pot와 마르셀 반더스Marcel Wanders의 〈카본 체어Carbon Chair〉는 인체공학적 형태 덕분에 앉았을 때 무척 편안하지만 가끔 의자에 옷이 걸려 옷감이 상하는 문제를 일으킨다. 그러나 이 의자는 실용성보다 디자인 개념의 가치가 훨씬 중요한 경우라서 크게 문제될 것이 없다는 의견이 대세이다.

임스의 디자인에서 영감을 얻은 이 의자는 본체와 다리 전체가 탄소섬유와 합성수지로 되어있고 좌석 보강심과 연결 볼트 등 극히 일부만 철재이다. 구성 원리는 단순한 디자인이지만 제품 제작에는 고도의 기술이 필요하다(이 의자는 필리핀에서 수공으로 제작한다). 의자 본체는 둥근 모양의 틀 둘레에 여러 개의 핀을 꽂고 그 주위를 송진을 묻힌 탄소섬유로 돌려 감아 만든 것이다. 결과적으로 좌석 부분의 앉는 면만 매끈하게 처리된다. 다리 프레임도 같은 방식을 거치지만 둥근 틀 없이 작업하며 구조적으로 보다 견고하게 만들기 위해 한 번 더 꼬아주는 과정을 거친다.

이 의자는 무게가 가벼운데다(1.5kg) 독특한 소재와 외관 덕분에 큰 호응을 얻으며 높이 평가 받는 디자인이다. 그러나 가격이 너무 높기 때문에 실제로 가정에서 사용하는 경우는 많지 않다. 반대로 〈카본 체어〉보다 훨씬 장점이 많은데도 그다지 주목 받지 못하는 의자도 많이 있다. 대다수 일반 소비자들이 가구를 볼 때 말하는 미학의 기준과 디자이너들의 평가 기준에는 큰 차이가 있는 듯하다.

콘스탄틴 그리치치Konstantin Gricic가 디자인의 신으로 추앙 받기 시작했던 무렵에 내놓은 〈체어 원Chair_ONE〉은 투자업체인 마지스Magis에게는 스타일과 소재 혁명을 의미했고 그리치치에게도 중요한 전환점을 기록했던 작품이다. 이 디자인에 나타난 다면체의 기하학적 형상은 그리치치가 당시 그의 조수였던 스테판 디에즈Stefan Diez의 도움을 받아 전통적인 모형 기법을 응용하여 만들어낸 것이다. 그 후 마지스의 건축구조공학 엔지니

어 팀과 공동 작업으로 생산 가능한 제품 디자인으로 다듬었다. 본체는 고압 다이캐스팅 알루미늄에 아연도금을 입히고 분체도장으로 마감한 것이다. 의자를 받치는 구조물의 형태에 따라 압출성형 알루미늄 다리와 콘크리트 받침대 버전이 있다. 기둥시스템 받침대 버전 〈빔 원Beam_ONE〉도 있다. 독보적인 미학과 무관용적(unforgiving) 소재의 과감한 조합으로 디자이너 체어designer's chair의 원형(原型)이 된 작품이다.

한편 부홀렉 형제의 〈스틸우드 체어Steelwood Chair〉는 〈체어 원〉과 정반대의 디자인이지만 역시 디자이너 의자로 손꼽히는 작품이다. 이 의자는 부홀렉 형제가 당시 스타일에서 완전히 벗어났다는 점에서 주목을 끌었다. 소재와 제작 기법에서 20세기 초반 가구를 연상시키는 점이 두드러진다. 스탬핑 및 딥드로잉 가공한 철재로 된 본체에 목재 다리를 조합한 것이다. 제작 기법에 대한 디자이너의 깊은 이해와 공감을 잘 보여준다. 제품의 제작과정을 예술로 표현한 디자인이며(그러나 제작 자체는 쉽지 않다) 가구 제작의 산업적 측면과 이론적 배경을 공부할 때 유용한 자료이기도 하다. 프레임의 스탬핑과 형성은 매우 복잡한 과정이다. 팔걸이를 구부려 등받이와 직각을 이루도록 만드는 데만 아홉 단계의 작업을 거쳐야 한다. 다리는 CNC 공법으로 조각한 것으로 목재 다리를 금속 프레임에 붙이는 과정도 연결 부위가 정확하게 맞아야 견고하게 접합되기 때문에 매우 정밀한 작업이 필요하다.

왼쪽 : 〈체어 원(Chair_ONE)〉(콘스탄틴 그리치치, 마지스, 2004)

〈스틸우드 체어(Steelwood Chair)〉(로낭&에르완 부홀렉, 마지스, 2007)

Chapter 2:
디자인 프로세스

2a: 가구디자인을 위한 조사연구

디자인 브리프Design brief는 혁신적인 새로운 패러다임의 창조와 기성 디자인의 재해석이라는 두 개념의 중간쯤에 위치하는 과정이다. 각종 조사연구 결과를 토대로 신제품이 추구하는 방향이 어느 쪽에 더 가까운지 판단을 내리게 된다. 앞 1c에서 언급했듯이 회사 소속 디자이너건 외부 디자이너건간에 디자인 브리프 작성 시 대부분의 경우 기능, 미학, 제작 능력, 생산 단가 등 많은 제약이 있으며, 디자이너는 이러한 한계 안에서만 창작의 자유를 누릴 수 있다.

제품 개발을 의뢰하는 고객은 타깃 시장과 기존 자사 제품을 잘 이해하고 있다. 대개 원하는 제품의 유형, 스타일, 소재, 일정 가격 이하의 제작비와 물류비 등에 대해 확실하게 알고 있다. 그러므로 대부분의 경우 디자이너보다는 의뢰 업체 쪽에서 수행한 조사 연구를 바탕으로 개발 계획의 골자가 정해진다. 따라서 디자이너는 고객 및 경쟁 업체 제품을 분석해야 한다. 또한 이를 토대로 신제품에서 필요한 요건을 소재, 제작 방식, 기능성, 인간공학 및 행동과학적 요소에 이르기까지 전 방면에 걸쳐 깊이 연구해야 한다.

모든 가구디자인에는 인간공학 및 인체측정학 요소가 포함되므로(2b 참조) 제품 설계 시 연구 데이터가 필요하다. 그러나 실제로 연구 작업을 수행하여 데이터를 구하는 경우는 많지 않고 대부분은 기존 연구 문헌의 데이터를 가져와 사용하고, 제품 테스트와 프로토타입 등을 통해 보완 적용한다. 역으로 대부분의 가구디자인 프로젝트는 관찰 조사연구를 요하지 않는다. 한편 혁신적 제품 개발을 위해 인간공학 및 인체측정학 연구를 직접 수행하기도 하는데, 이 경우 기존과 다른 획기적인 개념의 제품이라는 직접적 결과 이외에 고객에게 구체적 연구 데이터를 제시하여 개발 프로젝트에 대한 확신을 줄 수 있다는 이점이 있다. 또한 개발된 신제품을 출시할 때도 연구 결과를 마케팅 자료로 활용하여 소비자에게 어필할 수 있다.

〈게이트(Gate)〉는 식탁겸 작업 테이블로 변형시켜 다양한 형태로 응용할 수 있다. 이 제품은 좁은 공간 내에서 식탁과 책상에 관련된 사용자의 행동 양식을 분석한 데이터를 토대로 개발한 것이다. 슈아오키의 프로토타입 디자인, 영국 드 몬트포트 대학교, 2010

시장 조사연구

마켓 리서치Researching the Market 데이터를 분석하는 일은 가구디자이너에게 필수 영역이 아니다. 그렇지만 조사 연구를 통해 경기 흐름과 상업 원리를 이해함으로써 제품 개발을 보다 효과적으로 할 수 있다. 그리하여 궁극적으로는 디자이너 자신과 고객에게 동기부여를 할 수 있다. 피어슨로이드PearsonLloyd의 〈PARCS〉 시리즈(Bene)의 사례에서 볼 수 있듯이 제품 개발을 의뢰할 때 고객이 먼저 어떤 제품이 필요하다고 말하는 경우가 있는 한편, 디자이너에게 어떤 제품이 시장에서 팔릴지 파악해 달라고 요청하는 경우도 있다. 두 경우 모두 시장수요 파악이라는 동일한 원칙에 의해 추동된다. 상업 프로젝트에서 고객은 기본적으로 시장이 있는지, 있다면 시장 잠재력은 얼마나 되는지 알고 싶어 한다. 다음으로 목표 소비자가 얼마나 지불하고자 하는지 알고자 한다. 시장성, 적정 가격 등 모든 사항이 파악된 후에야 개발 프로젝트가 시작될 수 있다.

기본 조사연구

본격적으로 조사연구를 수행하기에 앞서 디자이너는 필요한 정보를 보다 쉽게 얻을 수 있는 다른 방안이 없는지 알아보아야 한다. 전부 또는 일부나마 이미 나와 있는 정보를 활용할 수는 없을까? 기존 정보를 그대로 사용해서는 필요를 충족시킬 수 없을지 모른다. 그렇다 할지라도 후속 조사연구의 방향을 결정할 가설을 도출하기에는 충분할 수 있다. 광범위한 탐색적 조사연구야말로 가장 노력이 많이 들기 때문이다.

예컨대 디자인 조사연구자는 현재 제품의 공급 상태, 전형적 시나리오 또는 빈도 등을 평가해서 시장 상황에 대한 이해를 할 수 있다. 그리하여 시장에서의 기회나 수요에 의미 있게, 때로는 혁신적인 방식으로 대응할 수도 있다. 거의 대부분의 디자인을 위한 조사연구는 관찰 또는 질문을 통한 양적, 질적 자료수집과 분석에 초점을 맞춘다. 그렇지만 양적 조사연구와 질적 조사연구를 별개로 취급하는 것은 유용하지 않다. 대부분의 조사연구 프로젝트는 양적, 질적 영역 두 요소를 모두 포함한다. 양적 조사연구는 질문지와 관찰연구를 통해 수치를 산출한다. 반면 질적 조사연구는 행태, 의견, 감정 등을 기록한다.

데이터의 유형에 따라 양적, 질적 자료가 있다면 조사연구의 의도에 따라 두 개의 영역으로 구분할 수도 있다. 서술적 조사연구는 체제, 행태, 인공물 등의 현재 모습이 어떤지 이해하는 것이다. 규범적 조사연구는 체제, 행태, 인공물 등이 어떠할 수 있으며 어떠해야 하는지 서술하는 것이다. 규범적 연구는 종종 서술적 연구의 결과 예컨대 사용자 수, 사용 빈도 등 데이터를 토대로 이루어진다. 이렇게 필요한 정보를 수집한 다음의 단계는 가설, 실험계획, 대면조사, 추가 설문 등으로 조사연구 결과를 확인하고 보완하는 작업이다. 디자이너가 경험이 부족하거나 제품에 대한 이해가 불충분한 경우 조사연구 수행에서 중대한 오류를 범하기도 한다. 예를 들어 설문조사에 잘못된 질문을 넣거나 필요한 문항을 빠뜨리는 일이 흔히 있는데, 이것은 데이터의 신뢰도를 떨어뜨리고 엉뚱한 결과를 초래할 수 있는 심각한 오류다. 따라서 초보 디자이너는 반드시 인류학, 사회학, 심리학 분야에서 통용되는 조사연구 방법론을 충분히 참고하고 그 절차대로 따라야 한다. 다음은 그 방법론과 절차를 간략히 설명한 것이다.

조사연구에는 크게 세 가지 종류가 있다.

– 기존 조사연구 결과(이미 검증된 데이터)를 재검토
– 탐색적 조사연구(광범위한 주제에 대한 서술적 연구)
– 가설에 기초한 연구(광범위한 주제에 대한 서술적 또는 규범적 연구)

위 조사연구를 수행하는 방법은 다음과 같다.

– 행태 및 과정을 관찰하여 전형과 변이를 파악
– 설문조사 : 연구 주제에 대해 잘 이해하고 있거나 또는 적어도 연구초점에 대한 경험이 있는 사람들을 대상으로 면접
– 정지된 대상 연구 : 사물의 속성과 한계를 파악하기 위해 특정 분야에 속하는 무생물의 특성을 연구하고 기록

관찰은 시각에 의존한다. 관찰연구에서는 모델과 변이를 발견하기 위해 활동, 행태, 과정을 기록한다. 관찰연구에는 두 가지 유형이 있다. 비체계적 관찰은 관찰자가 관찰 대상의 활동, 행태, 과정에 대해 아무런 개입이나 영향력 행사 또는 지시를 하지 않고 일어나는 현상을 단순히 기록할 뿐이다. 체계적 관찰연구는 시뮬레이션이나 역할극에서와 같이 관찰자가 짜놓은 계획에 따라 실험을 진행한다.

설문지를 만들기 전에 어떤 질문을 해야 할지 알기 위해 중요한 사전 조사연구를 하는 일이 필수적이다. 조사에서 가장 중요한 것은 설문 문항의 작성이다. 설문 내용에 어떤 질문을 포함시켜야 하는지 올바른 판단을 내리기 위해서는 관련 분야의 기존 연구 문헌을 충분히 검토하는 것이 중요하다. 설문조사의 목적은 각 문항에 대한 답변을 통해 어떤 현상(행동 또는 상황)의 빈도 또는 분포를 알아내는 것이며, 그 답변은 주관적, 객관적인 사실 및 의견을 모두 포함한다. 정확한 데이터를 얻기 위해서는 설문조사를 실시하기 전에 소규모 대상의 예비조사를 실시하여 설문 문항 및 조사 방법에 문제점이 있는지 확인해야 한다.

설문조사에서 어떤 방식으로 질문이 이루어지는지에 따라 결과가 크게 달라질 수 있다. 특히 대면 방식 설문에서는 주관식 답변을 요하는 열린 질문이 가능하지만 설문지에서는 객관식(선택지 방식)만 사용할 수 있으므로 더욱 주의해야 한다. 각 문항에 대해 있을 수 있는 모든 경우의 답변을 포괄하는 선택지를 제시해야 하고(충분한 사전 연구 없이 불가능한 일이다) 미처 예상하지 못했던 경우에 대비하여 '기타 답변' 항목을 덧붙인다. 모든 문항은 응답하는 사람이 이해하기 쉽도록 직설적 표현을 사용하고 간결한 문장으로 작성해야 한다.

앞서 강조했듯이 설문조사를 올바로 수행하려면 조사 대상에 대한 전문지식이 필수적이며, 설문 문항과 선택지 작성에 세심한 주의를 기울여야 한다. 설문조사는 다음 경우에 효과적이다.

– 대규모 샘플이 필요한 경우
– 수집하고자 하는 데이터가 주로 양적 데이터이며, 부수적으로 질적 데이터가 필요한 경우

– 명확한 가설이 있는 경우
– 답변 내용이 주로 규범적, 객관적 사실인 경우
– 응답자의 익명성이 요구되는 경우

설문조사에서 질문 또는 선택지에 어떤 표현을 쓰는가에 따라 응답자의 답변을 특정 방향으로 유도하여 편향된 결과를 낳을 수 있으므로 주의해야 한다. 예를 들어 두 가지 상반된 답변 중 선택할 때 '좋다'와 '나쁘다'와 같이 명백한 판단도 있지만 때로는 '아름답다'와 '보기 흉하다'처럼 복합적인 개념이 필요할 수도 있다. 다만 어떤 경우에도 애매모호한 단어로 응답자를 혼란에 빠뜨리는 것은 절대 금물이다.

정물연구는 움직이지 않는 상태의 사물 또는 사람을 대상으로 하며 주로 특정 집단 내에서 나타나는 특성 및 변수를 파악하는 것을 목적으로 한다.

이러한 연구에서는 조사의 범위에 따라 수집되는 데이터의 수준이 달라지는데, 일반적으로 조사 범위가 좁을수록 더 상세한 수준까지 데이터를 조사하게 된다. 예를 들어 인체측정학 데이터를 수집하는 경우 조사 대상의 인원이 적을수록 더 많은 세부 항목의 수치를 측정하게 된다. 다만 광범위한 대상에 대해서도 상세한 수준의 데이터를 수집하는 것이 가능하다.

어떤 제품의 특성을 파악하는 연구의 경우 조사의 범위에 상관없이 다음 세 가지로 그 성질을 분류할 수 있다.

– 공통 성질 : 모든 사물, 행동, 현상에서 동일하게 나타나는 특성
– 변이 성질 : 모든 사물, 행동, 현상에서 각기 다르게 나타나는 특성
– 특이 성질 : 다른 경우에 비해 두드러지게 나타나는 특성

이처럼 직접 데이터를 수집하는 방식 이외에도 보다 넓은 의미에서의 조사연구를 통해 형성된 추상적인 개념의 데이터를 가구 제품 개발을 위한 자료로 활용하기도 한다. 그 사례로 피어슨로이드가 〈파크스PARCS〉 시스템의 개발을 위해 수행한 조사연구를 들 수 있다(세부 사항은 다음 페이지 참조).

소통과 협동을 위한 가구 시스템

〈파크스(PARCS)〉 – 신개념의 팀 작업 공간 조성을 위한 가구 시스템

〈파크스〉는 피어슨로이드PearsonLloyd가 2년 동안 '지식노동자(knowledge worker)'의 행동 양식을 집중적으로 연구조사한 결과를 토대로 개발한 제품이다. 맥킨지 보고서(2009. 10)에 따르면 지식노동자는 넓은 의미에서 '문제를 해결하고, 고객에게 서비스를 제공하고, 사업파트너와 협력 관계를 맺으며, 새로운 아이디어를 개발하는 일에 종사하는 사람'을 지칭한다.

지식노동자의 등장은 그들의 작업 공간인 사무실 환경을 크게 바꾸었고, 이는 사무용 가구 시장에서 새로운 기회로 이어졌다. 미래지향적 가구 업체 베네Bene는 이러한 기회에 주목하여 디자인 컨설팅 업체 피어슨로이드에게 신제품 개발을 위한 조사연구를 의뢰했다. 그 결실로 태어난 〈파크스〉는 가구 조합과 공간 구성에 새로운 패러다임을 적용한 신개념 오피스 가구 시스템이다.

〈파크스〉의 콘셉트에는 피어슨로이드가 다양한 복합공간(공항, 항공기 내부 등)을 설계하면서 축적한 노하우가 깔려 있다. 그러나 무엇보다 두드러지는 특징은 일반적인 틀을 벗어나 기발한 방식으로 조사연구 활동을 수행하여 다양한 형태의 데이터를 수집했다는 점이다. 로마의 스페인 광장 계단을 오르내리는 사람들의 움직임을 관찰하는 등 다채로운 환경에서 실험을 했을 뿐 아니라 아프리카 말리 도곤Dogon 부족의 원로회의 장소 '토구나Toguna' 등 인류학 분야 문헌까지 폭넓게 연구하여 제품에 응용했다. 토구나의 천장이 낮은 구조 때문에 참석자들이 앉은 채 회의에 임하고, 논의 도중 일어설 수 없어 공격적 발언과 논쟁이 방지된다고 한다.

피어슨로이드는 〈파크스〉의 핵심 목표가 생산성과 창작 의욕을 북돋는 회의 및 작업 공간의 창조에 있다고 밝혔다. 다음은 제품 개념에 대한 설명이다.

"〈파크스〉는 건축물과 가구를 조합한 하이브리드 개념으로 사무실 내에 다양한 형태의 공간과 장소를 창출한다. 편안한 분위기에서 회의와 토론을 진행하는 공간, 책상에서 잠시 떨어져 재충전하는 공간, 자유형식 발표를 진행하는 공간, 전화 통화 또는 집중을 위한 다소 조용한 공간 등 무한한 가능성을 제공한다. 〈파크스〉는 개방형 책상 배치, 셀 형태의 회의 장소, 다양한 열린 공간 등으로 사무실의 효율을 극대화한다. 여기 마련된 공간들을 통해 자연스럽게 소통과 협동이 이루어지며 창작 의욕과 긍정적 행동이 고무된다."

이 모든 효과가 전적으로 가구 덕분이라고 할 수는 없지만 좋은 디자인의 사무용 가구 시스템이 작업 효율을 높이는 것은 자명하다. 〈파크스〉는 각종 디자인상을 수상하며 가구디자이너, 건축디자이너, 언론 등으로부터 높이 평가된 제품으로 사무실 공간뿐 아니라 관공서, 호텔 등의 연회 공간, 휴게실, 연회실 등에도 응용된다.

〈파크스〉는 부분이 합쳐져 시스템을 이룰 때 그 효과가 더 커지는 디자인이다. 각 부분을 따로 떼어놓고 볼 때는 간결, 단순하지만 서로 합쳐지면 유기적으로 결합하여 사용자들 사이의 친밀도를 높여준다. 또한 회의용 장막(meeting hut) 자체는 뛰어난 점이 없지만 모든 부품이 조합되어 '토구나'를 형성했을 때는 조명, 비례, 음향 등에서 놀라운 효과를 발휘한다.

〈파크스〉 시스템의 주요 구성 요소는 다음과 같다.

〈코즈웨이(둑방길, Causeway)〉: 높이가 서로 다른 여러 개의 벤치(커버를 씌운 형태)와 칸막이로 구성된 반개방형 공간이다. 앉거나 기대거나 반쯤 걸터앉는 등 다양한 형태로 이용할 수 있다.

〈윙(별관, Wing)〉: 팔걸이의자, 소파, 부스 등으로 편안하고 조용한 공간을 형성한다. 소그룹 회의 또는 개인의 집중작업 공간으로 활용한다.

〈토구나(회의장, Toguna)〉: 독립성과 개방성을 동시에 갖춘 신개념 회의 공간이다.

〈아이디어 월(창작의 벽, Idea Wall)〉과 〈라이브러리(서재, Library)〉는 코즈웨이에 추가하여 기능성을 보강하는 구성품이다. 〈아이디어 월〉은 시청각 장비를 연결하여 프레젠테이션에 활용하고 〈라이브러리〉에는 등을 수납할 수 있다. 〈파크스〉 디자인의 핵심은 '유연성'이다. 모든 구성품을 쉽게 이동하여 각종 회의 또는 개인 및 그룹 작업 등 상황에 따라 적절한 공간으로 변경할 수 있다. 또한 아래 방향으로 설치한 조명의 그림자로 개인 공간을 구분하는 경계선을 만들어주는 등 작은 부분까지도 전체 시스템의 효율을 극대화하는 설계가 돋보인다.

위 : 〈파크스(PARCS)〉의 핵심 콘셉트는 작업 효율을 높이는 동시에 창작 의욕을 북돋는 작업 및 회의 공간의 조성이다.

중간 : '윙'의 소파 사이 연결판(선택 사양)의 개방 각도를 조절하여 아늑한 느낌과 친밀감을 높일 수 있다.

아래 : 〈파크스(PARCS)〉의 구성품은 베네의 다른 제품과도 호환이 가능하게 설계되어 구매자에게 최소의 비용으로 최대의 효과를 제공한다.

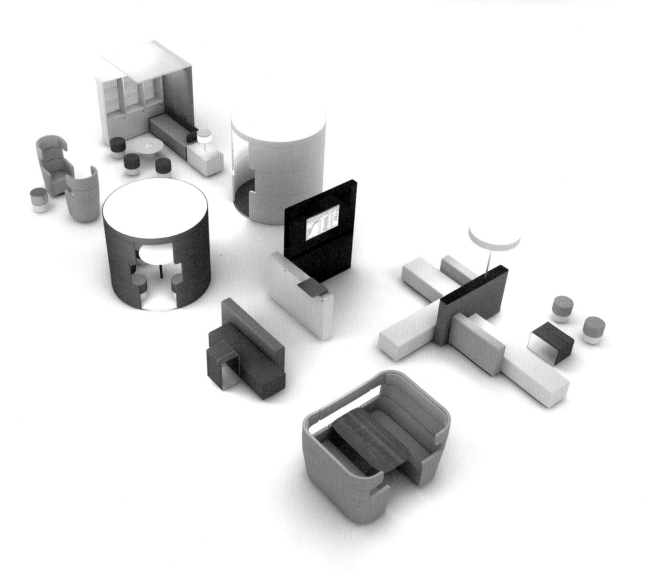

재택근무 환경의 변화

⟨트레슬(Trestle)⟩(에트 라 벤)은 전통적 라이팅 데스크를 첨단 업무 형태에 맞춰 진화시킨 디자인이다. 최근 재택근무 트렌드에 따라 라이팅 데스크('뷰로' 또는 '에스크리투와르'로도 불린다)와 같은 가구 제품이 관심을 끌고 있다.

허먼 밀러(Herman Miller)의 조사연구

2008년에 허먼 밀러는 인간의 행동 양식 및 기술 발전으로 인한 트렌드 변화를 살펴보며, 이들이 어떻게 가구의 필요 조건과 구매 형태를 변화시킬 것인지를 분석하는 연구 조사를 의뢰하였다. 가장 중요한 조사연구 중 하나가 어떻게 '점점 더 많은 사람들이 출근하지 않고 근무하게 되는가'에 관한 연구였다.

재택근무 패턴과 행태는 IT 기술의 발달에 의해 더욱 진화하고 있다. 새로운 근무 방식이 등장함에 따라 업무 공간 개념도 크게 바뀌고 있다. 가구디자이너들은 이러한 변화를 혁신의 기회로 삼아 시장과 소비자의 새로운 요구에 대응해야 한다.

연구자들은 250명의 재택근무자를 대상으로 그들이 '어떤 방식으로 일하는지'를 조사한 것이다. '왜 재택근무를 하는지'는 이미 다양한 연구에서 충분히 밝혀진 바 있다.

재택근무는 과거에는 자영업자에게만 해당되는 용어였다. 그렇지만 이제는 점점 더 많은 이들이 일주일에 적어도 며칠이라도 재택근무를 하게 되어 일반적인 직장 생활의 일부가 되었다. 앞으로 지구온난화를 방지하기 위한 탄소세carbon tax 시행이 강화되면 직원들의 출퇴근 시 자동차 운행 및 주차에서 나오는 온실가스 배출량을 줄이기 위해 재택근무 비중을 높이는 기업이 더욱 늘어날 전망이다. 전문 조사연구 업체 코어넷 글로벌CoreNet Global은 2010년대에는 모든 근무 활동의 40%만이 기업 시설 내에서 이루어질 것이며, 나머지는 근무자의 집(40%)이나 그 밖의 장소(20%)에서 수행될 것이라고 예측하였다.

직장에서 근무하는 시간 비율은 아직 이 예측치와는 다르지만 점차적으로 많은 사람들이 퇴근 후 집에 일을 가져가서 하고 있으며, 특히 이메일로 업무를 처리하는 것이 일반적인 모습이 되고 있다. IT 기술의 발달은 재택근무 비중이 증가하는 주요 요인인 동시에 재택근무 공간의 변화에도 결정적인 역할을 하고 있다. 최근 노트북 컴퓨터, 모바일 기기, 무선 인터넷 등의 활용이 증가함에 따라 재택근무의 '업무 공간'이 전통적 개념의 '홈 오피스home office(책상과 문서수납장을 중심으로 컴퓨터, 모니터, 프린터, 팩스 등 사무기기를 모아놓은 공간)'에서 더 넓은 범위로 확장되고 있다.

허먼 밀러의 연구에서 재택근무자들은 집에서 일할 때 평균 2.4군데의 서로 다른 장소를 함께 사용한다고 응답했다. 응답자 250명 중 87%는 업무 전용 공간(홈 오피스), 65%는 거실 또는 가족 공동 공간, 48%는 침실에서 일한다고 답했다. 또한 여성 43%와 남성 33%는 주방에서도 일한다고 답했다.

이 결과에서 나타나듯이 여전히 많은 사람들이 전통적 개념의 홈 오피스에서 업무용 책상을 사용하고 있다. 그러나 이들은 홈 오피스 한 군데에서만 일하기보다는 여러 장소를 옮겨 다니며 간이식 책상에서도 업무를 처리하는 경우가 많다. 또한 종이에 인쇄된 자료 대신 전자문서를 사용하는 경우가 늘고 있어 수납 가구에 대한 요건도 전과는 달라지고 있다. 가구디자인은 이러한 변화에 대응하여 새로운 패러다임을 수용하고 '진전된 혁신'에 초점을 맞추어야 한다. 재택근무용 가구 제품의 디자인에서 가장 중요한 점은 업무에 적합한 인간공학적 기능을 갖추는 동시에 집 안의 인테리어와 조화되는 미학적 기능을 만족시켜야 한다는 점이다. 먼저 재택근무자들이 집 안에서 여러 비업무용 가구 제품을 사용하는 점을 고려하여 우선적으로 고려할 사항은 인간공학적 기능으로 집 안의 여러 공간에서 업무에 사용하는 가구를 개선하여 업무용으로 적합하도록 재설계하는 경우를 생각해볼 수 있다. 여러 연구 결과에 의하면 근무 시 바른 자세를 유지하지 않더라도 자주 자

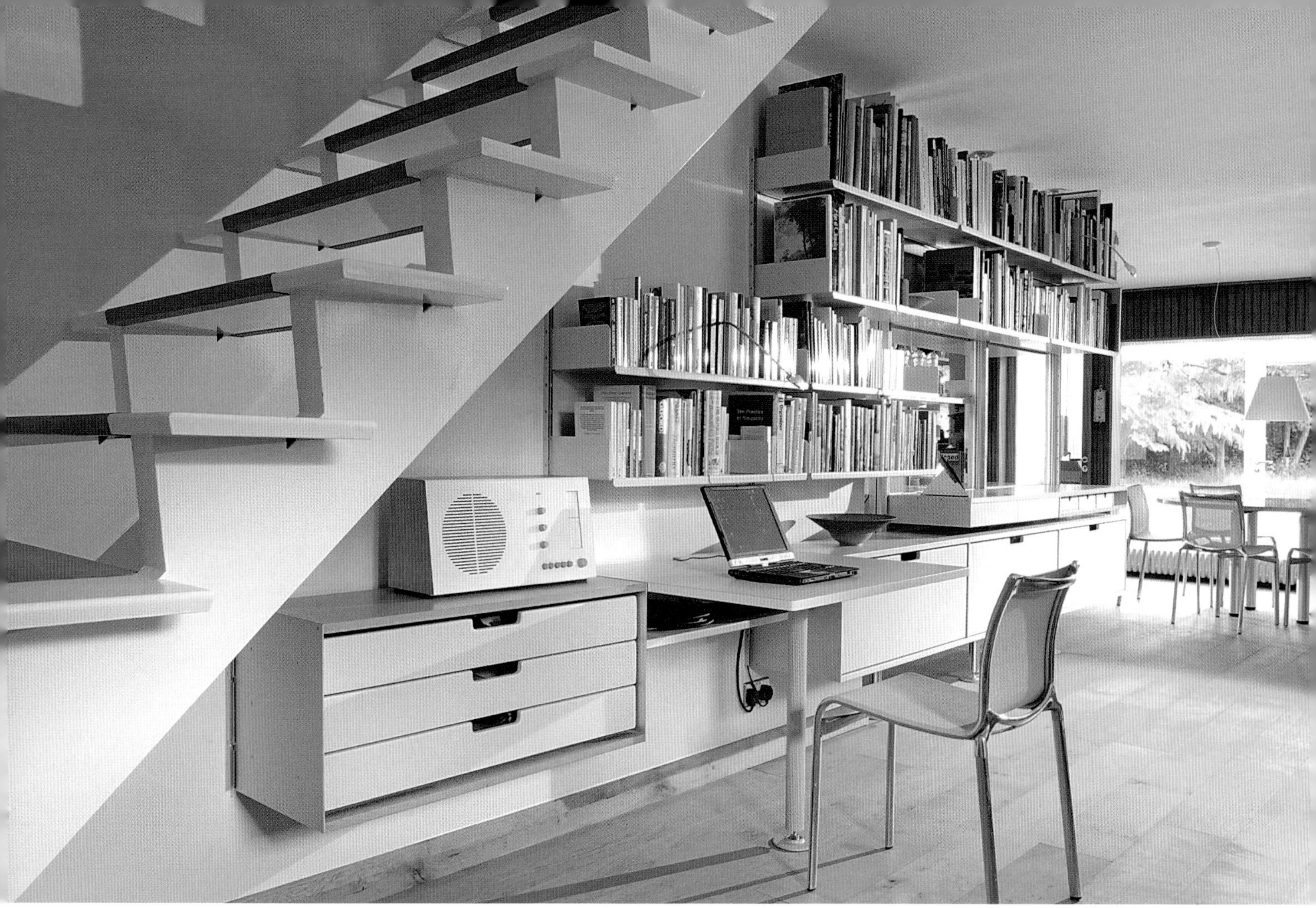

세를 바꾸어준다면 인체에 끼치는 부담을 최소화할 수 있다고 한다. 따라서 재택근무용 가구는 사용자가 자주 자리를 옮기는 특성 때문에 엄격한 기준으로 인간공학 요소를 적용하지 않아도 무방하다는 장점이 있다. 다만 장시간 사용을 완전히 배제할 수는 없으므로 항상 모든 경우에 대비한 최선의 인간공학적 설계를 고려해야 할 것이다. 또한 집 안의 소중한 공간에 놓는 가구라는 점에서 미학적 측면이 매우 중요하다.

〈606 유니버설 셸빙 시스템(606 Universal Shelving System)〉(비체&잽프)의 데스크는 처음 출시 당시는 필기와 타자기 사용을 염두에 두고 설계되었지만, 지금은 노트북 컴퓨터와 평면 모니터 등에 맞게 재디자인된 버전으로 나온다.

아래 왼쪽 : 〈뷰로 오피스 데스크(The Bureau Office Desk)〉(2008), 마르틴 홀차프펠이 디자인 및 제작한 컴퓨터용 데스크 시리즈 중 하나이다.

아래 : 마누엘 사에즈가 휴먼스케일을 위해 디자인한 〈데이베드 엘고노믹 랩탑 워크스테이션(The Daybed Ergonomic Laptop Workstation)〉(2007)

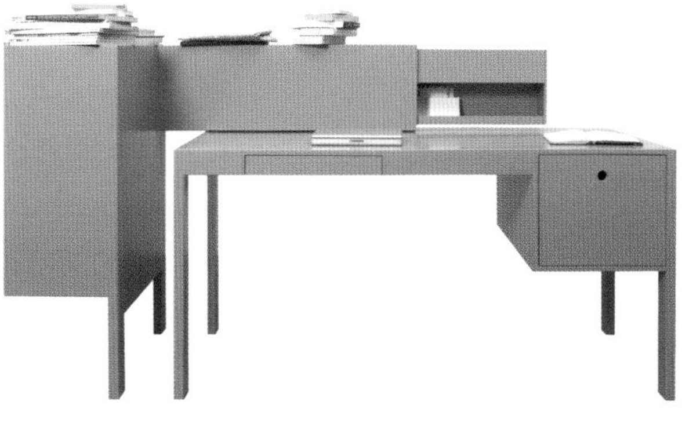

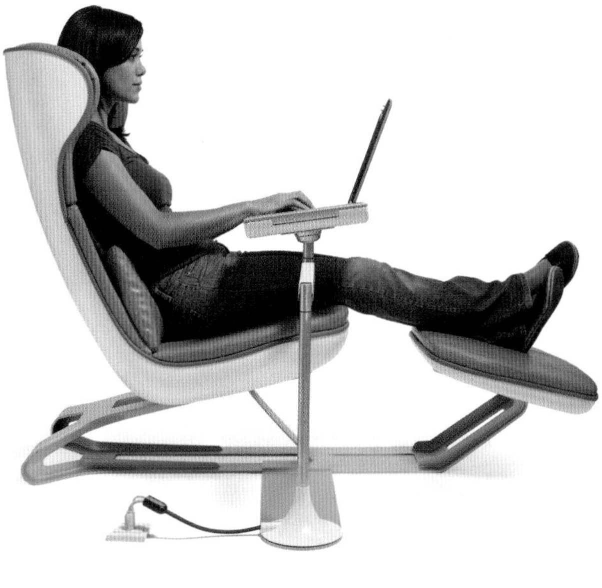

2b: 공간과 관련된 인간공학 및 인체측정학 자료

인간공학(ergonomic)은 인간과 주변 환경의 상호작용을 연구하며 인간이 어떻게 주위의 사물과 공간을 효과적으로 활용할 수 있는지 밝히는 학문이다. 인간공학 연구는 주로 작업환경 또는 근무환경을 대상으로 하며 그 밖에도 인간이 처할 수 있는 모든 상황에 적용된다. 가구 및 인테리어 제품에서 인간공학적으로 우수한 디자인이란 사용할 때 필요한 노력을 최소한으로 줄이고 인체의 피로 및 부상을 방지하는 디자인을 뜻한다.

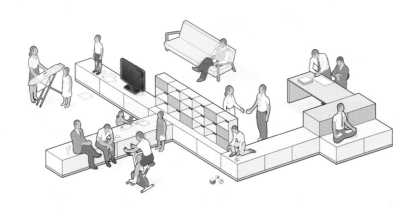

가구 및 인테리어 디자인에 적용되는 인간공학 요소의 예로 작업동선을 고려한 주방 설계와 사무실 가구 배치 등을 들 수 있다. 업무용(사무실용) 의자는 인간공학적 기능이 중요시되는 대표적인 가구 제품이다. 편안함을 배려한 설계, 위치 및 높낮이 조절, 업무 형태에 맞는 기능성 등 기본적 요소는 물론이고 통기성이 우수한 특수소재로 만든 등받이, 인체의 움직임에 따라 자동으로 자세를 교정해주는 기능 등 첨단과학을 선보이는 경우도 많다.

인체측정학(anthropometry)은 인체와 관련된 수치와 인체의 활동 범위를 연구하는 학문으로 인체측정학에서 나오는 통계자료를 바탕으로 인간공학 연구가 이루어진다. 가구디자인 프로젝트를 진행할 때는 반드시 인간공학 및 인체측정학 연구 데이터를 참고해야 한다.

가구디자인에 적용되는 인간공학 및 인체측정학 요소

– 일어선 상태
– 자리에 앉은 상태
– 팔을 뻗을 수 있는 거리
– 자리 이동
– 정지된 자세 유지
– 사물 들어올리기
– 사물 손으로 잡기
– 위치/자세 조절
– 접근성
– 배치/정리정돈

성인용 가구 제품은 전체 성인 인구의 90%에 해당하는 인체측정학 데이터에 맞추어 설계한다. 이것은 백분위수 5%(여성)를 최저치, 95%(남성)를 최고치로 하는 범위이다. 신장(키)의 경우 여성 5% 백분위수는 1.52m, 남성 95% 백분위수는 1.88m이므로 적용 범위는 1.52~1.88m가 된다. 제품 구조가 고정된 경우는(높

모든 가구 제품은 인간공학적으로 올바르게 설계되고 용도에 맞는 기능성을 갖추어야 한다.

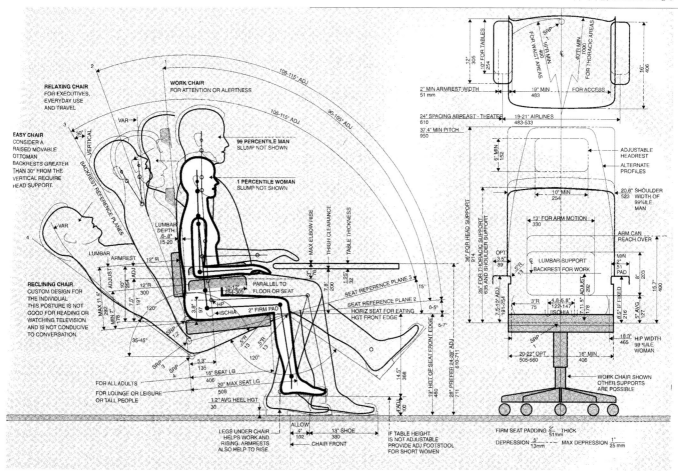

낮이 조절 기능이 없는 제품) 이론상으로 평균 수치(남녀 통합 백분위수 50%)에 맞추면 최다수의 사용자에 맞출 수 있다. 그러나 이론과 달리 실제로는 평균보다 최고치에 맞추는 것이 더 바람직한데, 자신의 신체보다 작은 사이즈의 가구는 사용에 불편을 느끼는 반면 신체보다 '넉넉한' 가구는 큰 불편 없이 사용하는 경우가 많기 때문이다. 한 가지 유의할 점은 인체측정학 데이터는 복합적, 입체적이라는 사실이다. 신장이 같은 경우라도 다리 길이, 팔 길이, 팔꿈치 높이, 요추 각도 등 신체 각 부분의 수치는 제각각인 경우가 더 많기 때문에 기계적으로 평균치를 적용하는 것은 금물이다. 또한 지역적 특성(예 : 비만 또는 장신 인구 비중이 높은 지역)에 따라 데이터 편차가 크다는 점도 유념해야 한다.

이 장에는 가구디자인 프로젝트에 활용할 수 있는 기본적인 인간공학 및 인체측정학 데이터를 수록했다. 이 데이터를 바탕으로 제품 개념을 개발하고 프로젝트 초기 단계를 진행하는 데 충분할 것이다. 그러나 이후 심화 단계에서는 보다 정밀한 데이터로 모델링을 실시하여 제품 설계를 점검, 확정해야 하므로 추가 조사연구가 필요할 것이다.

인간공학 및 인체측정학 데이터를 다루는 과정은 특히 의자 제품의 개발에서 결정적인 역할을 한다. 의자디자인 프로젝트에서 최대 난관이면서 동시에 뚜렷한

성과를 낼 수 있는 가치 높은 영역이기도 하다. '인간공학적 디자인'의 가장 어려운 문제로 꼽히는 것이 제품 테스트와 프로토타입 제작에 상당한 비용과 시간이 소요되며 고도의 기술이 필요하다는 점이다. 이브 베하Yves Béhar의 〈세일 체어Sayl Chair〉(p.128)와 피어슨로이드PearsonLlyod의 〈코비 체어Cobi Chair〉(p.72)의 경우를 살펴보자. 대략적인 데이터를 사용하여 부분의 합sum of parts 방식(p.104)으로 큰 틀을 완성한 후 복합적인 반복 테스트와 함께 즉석 프로토타입 RA(rapid prototype), 반응사출성형 RIM(reaction injection molding), 유한요소분석 FEA(finite element analysis) 등 치밀한 과정을 거쳐 소재 특성과 제품 기능을 점검한 결과 완성된 디자인이다.

가구디자인에 인체측정학 데이터를 적용하는 일은 그리 단순한 작업이 아니다. 제품의 길이, 너비, 높이, 두께, 반경 등 여러 치수를 복합적, 입체적으로 계산하는 과정에서 자칫 잘못하면 전혀 엉뚱한 결과로 이어질 수도 있다. 또한 다른 가구 제품과의 상호작용, 여러 사용자들 간의 신체적 차이, 소재와 마감재의 특성 등 제품 사용에 영향을 끼치는 수많은 요소를 모두 고려해야 한다. 가구에서 무엇보다 중요한 것은 용도에 적합한 기능성이다. 기능성이 뒤떨어지더라도 아름다운 외관이나 다른 특징 덕분에 용서받는 제품도 있지만 극히

이 도표에 수록된 수치는 '디자인을 위한 남녀 인체측정 데이터 : Measure of Mean and Woman: Human Factors in Design'(2002년 개정판)에서 가져온 것이다. 이 자료는 1959년 초판이 발행된 이래 디자인 분야에서 가장 권위 있는 인체측정학 자료로 통용되고 있다. 2002년에 발행된 개정판은 최신 데이터와 거의 차이가 없으며 현재까지 가구디자인 업계에서 가장 널리 사용되는 자료이다.

드문 경우이다. 가구 개발 프로젝트에서 기능성에 관련된 문제는 초기 단계에서 바로잡아야 하며 디자인 완료 단계에서는 문제가 발견되더라도 보완하기 어렵다.

디자이너의 권한 밖에서 내려진 결정 때문에 디자인 변경이 불가피한 경우가 종종 발생한다는 것을 유념해야 한다. 특히 제품 단가를 맞추기 위해 소재나 크기를 변경하는 경우가 흔하다. 그 결과 기능성에 문제가 발생하기도 한다. 마르셀 브로이어Marcel Breuer의 〈바실리 체어Wassily Chair〉(p.109)는 디자이너가 개발한 프로토타입은 패브릭 소재였지만 제품 디자인을 의뢰한 고객의 요구로 가죽으로 변경된 경우이다. 이 의자는 인간공학적 기능 면에서 패브릭이 더 효과적이었다. 가죽 소재로 된 좌판과 등받이가 신축성이 부족하고 표면이 미끄러워 바른 자세를 유지하기 힘들었기 때문이다. 그렇지만 판매와 마케팅에서 가죽 소재가 유리했기 때문에 시판 제품 디자인은 가죽 버전으로 결정되었다.

가구디자인 전공 학생들은 의자, 책상, 식탁 등 주요 제품의 표준 규격을 익혀두어야 한다. 각 품목의 표준 높이, 폭, 길이 등 기본적인 치수는 물론 사용자의 손이 닿는 최대 거리, 휠체어/유모차에 대한 접근성 등 여러 요소를 파악해야 한다. '포괄적(inclusive)' 또는 '만인을 위한(universal)' 디자인(장애인, 노인, 환자 등 신체 불편을 겪는 사용자들을 배려한 설계)을 강조하는 것은 최근 가구디자인에서 두드러지는 트렌드이다. 35세의 관절염 환자를 염두에 둔 제품, 또는 70세 이상 노인들이 주로 사용할 제품 등 어떤 특수한 경우에도 인간공학적 디자인의 기본 요소(제품의 체계적 구성, 배치, 높이/치수)는 변함없이 동일하게 적용된다.

빌 스텀프Bill Stumpf의 〈에르곤 체어Ergon Chair〉(1976)는 '인간공학적 의자'의 최초 사례이다. 높이/위치 조절 기능을 장착하여 주목을 끌었다. 이후 인간공학적 의자는 수많은 혁신을 거쳤다. 최근에는 수동 조작 없이도 높이/위치가 최적 상태로 조절되는 단계까지 왔다. 현재까지 최고의 성공작으로 꼽히는 것은 닐 디프리언트Niels Diffrient의 〈디프리언트 월드 체어Diffrient World Chair〉(2010, p.57)이다. 뛰어난 인간공학적 기능과 함께 친환경적(지속 가능) 디자인의 모범 사례로 각광 받은 제품이다. 인간공학적 의자 분야에서 첨단 제품이 계속 나오는 배경에는 신기술 개발보다는 끊임없이 신제품을 내놓아야 하는 시장 원리가 더 크게 작용한다. 따라서 '첨단 기능'은 획기적인 신기술에만 의존하는 것이 아니라 그 기술을 활용하여 최대의 효과(기능성)를 구현하는 디자인의 힘에서 나오게 마련이

피에란드레이 아소치아티의 〈베타 워크플레이스 시스템(Beta Workplace System)〉(테크노)는 데스크, 수납장, 휴식공간으로 구성된 인간공학과 효율을 극대한 업무 공간 시스템이다.

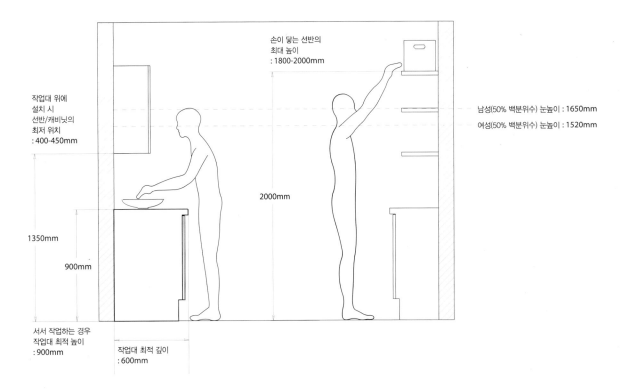

손이 닿는 선반의
최대 높이
: 1800-2000mm

작업대 위에
설치 시
선반/캐비닛의
최저 위치
: 400-450mm

2000mm

1350mm

900mm

서서 작업하는 경우
작업대 최적 높이
: 900mm

작업대 최적 깊이
: 600mm

남성(50% 백분위수) 눈높이 : 1650mm

여성(50% 백분위수) 눈높이 : 1520mm

다. 예로 〈디프리언트 월드 체어〉와 〈코비 체어〉의 경우 인체의 움직임에 반응하는 자동조절 기능의 바탕이 되는 기술 원리는 획기적인 것이 아니지만 결과로 나타나는 인간공학적 효과(올바른 자세 유지)는 매우 뛰어나다.

수납공간 및 작업실 디자인

인간공학적 디자인은 의자, 책상, 테이블 등 직접 인체 활동에 관련된 제품의 설계에 국한되는 개념이 아니다. 체계적인 공간 배치(작업동선)와 수납 기능 역시 업무 효율을 높이고 인체의 부담을 최소화하는 데 중요한 역할을 담당한다. 르 꼬르뷔지에Le Corbusier의 '머쉰 포 리빙Machines for Living'은 가구디자인 개념을 확장시켜 인테리어디자인과 건축디자인까지 포함하는 통합적 관점에서 인간공학적 공간디자인을 구현했다. '머쉰 포 리빙', 즉 '생활을 위한 기계(장치)'라는 말은 모든 종류의 공간에 적용될 수 있지만 특히 주방과 사무실 등 업무 공간 디자인에서 근본이 되는 개념이다.

수납 가구 디자인에서 중요한 점은 접근성(필요할 때 바로 꺼내어 사용하고 사용 후에는 손쉽게 정리하여 재수납), 시인성(내용물 중 무엇이 어디에 있는지 파악), 구매 편의성(필요한 추가 부품을 손쉽게 구매), 그리고 주변과의 조화이다. 위 도표에 수납 관련 인체측정학 데이터를 정리했으니 참고하기 바란다. 또한 항상 '포

괄성(inclusivity, 신체적 약자를 포함 모든 사람이 손쉽게 사용할 수 있도록 함)'을 염두에 두고 손잡이와 서랍 레일 등의 디자인에 유의해야 하며 사용 중 인체에 무리를 가하는 동작(허리 굽히기, 팔 뻗기, 몸을 옆으로 뒤틀기, 힘주어 밀고 당기기 등)이 필요하지 않도록 제품을 설계해야 한다.

인간공학적인 공간 배치는 '머쉰 포 리빙' 디자인의 성패를 결정하는 핵심 요소이다. 공간을 어떻게 배치하는가에 따라 사용자의 작업 동선(작업 도중 인체의 이동 경로)이 달라지므로 업무 효율에 큰 차이가 날 수 있다. 일반적인 예로 주방 설계에서 공간 배치의 기준이 되는 조리대-개수대-냉장고를 연결하는 '주방 삼각동선(kitchen triangle)'이 있다. '디자인을 위한 남녀 인체 측정 데이터(Measure for Man and Woman)' (Henry Dreyfuss Associates)에 따르면 주방에서 작업 효율을 해치지 않기 위해서는 '주방 삼각동선'을 이루는 삼각형에서 세 변의 합이 701.5cm를 넘지 않아야 하고 주방을 통과하는 경로와 '삼각동선'이 서로 교차하지 않아야 한다.

의자 디자인

의자의 인간공학적 설계에서 가장 기본이 되는 문제는 '앉았을 때 어떤 자세를 취하게 되는가'이지만, 마찬가지로 '얼마나 오래 앉아 있는가'와 '앉은 상태에서 어

떤 작업/활동을 수행하는가' 또한 중점 고려 사항이다. 의자 예로 교실용 의자는 도서관이나 식당 의자보다 사용 시간이 길기 때문에 그만큼 더 엄격한 기준의 인간공학적 설계를 적용해야 한다. 교실용 가구 각각의 인체공학적 설계가 중요한 동시에 의자, 책상, 테이블 등 가구들 간의 상호 관계 또한 중요하다. 또한 염두에 두어야 할 것은 교실용 가구는 다양한 연령대가 사용하므로 조절 범위가 성인용 가구에 비하여 커야 한다.

인체측정학 데이터 적용 범위는 해당 제품의 용도(예 : 식탁 의자, 공공장소의 벤치, 사무실 의자, 바 스툴 등)에 따라 달라진다. 앞서 설명한 '5~95% 백분위수'와 같은 일반적 기준은 제품의 용도가 명확히 결정되지 않은 상태에서는 무의미하다. p.100의 도표에 주요 의자 제품에 대한 데이터를 정리하였으니 참고하기 바란다. 단, 반드시 특정 상황에 맞는 상세 데이터를 함께 적용하고 제품 테스트를 통해 오차를 보정해야 한다.

여기서 주목할 점은 실제 시판되는 의자(높이 조절 기능이 없는 제품) 중 이 도표의 수치가 그대로 적용된 경우를 거의 찾아볼 수 없다는 사실이다. 대부분 의자는 영국 및 국제 규격에 따라 좌석 높이가 450~480mm로 설계된다. 남녀 데이터의 50% 백분위수가 390~430mm라는 점을 감안하면 이 치수(450~480mm)는 상당히 많은 사용자에게 부적합한 높이라는 것을 알 수 있다. 특히 여성 사용자 중 불편을 느끼는 경우가 많을 것이다.

좌석 높이가 고정된(높이 조절 기능이 없는) 의자에는 인간공학적 기준이 대략적으로 적용될 수밖에 없다. 또한 영국 및 국제 규격에서 나타난 것처럼 중간 값(50% 백분위수)보다 높은 수치를 적용하는 것이 관례이다. 이는 일반적으로 신체에 비해 좌석이 높은 편이 반대 경우보다 불편을 덜 느끼기 때문이다. 이상적으로는 높이를 달리한 여러 버전(2~4종류)을 생산하여 각 사용자가 자신에게 가장 잘 맞는 높이를 선택할 수 있도록 하는 것이 좋다.

모든 체격의 사용자를 다 수용하는 '유니버설 체어 Universal Chair'의 치수에 대해서는 논란이 많다. 그렇지만 디자인을 배우는 학생의 입장에서는 하나의 가이드라인을 정해놓고 사용할 필요가 있다. 따라서 p.100의 데이터를 신중하게 선별하면 특정 사용자 계층을 위한 제품은 물론 '유니버설 체어'의 설계에도 활용할 수 있을 것이다. '유니버설 체어'의 경우는 선택 범위에서 최고치의 치수를(특히 좌석 높이) 적용하는 것이 가장 많은

수의 사용자에게 적합할 것이다.

식탁 의자와 기타 테이블 의자

식탁이나 회의용 테이블 등에 앉을 때 사용하는 의자는 일반적으로는 업무용 책상 의자에 비해 사용 빈도가 낮고 사용 시간도 짧은 편이다. 그러나 가정이나 상업 시설에서는 이런 의자가 여러 용도를 겸하면서 집중적으로 사용되는 경우가 많다. 정식 식탁 의자는 좌석이 바닥과 수평(또는 수평에 가까운 상태)이고 좌석과 등받이의 각도가 95.10° 이내로 거의 수직이어야 한다. 이에 반해 다용도 테이블 의자의 등받이 각도는 최대 100.20°까지 가능하다(식사 또는 업무가 주용도인 경우 기울기를 줄이는 것이 좋다). 의자는 좌석과 등받이의 구조와 형태에 따라 사용자가 앉았을 때 느끼는 인체의 피로 정도가 크게 달라진다. 의자의 안락함을 향상시키기 위해 충전재와 커버를 씌우고 표면을 특수 마감 처리하거나 통기성이 뛰어난 신소재를 사용하는 등 여러 방법이 있다. 그렇지만 이 어느 것도 인간공학을 바탕으로 한 '좋은 디자인'을 따라갈 수 없다. 단순한 구조의 딱딱한 의자라도 우수한 디자인 덕분에 장시간 앉아 있어도 편안한 제품이 있는 반면, 고급 마감재와 충전재를 사용하고서도 근본 디자인이 부실한 탓에 매우 불편한 의자가 되는 경우도 많다.

식탁에서도 식사 외 다른 활동을 겸할 때는 수직 등받이의 정식 식탁 의자보다는 등받이가 뒤로 더 기울어진 다용도 테이블 의자가 더 편안할 수 있다. 다만 좌석 깊이와 등받이 기울기가 너무 크면 앉았을 때 자세가 '편안하게 즐기는 행위(술집에서 음료를 마시는 등)'에 알맞게 되므로 식사 및 업무용을 겸해야 하는 다용도 의자로는 부적절하다.

다용도 의자는 좌석 앞면이 폭포형으로 경사가 크게 떨어지는 형태가 인간공학적으로 가장 적절하다. 이 형태는 다리에 가해지는 압박을 줄여 혈액 순환을 돕고 필기 등 작업을 위해서 몸을 앞으로 기울일 때 유리하다. 또한 앞서 설명했듯이 높이 조절 기능이 없는 의자의 특성상(사용자 최고치 신장에 맞추어 설계) 사용자 대부분이 자신의 체격에 비해 높은 좌석에 앉게 되는데, 좌석 앞면이 폭포형이면 키가 작은 사용자도 발끝을 바닥에 짚을 수 있으므로 보다 편안한 자세가 된다.

또한 좌석 양옆 가장자리를 높여 인체를 감싸는 곡면 형태로 만드는 것이 편안한 자세 유지에 도움이 된다.

〈알롬노(Alumno)〉는 11~18세의 학생을 위해 설계된 학교용 의자로 좌석 높이에 따라 앉는 깊이(각도)가 자동 조절되는 기능을 갖추고 있다. 영국 드 몬트포트 대학교의 제임스 헤이우드의 디자인으로, 2008년 FIRA 인체공학 탁월상(Ergonomic Excellence Award) 수상작이다.

의자와 관련된 인체측정학 데이터

의자 종류	좌석 높이(mm) 좌석 앞면 기준	좌석 깊이(mm)	좌석 폭(mm) 팔걸이 있는 경우 최소 480mm 추가	좌석 각도 – 수평면 기준 – 앞으로 기울어진 경우 +, 뒤로 기울어진 경우 –로 표시	등받이 최소 높이 (mm) – 좌석 뒷면 위 150mm에서 시작 – 허리 받침 부분의· 최소 높이 230mm, 최소 폭 370mm	등받이 각도 – 수직면 기준 – 좌석 각도가 –인 경우 등받이 각도가 같은 수치만큼 증가해야 함	팔걸이 높이(mm) 좌석 뒷면 기준
소파/암체어	370–400 max 495	340–460 max 430	450–600	–5 – –7˚	240	15–25˚	180–280
식탁 의자	400–440(a) max 495	340–400(a) max 430	410–450	0 – –5˚	240	5–25˚	180–280
다용도 의자	390–430 max 495	340–400 max 430	410–450	–3 – –8˚	240	10–20˚	180–280
오피스 작업용 의자	370–495(b)	340–400 max 430	410–560	+3 – –10˚	180–290	0–15˚	180–280
벤치(등받이 없음)	400–450 max 495	300 이상	450–600	0	(해당 없음)	0	(해당 없음)
낮은 스툴(등받이 없음)	460–560 max 600	200 이상	450–550	0	(해당 없음)	0	(해당 없음)
높은 스툴	590–740(c)	200–400	450–550	0		0–5˚	180–280

보기

도표에서 흰 색은 5~95% 백분위수 범위에 해당, 오렌지색은 여성과 남성의 각 50% 백분위수 사이에 해당하는 수치이다(최대/남성 95% 백분위수는 'max.xx'의 형식으로 표시).

a : 압축 충전재 및 커버
b : 기준이 되는 수치(높이 조절 가능한 의자는 최소 조절 범위 125mm)
c : 발판이 필요한 경우

의자 관련 인체측정학 데이터(왼쪽에서 순서대로)
소파/암체어
다용도 의자/식탁 의자
작업용/오피스 의자

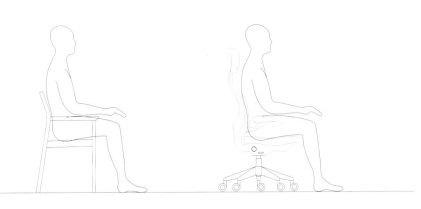

다만 곡면 경사가 지나치면 인체의 움직임을 방해하여 자연스러운 자세 교정이 불가능해지는 역효과가 발생한다. 특히 좌석 폭이 좁은 경우는 곡면으로 인한 영향이 커지며, 좌석 폭이 좁지 않더라도 사용자의 체격이 크면(엉덩이와 허벅지 폭이 넓은 경우) 앉았을 때 인체가 좌석 양 옆 가장자리에 걸쳐지고 가운데가 뜨는 매우 불편한 자세가 되면서 혈액 순환도 방해 받게 된다. 마찬가지로 등받이도 윗부분이 둥글게 뒤로 깎이고 양 옆보다 가운데가 오목한 곡면 형태가 좋지만 이것도 지나치면 좋지 않다. 등받이 곡면이 너무 깊으면 인체의 움직임을 통한 자연스러운 자세 교정이 방해되고 호흡하는 데도 불편을 느낄 수 있다.

업무용 의자

업무를 볼 때 인간공학적으로 부적절한 의자에 앉는 것은 인체에 큰 부담을 줄 수 있다. 특히 책상과 의자의 높이가 적절하지 않으면 지속적인 나쁜 자세로 척추에 무리가 가고 심각한 부상으로 이어질 수도 있다. 또한 어떤 경우에도 한 자세를 장시간 유지하는 것보다 지속적으로 인체를 움직여 자세를 자주 바꾸어주는 것이 좋다.

업무용 의자는 컴퓨터 작업, 필기, 전화 통화 등 다양한 활동의 특성에 맞는 자세를 적절하게 수용해야 하기 때문에 수동으로 의자 각 부위를 조절하는 기능과 함께 인체의 움직임에 따라 자세를 맞춰주는 자동 조절 기능도 필요하다. 그러나 이렇게 인간공학적 기능을 제대로 갖춘 제품은 가격이 높기 때문에 대부분 사람들이 사용하는 의자는 간단하게 좌석 높이와 등받이 각도를 조절하는 기본 기능만을 갖추고 있다. 이 정도만 해도 조절 기능이 전혀 없는 것보다는 낫다. 그렇지만 컴퓨터 작업 등 장시간 업무로 인한 인체 부담을 줄이는 데는 크게 부족하다. 한 자리에 앉아 긴 시간 업무를 보는 경우는 좌석과 등받이 이외에 의자 각 부위를 수동 및 자동으로 세부 조절하는 기능이 필수적이다.

업무용 의자의 주요 요건은 다음과 같다.

- 좌석 높이 : 360~520mm
- 좌석 각도 : +3~-10°
- 등받이 높이 : 920mm(머리 받침 있는 경우) 또는 630mm(머리 받침 없는 경우)
- 등받이 각도 : 0~+15°
- 척추 지지대 (앞뒤 조절 기능 별도) : 180~290mm
- 팔걸이(선택 사양) 높이 : 190~250mm
- 회전 기능 : 회전 받침대는 5발 이상으로 견고해야 함

왼쪽 끝 : 〈디프리언트 월드 체어(Diffrient World Chair)〉는 친환경적 디자인뿐 아니라 인간공학적으로 뛰어난 기능으로 각광 받는 제품이다. 대부분 의자 조절을 귀찮아하여 부적절한 자세로 일하는 경우가 많은 것에서 착안하여 '의자가 알아서 몸에 맞춰주는' 자동 조절 기능을 적용했다.

왼쪽 : 스튜디오 7.5의 〈세투 체어(Setu Chair)〉(허먼 밀러)는 인체에 역동적이고 탄력적으로 반응하여 최적의 자세를 유지시켜주는 '움직이는 척추(kinematic spine)'를 갖춘 의자이다.

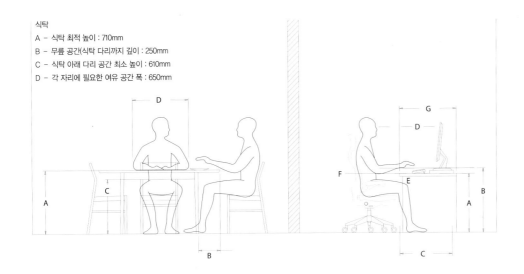

식탁

A – 식탁 최적 높이 : 710mm
B – 무릎 공간(식탁 다리까지 깊이) : 250mm
C – 식탁 아래 다리 공간 최소 높이 : 610mm
D – 각 자리에 필요한 여유 공간 폭 : 650mm

업무용 책상

A – 컴퓨터 데스크 높이(키보드, 마우스 위치) : 660,720mm(90% 백분위수) 또는 690mm(최적, 50% 백분위수[평균]) 필기 및 스케치용 데스크 최적 높이 : 700mm
B – 컴퓨터 데스크(높이 조절 기능 없는) 권장 높이(키보드, 마우스 위치) : 720mm
C – 책상 밑 발 공간 최적 깊이 : 600mm
D – 컴퓨터 모니터 높이 : 모니터 윗부분이 눈높이(또는 약간 아래)와 일직선
E – 책상 밑에서 다리까지 최소 거리 : 35mm
F – 앉았을 때 팔꿈치가 마우스와 같은 높이가 되어야 함
G – 최소 책상 깊이 : 600mm

책상과 작업 테이블

최근 노트북 컴퓨터와 모바일 기기 사용이 빠르게 증가하고 재택근무 비중이 커지는 등 업무 환경이 크게 바뀌었다. 그렇지만 여전히 대부분의 업무는 책상에 앉은 상태에서 이루어진다. 여기서 책상 개념은 정식 사무실용 책상 이외에 다양한 가구를 포함한다. 특히 집에서 일할 때 식탁을 책상 대신 사용하는 경우가 많다. 바꾸어 말하면 인간공학적으로 부적절한 가구에 앉아 나쁜 자세로 일하는 사람이 많아졌다는 뜻이다.

높이 조절 기능이 없는 식탁 및 책상의 최적 높이(남녀 통합 50% 백분위수 적용)는 710mm이지만 국제 규격의 권장 수치는 테이블 높이 740mm, 테이블 아래 다리 공간 높이(허벅지와 테이블 밑면 사이 남는 거리) 695mm이다. 여성 50% 백분위수에 해당하는 수치가 660mm이고 남성 50% 백분위수가 720mm이므로 국제 규격의 권장 수치를 적용한 테이블은 여성보다 남성 사용자의 체격에 잘 맞는다는 것을 알 수 있다. 이렇게 권장 수치를 정한 이유는 대부분 신체에 비해 테이블이 낮은 경우보다는 높은 편이 불편을 덜 느끼기 때문이라고 한다. 다만 이것은 차선책에 불과하다는 것을 명심하고 업무용 테이블을 설계할 때는 가능한 한 높이 조절 기능을 포함하도록 해야 한다.

필자가 2011년에 수행한 조사연구에서 영국과 미국의 시판 제품 중 무작위로 선택한 20개의 식탁의 치수를 조사한 결과 평균 높이는 752mm이었다. 또한 20개의 사무실용 책상과 20개의 가정용 책상(모두 별도 키보드 선반이 없는 제품)은 평균 높이가 각기 721mm와

737mm이었다. 이 결과를 보면 세 종류 제품 모두에서 여성보다 남성에 치우친 편향성이 나타나며 제품 사용 시 부적절한 자세로 인한 부작용의 가능성을 내포하고 있다. 이는 특히 장시간 근무하는 업종의 종사자에게 심각한 문제가 될 수 있다.

책상과 테이블 제품에서 인간공학적으로 가장 중요한 요소는 높이이다. 그 다음은 무릎, 허벅지, 발을 놓는 공간이다. 필자의 조사 결과 책상은 대부분 이 공간을 적절하게 확보하고 있는 것으로 나타났지만 식탁은 그렇지 못한 경우가 다소 있었다. 무릎 공간 깊이는 남녀 통합 평균치(50% 백분위수)를 적용할 경우 최소 393mm이다. 그렇지만 체격이 큰 남성 사용자를 수용하려면 남성 평균치(50% 백분위수)를 적용하여 최소 440mm 이상이 되어야 한다. 마찬가지로 허벅지 공간도 남성 평균치를 적용하여 테이블 밑면 높이가 최소 695mm에 의자를 최고점과 테이블의 최저점 사이 간격이 200mm가 되어야 한다. 발 공간 깊이는 남성 95%, 여성 99% 백분위수에 해당하는 605mm를 기준으로 한다.

업무용 테이블(컴퓨터 책상)의 깊이는 근래 들어 과거보다 줄었다. 컴퓨터 모니터가 얇아졌기 때문이다. 모니터와 키보드를 놓고 사용하기 위한 컴퓨터 책상 깊이는 최소 650mm이고, 남성 95% 백분위수를 적용하면 850mm가 된다. 과거에 비해 책상 깊이가 줄었기 때문에 사용자가 자리에서 일어서지 않고 앉은 상태에서 손을 뻗어 책상 뒤의 수납장이나 패널을 사용할 수 있다. 컴퓨터 책상의 폭은 키보드로 입력하고 마우스를 조작하기 위해 최소 600mm 이상이 되어야 한다. 테이블 폭이 클수록 작업 공간이 넓어져 편리하다.

왼쪽 : 책상 및 테이블 관련 인간공학 데이터

옆 페이지 위에서 아래 방향 : 스틸케이스의 〈에어터치(Airtouch)〉는 높이 조절이 가능한 컴퓨터 책상(workstation)으로 작업 종류에 따라 좌식 또는 입식으로 사용할 수 있다.

빌 스텀프와 제프 웨버가 디자인한 〈인벨롭 데스크(Envelop Desk)〉(허먼 밀러)는 높이 조절 기능과 확장형(옆으로 늘일 수 있는) 상판을 갖추고 있어 작업할 때 올바른 자세를 유지시켜 인체 피로를 줄여준다. 왼쪽에서 오른쪽 방향 : 등받이를 뒤로 눕혔을 때, 약간 기울였을 때, 똑바로 세웠을 때 앉은 자세

2c: 가구디자인에 필요한 기술 – 개념 개발과 제품 테스트

스케치 작업을 통해 상품 가치가 있는 제품의 개념을 완성하는 일은 디자이너는 물론 프로젝트에 참가하는 관련자 모두에게 엄청난 도전이다. 개념 스케치는 각종 조사연구 데이터와 규격에 근거하여 기술적으로 정확하게 작성되어야 한다. 따라서 가구디자이너는 숙달된 드로잉drawing 기술과 함께 여러 분야의 전문 지식을 갖추어야 한다.

제품 개발 프로젝트에서 반드시 필요한 절차가 제품 디자인을 집중적으로 테스트하고 보정하는 것이다. 이것은 논리적 사고를 통해 가장 타당한 결론을 도출하는 능력이 요구되는 작업이다. 숙련된 디자이너들도 어려움을 호소하는 고난도 영역이기도 하다. 제품의 기능, 외관, 인간공학적 효과, 제작 기법 등 복합적으로 얽힌 여러 요소 중 극히 일부만을 변경해도 전체의 균형이 깨어질 수 있다. 그렇기 때문에 여기서 파생되는 문제를 해결하느라 프로젝트 진행이 지체되기도 한다. 그러나 좋은 디자인을 완성하기 위한 필수 관문이기 때문에 충분한 시간과 노력을 들여 진행해야 하는 과정이다.

초보 디자이너의 경우 이론과 실기의 모든 기술이 하나의 전문 분야에만 치중되는 경향이 있다. 그렇지만 점차 경력을 쌓아가면서 핵심 기술을 키우는 동시에 주변 영역으로 가지를 뻗는 'T'자 형태로 성장하게 된다. 여기서 'T'의 중심축은 전공 분야이며 양 옆으로 뻗은 가지는 관리, 사업 등 응용분야이다. 또한 디자이너의 경력이 충분히 쌓이면 그 역할이 자연스럽게 '디자인 매니저design manager' 또는 '제품 매니저product manager'로 발전하는 경우가 많다. 고객으로부터 프로젝트를 수주하는 데서부터 생산 관리에 이르기까지 제품 개발과 관련된 폭넓은 업무를 포괄하는 역할이다. 디자이너의 경력 개발에서 가장 중요한 것은 실무 경험을 쌓는 것이다. 그렇지만 이에 앞서 대학 등 정규 교육기관에서 디자인을 전공하는 것이 필수적이다. 비전공자는 디자인 업계에서 실무 경험을 시작할 수 있는 첫 기회를 얻기 어렵기 때문이다. 단, 가구공예(cabinetmaking) 등 특수 분야에서는 재능과 기술의 숙련도가 절대적으로 중요하고 이론 지식은 필요가 적기 때문에 전공 여부에 상관없이 활동할 수 있다.

이브 베하는 〈세일 체어(Sayl Chair)〉의 개발을 위해 복잡한 테스트 릭을 사용하여 철저한 테스트를 수행했다.

드로잉(Drawing)

'드로잉'은 넓은 의미로 쓰이는 용어이다. 프리드로잉 스케치부터 축척에 따라 작성하는 CAD 정밀도면까지 모든 형태의 표기 행위(디지털과 아날로그 방식)를 포함한다. 드로잉은 디자인 프로세스의 기초가 되는 중요한 기술이며 제품 개발에 필수적인 도구이다. 가구디자인 프로젝트의 시작부터 완료까지 모든 단계에서 드로잉(스케치와 도면)은 아이디어를 창출하고 발전시키는

"나는 말로 설명하기보다 그림으로 보여주기를 좋아한다. 그림을 그리는 편이 더
빠르고 거짓말할 여지도 적기 때문이다." – 르 꼬르뷔지에(Le Corbusier, 1961. 5. 5, 타임 매거진)

도구로 쓰이며 축척 모델, 테스트 릭, CAD 모델, 프로
토타입 등과 함께 중요한 역할을 한다.

　드로잉은 제품 개발 도중 디자이너가 가장 손쉽게 접
근할 수 있는 유용한 도구이다. 드로잉으로 아이디어가
떠오를 때마다 재빠르게 기록을 남기면서 복잡한 구조
나 미묘한 느낌을 섬세하게 묘사해낼 수 있다. 특히 디
자인 전공 학생들에게는 과제나 습작 결과물을 평가 받

기 위해서 드로잉이 핵심적이기 때문에 드로잉 작업의
비중이 더욱 크다. 디자이너들이 드로잉 훈련을 할 때
유의할 점은 원근법을 효과적으로 적용하고 여러 입체
형태를 올바로 표현하는 기법을 반드시 익혀야 한다는
것이다. 이러한 기본이 갖추어지지 않은 드로잉은 단지
종이의 빈 면을 채우는 낙서에 불과하다.

제품 개발에서 스케치와 도면은 디자인 개념을
구체적인 시각적 이미지로 구현하는 중요한 역할을
담당한다.

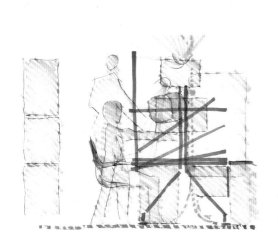

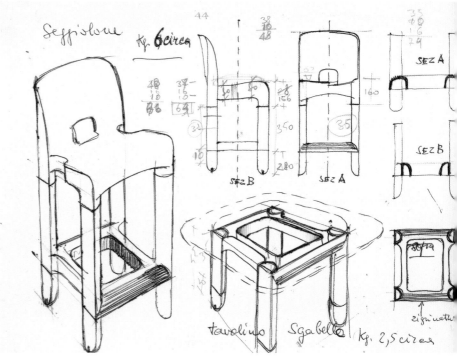

개념 스케치(Concept Sketch)

제품 개발 프로젝트 초기 단계에서 디자이너에게 가장 귀중한 자산은 프리드로잉으로 작성한 스케치이다. 아이디어가 떠오를 때마다 곧바로 스케치로 기록을 남기고 이를 검토, 보완하여 더 구체적인 개념으로 발전시킬 수 있다. 스케치 초안에서는 비례, 원근법, 세부묘사 등에 크게 주의를 기울이지 않아도 무방하다. 그렇지만 횟수를 거듭하면서 이를 다듬어 최종 스케치에서는 모든 치수와 형태가 가능한 한 정확하게 표현되어야 한다. 개념 스케치가 부정확하면 착각과 오판을 불러일으킨다. 그래서 실제로 구현이 불가능한데도 가능한 것처럼, 평범한 기능인데도 특별한 것처럼, 그리고 보기 흉한 디자인인데도 아름다운 것처럼 생각하게 된다. 물론 스케치는 그리는 사람의 주관적 해석을 반영하기 마련이다. 아무리 정확하게 그린 그림도 실물과 완전히 일치할 수는 없다. 따라서 디자이너는 '실물과 정확히 일치하지 않음'이라는 스케치의 특성을 잘 이해하고 이를 장점으로 활용할 수 있어야 한다. 실물에서 직접 구현할 수 없는 기발한 구조, 소재, 디자인 등을 스케치를 통해 실험해봄으로써 의외의 혁신을 이끌어낼 수 있다.

개념 스케치는 디자이너가 작업 중 작성한 '혼자만의 기록'으로(스케치에 제품의 기능, 디테일, 소재, 제작기법 등에 관한 메모를 덧붙이는 경우도 많다) 아이디어 개발을 위한 도구로 사용하는 경우가 많다. 초안은 대부분 추상적인 개념을 담고 있다. 그렇지만 스케치 횟수가 거듭되면서 아이디어가 점차 구체적인 형태로 발전한다. 그리고 디테일이 추가되며 최종 스케치에서는 전체 디자인이 보다 뚜렷한 모습을 드러낸다. 디자이너가 아닌 일반인이 볼 때는 개념 스케치에 나타난 모습

이 거의 완성된 디자인이라고 생각하기 쉽지만 결코 그렇지 않다. '악마는 디테일에 숨어 있다(The devil is in the detail)'는 말처럼 작은 부분 하나하나가 결정적 역할을 하기 때문에 디자인의 디테일을 보정하는 데 오랜 시간이 걸린다. 제품 개발이라는 기나긴 여정에서 개념 스케치는 첫걸음에 불과하며 이후 수많은 단계를 거쳐 제품 디자인이 확정된다.

최근 CAD(computer-aided design) 사용이 크게 늘어남에 따라 디자이너들 사이에 핸드드로잉 기본 기술이 퇴보하는 경향이 있다. 각종 2D 및 3D 모델링 소프트웨어, 디지털 펜, 터치스크린, 디지털 드로잉 패드 등 유용한 기술이 널리 보급된 덕분에 디자이너들이 컴퓨터 앞에서 작업하는 것을 선호하는 대신 연필과 종이를 멀리하는 경우가 늘고 있다. 일부 디자이너들은 아무리 뛰어난 CAD 기술을 활용하더라도 결코 손에 연필을 들고 종이 위에 프리드로잉을 해가면서 자유로운 발상을 펼치는 과정을 대체할 수 없다는 점을 간과하는 듯하다. 심지어 CAD에 '중독'된 나머지 드로잉 연습이나 즐기기 위한 스케치 작업까지도 굳이 일러스트레이터Illustrator, 스케치북 프로Sketchbook Pro 등 소프트웨어 사용을 고집하는 경우도 있다. 연필과 스케치북이라는 극히 간단한 도구만 있으면 컴퓨터 책상에 매이지 않고 보다 자유롭게 드로잉을 즐길 수 있는데도 말이다.

위 : 〈유니버설 체어(Universale Chair)〉(조 콜롬보, 1965)의 개념 스케치

왼쪽 : 〈노모스 테이블(Nomos Table)〉(노먼 포스터)의 개념 스케치 초안. 이처럼 초안 스케치는 디자이너가 '혼자만의 기록'으로 아이디어나 행위를 구체화하기 위해 작성하는 경우가 많다.

디자인 발표 및 설명
(Presentation and definition)

프레젠테이션 스케치[presentation sketch]는 제품 개발 프로젝트에서 고객 및 관리자에게 디자인을 보여주고 진행 상황을 설명하는 데 사용되는 도면이다. 따라서 디자이너가 창작활동의 도구로 사용하는 개념 스케치와는 달리 프레젠테이션 스케치는 어느 정도 확정된 개념과 디자인을 담고 있어야 한다. 물론 프로젝트 초기 단계에서는 완성된 개념을 담는 것이 불가능하지만 말이다. 최소한 전반적인 개념을 명확히 보여주고 다음 단계에서 취해질 행동에 대해 선택 또는 결정이 가능한 수준이어야 한다. 이후 개발이 거의 완료되어 제품의 기능, 외관, 제작 관련 사항 등이 확정된 시점에 모든 디테일을 포함한 최종 프레젠테이션 스케치를 작성한다. 이때 3D CAD 도면과 함께 제품 제작에 사용할 2D 도면도 작성하게 된다.

한 가지 유의할 사항은 프로젝트 초기에 고객에게 보여주는 프레젠테이션 스케치는 정밀묘사로 제품 디자인을 실물에 가깝게 보여주는 형태가 오히려 불리하게 작용할 수 있다는 점이다. 제품 기능과 구조의 기본 원리는 명확하게 보여주어야 하지만 외관 및 소재와 관련된 디테일은 다소 애매모호한 상태로 변경의 여지를 남겨두는 편이 더 좋을 수 있다. 특히 제품 개념을 논의할 때 고객들은 CAD 일러스트레이션보다 핸드드로잉 형태의 스케치에 대해 더 우호적인 반응을 나타낸다. 사진처럼 정밀묘사된 CAD 일러스트레이션에서는 디자인이 이미 확정된 듯이 보이는 반면 핸드드로잉 스케치에는 자신의 의견이 반영될 여지가 남아 있다고 느끼기 때문이다. 이처럼 때로는 확정된 디자인을 다 보여주기보다는 디자인의 바탕이 되는 개념을 보여주는 것이 더 현명한 판단이다.

최근 디자인 업계에서 제품 제작에 3D CAD 도면을 사용하는 경우가 크게 늘고 있다. 솔리드웍스[SolidWorks] 등 입체 모델링[solid modelling] 소프트웨어로 제품의 3D 모델을 입체적 이미지로 구현하고 이를 제품 제작에 활용하는 것이다. 2D 도면을 사용할 때는 직접 및 간접 제작에 대해 각기 다른 데이터가 적용되므로 한 제품에 대해서 두 종류의 도면이 필요하다. 이에 반해 3D 도면은 직접, 간접 생산 모두에 대해 같은 데이터가 적용되므로 하나의 도면만 작성하면 된다는 이점이 있다. 또한 정확하게 작성된 3D CAD 모델을 사용하면 각종 단면

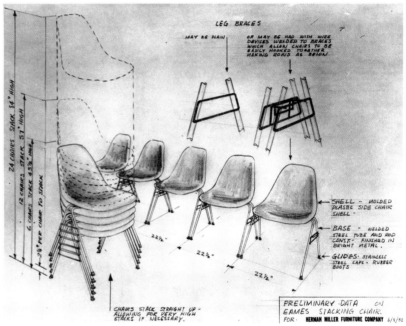

도와 부품도면 등을 손쉽게 만들어낼 수 있다는 장점도 있다.

제품 제작에 쓰이는 도면을 작성할 때는 반드시 관련 규격과 표준을 준수하여 도면을 보는 사람이 정확한 데이터를 가지고 제품을 만들 수 있도록 해야 한다. 또한 국제적으로 통용되는 용어를 사용하여 지역과 언어에 상관없이 모든 정보가 명확하게 전달될 수 있도록 해야 한다. 부정확하거나 불명확한 도면 때문에 제품을 잘못 제작하여 손실이 발생하는 경우 도면을 작성한 디자이너에게 법적 책임이 따를 수 있으므로 유의해야 한다.

위 : 최종 프레젠테이션 스케치는 제품의 주요 활용 방안 및 타깃 시장 특성 등을 시각적으로 나타내야 한다. 이때 정보를 구체적으로 보여주기보다는 은유적이고 감각적으로 표현하는 것이 더 좋다. 위 스케치는 영국 드 몬포트 대학교의 크리스 베리가 디자인한 작품 〈가든 시팅(Garden Seating)〉의 프레젠테이션 스케치이다.

아래 : 찰스 임스가 작성한 〈몰디드 플라스틱 사이드 체어(Moulded Plastic Side Chair)〉의 초안 스케치. 제품이 서로 포개어 쌓아지는 원리를 클라이언트 (Herman Miller)에게 설명하기 위해 작성한 것이다.

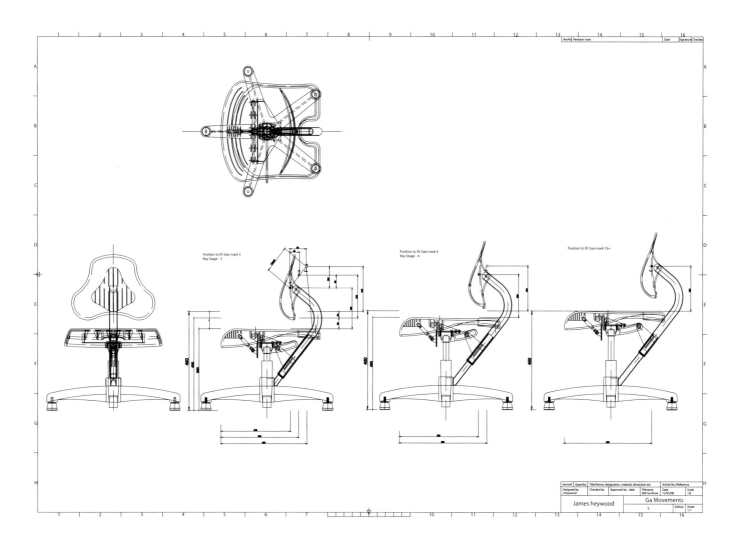

디자이너는 기술 도면과 연관된 여러 ISO 규격을 정확히 파악하고 있어야 한다. ISO 규격은 이 책의 일부로 다루기에는 너무 방대한 내용이므로 여기에 포함하지 않았다. 각자 별도의 교육과정(대학 강의 또는 직업훈련 프로그램)을 통해 상세 내용을 익히기 바란다. 또한 각 국가의 표준규격이 있으므로 한국표준협회 www.ksa.or.kr에서 발간하는 관련 자료를 참조하기 바란다.

CAD 모델링 소프트웨어

CAD(computer-aided design) 소프트웨어는 디자인의 질과 프로젝트 효율을 극대화시키는 강력한 도구이다. 제품 설계와 테스트 과정에 스케치, 프로토타입과 함께 CAD 정밀도면 및 3D 모델을 사용하여 더 큰 효과를 낼 수 있다. 또한 CAD 소프트웨어로 작업한 결과(2D 도면 및 3D 모델링 파일)를 CNC(computer numerical control) 장치에 입력하여 CNC 라우팅 및 레이저 절단 작업에 이용할 수 있다(이때 유의할 점은 다면체 모델링polygon modelling 소프트웨어는 결과가 부정확할 뿐 아니라 곡선을 표현하지 못하는 한계가 있다는 것이다. 수많은 평면을 조합하여 곡면을 나타내기 때문에 CNC 장치에서 깎을 때 속도가 느리고 형태도 부자연스럽게 나온다).

CAD 소프트웨어의 선택

CAD 소프트웨어는 응용 분야와 기능에 따라 2D 도면2D drafting, 입체 모델링solid modelling, 표면 모델링surface modelling, 다면체 모델링polygon modelling 등의 네 종류로 분류된다. 시판되는 소프트웨어 제품은 대부분 한 가지 전문 영역에만 한정되는 것이 아니라 여러 기능을 함께 제공한다. 예를 들어 2D 도면 소프트웨어로도 간단한

가구디자이너는 기술적으로 정확하게 도면을 작성하고 제품 생산을 담당하는 기술 인력과 효과적으로 소통할 수 있어야 한다. 도면을 작성할 때는 반드시 관련 규격을 준수하고 모든 사항을 구체적이고 명확하게 표기해야 한다.

3D 모델링(입체 모델링) 작업도 가능하다. 다만 전문 분야 이외 기능은 제한적이기 때문에 고급 작업이 필요한 경우 소프트웨어를 업그레이드(추가 기능 구매)해야 한다. 가구디자인에서 널리 쓰이는 소프트웨어 제품으로 오토캐드 인벤터AutoCAD Inventor, 솔리드웍스SolidWorks, 라이노Rhino 등이 있다.

2D 도면 소프트웨어(예 : AutoCAD LT)

2-D 도면 소프트웨어를 사용하여 직각투영 그래픽 (orthographic projection) 방식으로 2D 정밀 도면을 작성할 수 있다. 도면은 실물과 같은 비율(1:1)로 작성되며 프린터 출력 시 종이 사이즈에 맞춰 축소/확대된다.

입체 모델링 소프트웨어
(예: Autodesk Inventor, SolidWorks)

입체 모델링 소프트웨어를 이용하여 3D 가상공간 (virtual space) 내에서 제품의 입체 모델을 구성하고 각 단면의 2D 도면(직각투영 그래픽)을 작성할 수 있다. 복잡한 형태의 입체 모델을 빠르고 정확하게 구현할 뿐 아니라 각 치수, 소재, 마감 처리 등을 다양하게 바꾸어가며 여러 경우의 모델을 손쉽게 만들어낼 수 있다는 장점이 있다. 결과물(입체 모델, 단면도)은 실물 크기(1:1)로 작성된다. 단, 입체모델링은 '수리적 도형 (rational form)'에만 적용이 가능하므로 그렇지 않은 경우에는 표면 모델링 소프트웨어를 사용해야 한다.

표면 모델링 소프트웨어(예 : Rhino 3D)

표면 모델링 소프트웨어를 사용하면 입체 모델링으로 처리가 불가능한 복잡한 형태('수리적 도형'이 아닌 형태)의 입체 모델을 구성할 수 있다. 여기서 '수리적 도형'이란 수학적 공식으로 산출할 수 있는 형태를 말한다(예 : 원, 포물선 등은 수학적 공식으로 표현할 수 있으므로 수리적 도형에 속하는 반면, 경사가 무작위로 변화하는 불규칙 곡선은 수학적 공식으로 표현할 수 없

사진처럼 보이는 정밀묘사 스케치나 고해상도 그래픽을 보여줄 경우 고객은 제품 디자인이 이미 확정되었다고 느끼기 쉽다. 경우에 따라 '자신의 의견이 반영될 여지가 없다'는 부정적 압박감으로 연결될 수 있으므로 유의해야 한다.

으므로 수리적 도형이 아니다).

다면체 모델링 소프트웨어
(예 : Maya, 3ds Max, SketchUp)

　다면체 모델링은 근사법(approximation)으로 실제 형태 대신 '실제와 비슷한 대략적 형태'를 구현하는 방식이다. 결과물로 나오는 모델이 제품 형태와 일치하지 않기 때문에 정밀 데이터가 필요한 상황(제작 도면 등)에는 적용할 수 없다. 반면에 단시간 내에 간단하게 모델링 작업을 끝낼 수 있으므로 아이디어 검토 등 신속성이 요구되는 상황에서 유용하다.

모델링, 프로토타입 제작, 테스트
(Modelling, Prototyping and Testing)

　하나의 개념을 발전시켜 제품으로 만들기 위해서는 스케치, 프로토타입, 모델링, 실험, 데이터 분석, 사용자 관찰 및 설문 등 여러 각도에서 수많은 아이디어를 검토하고 보완하는 과정을 거쳐야 한다. 어떤 아이디어라도 반드시 철저한 검증을 거쳐 모든 의문점에 대해 답이 나온 후에 채택 여부를 결정해야 한다. 이전에 같은 소재와 제품 형태를 다루어 본 경험이 있는 디자이너라면 이러한 테스트에 걸리는 시간을 다소 단축시킬 수도 있겠지만 어떤 경우라도 아이디어의 검토와 보완 과정을 소홀히 해서는 안 된다.

　플라스틱과 금속 소재에 대해서는 CAD 기술을 활용한 RP(쾌속 조형) 기법과 FEA(한정 성분 분석) 등으로 테스트 과정을 보다 신속하게 수행할 수 있다. 따라서 이러한 소재를 선택함으로써 제품 성공의 가능성을 높이는 것도 좋은 방법이다. 단, RP는 상당한 비용이 소요되고(제품 사이즈가 클수록 비용이 많이 든다) FEA는 제품 생산 후 품질 관리에 문제를 야기할 수 있으므로 적용할 수 있는 제품 종류와 형태가 한정적이다.

　스케치는 제품 개념의 가능성을 타진하는 데 유용하지만 완성된 디자인을 보여주기에는 부족하다. 반면 CAD 모델은 스케치보다 디테일을 명확하게 보여줄 수 있다. 그렇지만 이미 디자인이 확정된 것처럼 잘못 받아들여질 수도 있다. 하나의 개념에서 출발한 디자인이

로낭과 에르완 부훌렉이 〈페이스잇(Facett)〉을 개발할 때 만든 축척 모델. 이처럼 지극히 간단한 방법으로도 복잡한 기술 문제의 해결 단서를 찾을 수 있다.

제품 제작 단계에 이르기까지는 구조, 기능, 미학의 모든 측면에서 검증을 거쳐야 하며 스케치, 모델 테스트, CAD 모델링, 사용자 관찰, 소프트웨어 분석 등 여러 형태의 테스트를 병행해야 한다. 한 가지 방법으로 모든 것을 검토할 수 있는 '만능 테스트'는 존재하지 않기 때문이다.

　제품의 외관만을 검토할 목적이라면 실물 모델 대신 3D CAD 모델링으로 시간과 비용을 절감하는 것이 좋다. 그렇지만 제품 기능 테스트에는 반드시 실물 모델을 사용해야 한다. 테스트 릭test rig과 실물 비율(1:1) 근사치 모델(approximation model)은 어떤 프로젝트에서도 빼놓을 수 없는 필수 항목으로 제품 외관 검토와 기능 테스트에 모두 유용하다. 테스트 릭은 '기능 원리의 검증(proof of principle)'을 목적으로 하며 간단한 골판지 모델(구조, 비례 등을 빠르게 검토)부터 정교한 장치를 갖춘 프로토타입(의자의 인간공학 실험 등)까지 다양한 형태가 있다.

　가구 제품은 출시하기 전 반드시 강도, 안정성, 견고

성, 안전성 테스트를 실시하고 해당 국가의 관련 법규에 부합하는 성능 인증 절차를 거쳐야 한다. 국가마다 관련 기준이 다르고 해당 품목(의자, 침대 등)과 용도(가정용, 업소용 등)에 따라서 요구되는 사항이 다르다. 영국의 경우, 패브릭/가죽 커버가 있는 제품은 가연성 테스트(flammability test)를 거쳐 안전 승인을 받아야 한다. 그렇지만 의자 제품의 강도 테스트는 필수 사항이 아니다. 다만 제품 사용 중 일어나는 안전 사고에 대해 배상 책임 문제가 크기 때문에 대부분 업체는 품질 담당 부서와 전문 요원을 두고 관련 쟁점을 관리하고 있다. 안전 문제는 대개 제품의 치수와 관련이 있다. 예

를 들어 아동용 침대에서 일어나는 사고는 대부분 좁은 부분에 머리가 끼거나 목이 졸리는 형태이므로 해당 부위의 치수를 조절하여 위험을 줄일 수 있다. 사고 위험이 있는 제품은 판매 업체 측에서 매입을 꺼리기 때문에 유통 자체가 어려울 수 있다. 따라서 가구디자이너와 제작 업체는 제품과 관련된 안전사고를 줄이기 위해 노력하는 한편 법적으로도 철저히 대비해야 한다. 영국의 FIRA(가구산업조사협회), 미국의 BIFMA(가구제작자협회) 등 제품 테스트 설비를 갖추고 가구 제품의 안전 문제에 관련된 기술적, 법적 지원을 제공하는 독립 기구도 있다.

제품 개념의 기능과 외관을 테스트할 때는 하나의 모델로 모든 요소를 한꺼번에 검토하는 것보다 '부분의 합(sum of parts)' 방식으로 각 부분에 중점을 둔 여러 개의 모델을 사용하는 것이 효과적이다.

위: 본격적인 제작에 들어가기 전에 반드시 제품의 최종 모델로 종합 검토, 보완을 실시해야 한다. 〈미토 체어(Myto Chair)〉의 경우, FEA(한정요소분석) 소프트웨어를 사용한 가상 테스트를 여러 회 거쳤지만 울트라듀어(Ultradur, 특수 소재) 배합 성분을 결정하기 위해서는 실물 모델(부분 프로토타입)을 사용한 테스트가 필요했다.

후디니 체어(Houdini Chair)-스테판 디에즈(Stefan Diez's, e15)

〈후디니 체어〉는 2009년 스테판 디에즈의 디자인으로 독일 가구업체 e15에서 출시한 제품이다. 이후 같은 기술 원리를 응용한 시리즈로 〈진Jean〉(바 스툴Bar stool), 〈유진&레오Eugene and Leo〉(라운지 의자Lounge chairs), 〈베스Bess〉(소파Sofa), 〈베시Bessy〉(소형 라운지 의자)를 계속 내놓고 있다.

이 시리즈를 개발할 때 디에즈는 손으로 만든 실물 모델을 사용했다. 초기에는 골판지와 목재를 혼합해 만든 모델을 사용했고 다음 단계에서 기능 테스트를 위한 프로토타입은 전체를 목재로 만들었다. 〈후디니 체어〉는 각 부품을 CNC 장치로 절단한 후 손으로 조립하여(2시간 정도 소요) 제작하는데, 수공 작업이 필요하다는 단점이 있는 반면 부품 조립을 위한 장비가 없어도 된다는 큰 장점이 있다. 따라서 별도의 설비 투자 없이도 후속 제품 개발이 가능하다는 이점 덕분에 e15에서 시리즈 개발 지원을 받을 수 있었다.

1 : 골판지와 목재를 실물크기(1:1) 모델(정밀 도면 사용)을 만든다.

2 : 골판지와 목제로 만든 프로토타입(외관 검토용)

3 : 각 의자 부품을 검토한 후 제작 순서에 따라 구분, 배열한다. 프로토타입의 구성품은 협력업체에서 CNC 절단과 가공을 거쳐 부품 킷트 형태로 배송된다.

4 : 등받이 하단을 의자 받침에 접착하는 과정

5 : 의자 다리는 접착 부위에 정확히 들어맞도록 정교하게 절단, 가공한다.

6 : 첫 프로토타입 테스트를 위해 설치된 지지대

7 : 팔걸이의자 다리 접착 후 건조되는 동안 지지대로 받쳐놓는다.

8 : 등받이 하단과 좌판을 의자 받침에 접합하는 과정. 크램프와 접착제를 사용하는 복잡한 작업이다.

〈후디니 체어(Houdini Chair)〉 시리즈

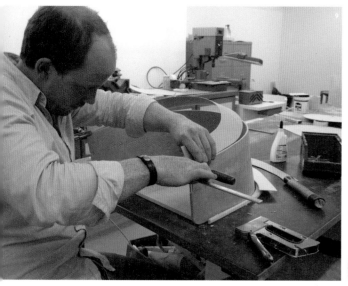

9 : 등받이 하단과 상단의 접합 부위 테스트

10 : 등받이 상단과 의자 받침의 접합 부위 테스트

11 : 등받이 상단을 최종 접합한 후 크램프 설치

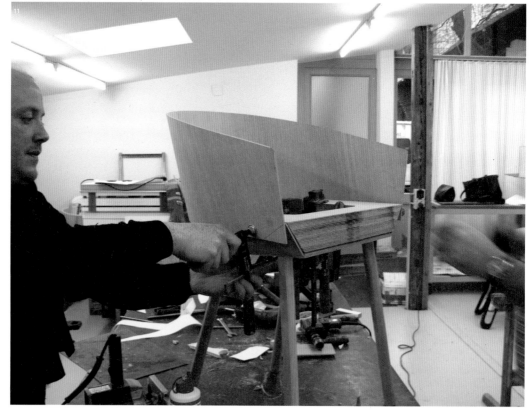

미토 체어(Myto Chair)-콘스탄틴 그리치치, 플랭크(Konstantin Grcic's for Plank)

콘스탄틴 그리치치는 드로잉과 모델링 작업을 중심으로 제품 개발을 진행한다(스테판 디에즈는 그리치치의 팀원으로 일한 적이 있으므로 두 디자이너의 작업 방식은 유사한 면이 많다). 〈미토 체어〉를 개발할 때도 전통적인 '워크숍(공방)' 스타일의 프로토타입과 함께 소프트웨어를 사용한 가상 모델링(CAD 모델링, FEA 등)을 집중 활용했다. FEA를 통해 의자 디자인의 여러 측면을 철저히 테스트했지만, 제품에 적용할 울트라듀어Ultradur 소재를 어떤 종류(배합 성분)로 할 것인지 결정하는 데는 실물 모델을 사용하여 실험을 실시했다. 여러 종류의 울트라듀어 소재를 적용하여 각기 프로토타입을 만들고 의자 위에 무거운 물체 떨어뜨리기, 500kg의 철 덩어리 올려놓기(물론 〈미토 체어〉는 이 테스트를 통과했다) 등 집중적인 테스트를 실시했다. 또한 개발 팀원들이 직접 앉아보면서 각 프로토타입을 비교하여 최종 소재를 채택했다.

〈미토 체어(Myto Chair)〉는 그리치치가 BASF와 공동 개발한 제품으로 첨단 플라스틱 소재 울트라듀어(Ultradur)를 사용했다.

1 : 그리치치는 〈미토 체어(Myto Chair)〉의 콘셉트 모델에 '포메탈(Formetal)'이라는 특수 철망 소재(일반 철망보다 모델의 구조가 견고히 유지된다)를 사용했다. 모델은 포메탈 소재만으로 만들었고 절연테이프로 외형 아웃라인을 표시했다.

2 : 기존 의자 제품의 부품을 이용하여 간단하게 구성한 테스트 릭(test rig)

3~5 : 절연 테이프(빨강색)를 붙여 상세 치수를 측정하고 이 데이터를 입력하여 3D CAD 모델링 작업을 했다.

6 : 인간공학적 성능 테스트를 위해 테스트 릭을 만드는 과정. 테스트 릭은 CAD 데이터 및 시각 모델과 연계되어 사용된다. 시각 모델에 골판지와 철사를 덧대어 실물 제품 형태를 표현한 후 테스트 릭으로 전체구조를 지지해준다.

7 : 그리치치가 모델 위에 절연 테이프와 마커펜을 사용하여 제품 외관(망사처럼 구멍 뚫린 구조)을 표현하고 있다. 이 형태는 제품에 사용될 플라스틱 소재의 특성과 제작 공법을 고려하여 결정된 것이다.

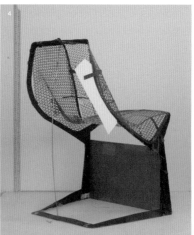

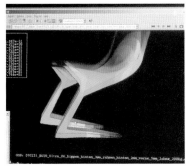

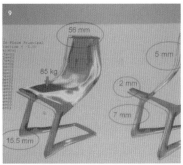

8~9 : CAD 소프트웨어로 정지 및 운동 상태의 충격 테스트를 실시하고 결과 데이터를 모든 관련 팀과 공유했다. 추가로 BASF 기술팀에서 울트라듀어 소재의 가공(플로우) 시뮬레이션을 통해 적합한 성분 배합을 결정했다.

10 : 콘셉트 모델과 CAD 모델을 이용하여 디자인 작업의 큰 부분을 완료할 수 있었지만 의자에 직접 앉아보고 안락함을 테스트하기 위해서는 별도로 CNC 절단으로 만든 실물 모델이 필요했다.

11 : SLS(selective laser sintering, 선택적 레이저 신터링) 기술로 제작한 RP(속성 프로토타입)를 이용하여 제품 성형 틀의 기술적 문제를 분석했다.

제작 완료된 〈미토 체어(Myto Chair)〉, 첫 출시 버전

베지털(Vegetal)
- 로낭&에르완 부훌렉(Ronan and Erwan Bouroullec's Vitra for Vitra)

로낭과 에르완 부훌렉 형제가 디자인한 〈베지털〉(비트라)은 4년에 걸친 복잡한 개발 과정 끝에 태어난 제품이다. 최초 개념은 '자라난 의자(grown chair)'로 19세기 영국 철제 가구의 자연주의적 스타일에서 영감을 받았다고 한다. 부훌렉 형제는 단순히 보기 좋은 의자를 만들기보다는 혁신적 구조물을 창조하는 것을 목표로 했다.

다리에서 나뭇가지가 뻗어나가는 형태는 디자이너의 독창성을 극대화시킨 디자인이다. 그러나 나무의 자연스러운 외관을 살리면서 기능적으로도 견고한 의자가 되도록 다리 구조를 설계하는 것이 큰 문제였다.

'나뭇가지'를 이루는 T자 부분을 여러 모양으로 변형해가며 수없이 실험을 거듭한 끝에 가장 적합한 구조를 결정할 수 있었다. 프로토타입 제작에는 고밀도 폴리우레탄 소재와 진공성형공법(vacuum casting)을 이용했는데, CNC 절단 가공으로 성형틀을 만드는 등 높은 비용이 소요되는 작업이었다. 이렇게 길고 힘든 과정을 거쳐 나온 프로토타입이었지만 실제로 의자에 앉아보니 '나뭇가지'가 겹쳐지는 두께 때문에 불편하다는 것을 알게 되었다. 부훌렉 형제는 과감하게 처음으로 돌아가 스케치부터 다시 시작했고, 그 결과 외관을 거의 그대로 유지하면서 나뭇가지가 겹치는 부분을 줄인 최종 디자인이 완성되었다.

베지털의 전면부 다리와 의자 쉘은 섬유보강된 폴리아미드를 사출성형해서 단일 요소로 제작되며 후면부 다리는 따로 성형한 후 지정된 위치에 나사로 조이고 접착제를 발라서 고정시킨다.

겉보기에 단순해 보이는 〈베지털(Vegetal)〉의 디자인은 대단히 복잡한 개발 과정을 거쳐 나온 결과물이다.

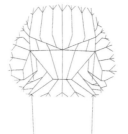

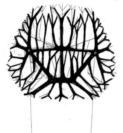
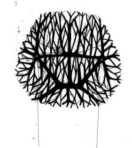

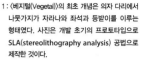

1 : 〈베지털(Vegetal)〉의 최초 개념은 의자 다리에서 나뭇가지가 자라나와 좌석과 등받이를 이루는 형태였다. 사진은 개발 초기의 프로토타입으로 SLA(stereolithography analysis) 공법으로 제작한 것이다.

2~5 : 〈베지털(Vegetal)〉의 초기 디자인은 구조가 견고하게 유지되기 힘들었고 제작하기 어렵다는 문제가 있었다.

6 : 개발 초기에 사용한 비주얼 모델. 지점토로 만들었다.

7 : 의자의 기본 구조가 결정된 다음에는 수백 개가 넘는 디자인을 생성하여 비교, 검토했다.

8 : 1:1 모델(지점토, 스티로폼)을 사용하여 의자 구조와 외관을 종합적으로 검토하면서 디자인의 디테일을 만들어냈다.

9 : 종이를 오려 만든 모델로 여러 형태의 나뭇가지 디자인을 비교했다.

10 : 최종 프로토타입. 합성수지 소재를 진공 캐스팅(vacuum casting)하여 제작한 것으로, 이 공정에 필요한 정밀 성형 틀은 고밀도 폴리우레탄을 CNC 가공하여 만든 것이다. 의자에 직접 앉아 편안한지 확인하고 전체 디테일(결 형성 등)을 면밀히 검사하기 위해 이 프로토타입을 만들었다.

소재, 인간공학 안전성 테스트 (Material, ergonomic and safety testing)

디자이너의 전문지식과 프로토타입에 대한 실험은 그들 자신, 고객 또는 고용주에게 디자인 제품의 재료적 및 인간공학적 성능, 그리고 안전성에 대한 상당한 신뢰를 줄 수 있다. 하지만 제품 출시를 위해서는 관련 규격 및 요건 검토, 그리고 공인 검사와 인증의 필수적이다. 이와 같은 과정을 거치지 않고 출시된 제품에 하자가 발생하여 소송이 걸리면 디자인을 변경하거나 제품을 환수 또는 대체하는 데 막대한 시간과 경제적 비용이 소요될 수 있기 때문이다.

영국과 미국의 경우 대부분 가구 업체들이 FIRA(가구산업조사협회, 영국)와 BIFMA(가구제작자협회, 미국) 등 협회 조직에 소속되어 있다. 이들 조직은 각종 테스트와 인증 서비스를 제공하고 관련 규제/규격 제정에도 관여한다. 이러한 협회에 가입되지 않은 업체에서 일하는 디자이너들도 이들 조직의 웹사이트 등을 자주 체크하여 관련 뉴스와 최신 정보를 파악해 놓아야 한다. 가구 관련 규격은 BS(영국), EN(유럽), ANSI 와 ASTM(미국), ISO(국제) 등이 있다.

제품에 대한 규격과 인증 요건은 가구 종류에 따라 다르다. 가정용 가구와 시설용 가구에 대한 요건에는 큰 차이가 있다. 마찬가지로 시설용 가구 중에서도 특정 용도에 따라 요건이 달라진다. 예로, 학교용 가구에 비해 교도소용 가구는 훨씬 더 까다로운 요건을 충족시켜야 한다. 대체로 시설용 가구는 사용 범위가 넓기 때문에 용도와 상황에 따라 인증 체계가 세분화되어 있고 요건도 복잡하다.

가구 제품의 규격과 인증에 관련된 상세 정보는 다음 웹사이트를 참고하기 바란다.

인간공학적 성능, 인체 작용 및 안전성 관련

- www.hfes.org
- www.ergonomics.org.uk
- www.bifma.com
- www.fira.co.uk
- www.iea.cc
- www.ergonomics.jp
- www.nist.gov
- www.osha.gov
- www.access-board.gov
- www.bsigroup.co.uk

소재와 제작 관련

- www.iom3.org
- www.nist.gov

테스트와 규격

신제품의 출시에 앞서 해당 품목(수납장, 테이블, 의자, 어린이용 가구)과 소재(목재, 충전재, 패브릭, 마감재, 접착제)에 대한 성능 및 안전성 테스트(가연성 등급 검사, 포름알데히드성분 검사 등 포함)를 실시해야 한다. 이들 테스트의 주목적은 제품이 용도에 적합한지, 즉 제품의 손상이나 마모로 인한 위험 발생 우려 없이 지속적으로 안전하게 사용이 가능한지 검사하는 것이다. 또한 제품 치수가 해당 국가의 규격에 맞게 설계되었는지(초기 개념 개발 단계 이후에는 발생하지 말아야 할 기본적인 문제이다) 검사한다.

인간공학적 기능이 중요한 특수 품목(작업용 의자, 높이 조절 책상 등)을 개발할 때는 인간공학 전문가의 자문을 구하는 것이 좋다. 전문 지식 없이 단순히 인체측정학 데이터만 적용하는 것으로는 제대로 성능을 구현할 수 없고 오히려 역효과를 낳을 수 있으므로 반드시 전문가를 통해 정확한 인간공학 논리를 제품 설계에

성능 테스트는 제품의 가치를 평가하는 척도가 된다.

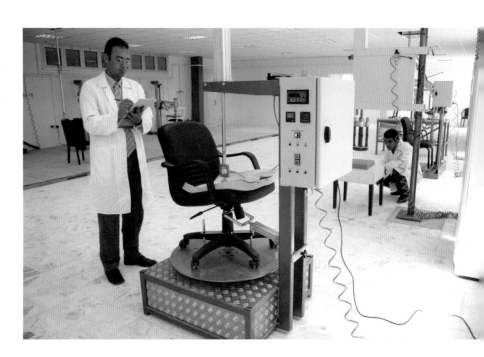

적용해야 한다. 또한 공인자격을 갖춘 전문가에게 성능과 안전성에 대한 검증을 받음으로써 차후에 발생할 수 있는 법적 책임 문제에도 대비할 수 있다. 특수 품목이 아니라도 모든 가구 제품에 대해서 사용자 관련(넓은 의미에서 인간공학적 성능) 테스트가 필수적이다. 극히 일부 품목을 제외하면 안전성 테스트를 거쳐야 한다. 따라서 모든 가구디자인 프로젝트에는 반드시 인간공학적 성능과 안전성의 문제를 검토하는 프로세스가 포함되어야 한다. 이 중에는 간단한 프로토타입을 사용하여 즉시 해결할 수 있는 문제도 있고 보다 전문적인 검증과 본격적인 사용자 실험이 필요한 부분도 있다.

성능과 안전성 테스트는 순간적인 판단보다는 복합적이고 광범위한 실험 데이터를 바탕으로 해야 한다. 예를 들어 푹신한 소파의 경우 대부분 사용자가 '편안하다'고 평가하겠지만 부적절한 구조 때문에 나쁜 자세가 지속되고 결국 인체 손상까지 이어질 수도 있다. 마찬가지로 사무실에서 수납가구 하나만 놓고 볼 때는 사용하기 '편리하다'고 느꼈지만 사무실 전체 환경에서는 수납장의 비효율적 배치 때문에 작업 흐름이 방해되고 사용자가 부상을 입는 경우(낮은 수납장 때문에 허리를 심하게 구부려야 하는 등)까지도 생기기도 한다.

어린이용 가구는 특히 엄격한 기준으로 테스트를 실시해야 하며 각종 국제 규격에 명시된 강도, 안정성, 안전성 요건을 준수해야 한다. 어린이용 가구로 인한 사고는 주로 취약 부위와 불안정한 구조 때문에 발생하며 인명 피해(무너진 제품 밑에 깔리거나 특정 부위에 목이 졸리는 등)로 이어질 가능성이 크다. 관련 규격에는 이러한 사고를 방지하기 위한 제품 설계 사항이 구체적인 수치로 제시되어 있다. 예를 들어 아기 침대는 아기가 매트리스 위에서 일어섰을 때 침대 바깥으로 떨어지는 것을 방지하기 위해서 깊이(매트리스 표면부터 가드레일 꼭대기까지의 거리)가 최소 500mm 이상이어야 한다(미국 규격은 매트리스 받침부터 가드레일 꼭대기까지 26인치 이상). 또한 아기가 가드레일 막대기 사이로 빠져나가거나 머리나 목이 끼는 사고를 방지하기 위해 각 막대기 사이 간격이 45mm 이상 65mm 이하가 되어야 한다(미국 규격은 최대 2.38인치). 매트리스와 가드레일 사이에도 아기의 몸이 빠지거나 끼는 사고를 방지하기 위해 그 간격이 40mm(1.6인치)보다 작아야 한다. 이 외에도 가구 품목 별로 상세한 설계 기준이 명시되어 있으며 이 데이터는 실제 사고를 분석하고 광범위한 실험을 수행하여 계산된 수치이다. 어린이용 가구

를 디자인할 때는 반드시 이러한 국제 규격을 준수해야 한다. 단, 학생 프로젝트의 경우는 모든 품목의 상세 데이터를 담고 있는 전체 규격 문서를 구입하기에는 비용 부담이 너무 클 수 있으므로 대신 손쉽게 구할 수 있는 간략 버전을 사용해도 된다.

제품 테스트의 예시

– 접착제 품질 테스트
접착제의 품질을 테스트한다. 표면 및 모서리에 사용하는 접착제 품질에 문제가 있으면 제품 외관을 해치고 구조적으로 결함이 초래될 수 있다.

– 의자 제품 테스트
여러 단계에 걸쳐 제품의 강도, 내구성, 안정성, 안전성 등에 관련된 광범위한 항목을 테스트한다.

– 인간공학 성능 테스트
주로 교육기관용 및 업소용 제품에 적용되는 테스트이다. 제품의 인간공학적 성능이 각종 국제 규격에 부합하는지 검사한다.

– 가연성 테스트
충전재와 패브릭 소재를 사용하는 제품은 엄격한 규정에 따라 가연성 테스트를 거쳐야 한다. 가연성 등급 심사를 통과하지 못한 제품은 시판이 불가능하다.

– 포름알데히드 테스트
포름알데히드formaldehyde는 주로 목재 합판 소재에서 검출된다. 대부분은 목재 내부에 그대로 남아 있지만 소량의 '자유 포름알데히드free formaldehyde' 성분이 공기 중으로 방출되어 인체에 유해한 작용을 할 수 있다. 포름알데히드 테스트는 소재에 함유된 자유 포름알데히드의 양이 허용치를 초과하는지를 검사한다.

– 목재 합판 품질 테스트
목재 합판의 강도, 접합 부위, 알갱이 특성, 구조 안정성 등을 테스트한다.

Chapter 3:
소재, 제작 공법
그리고 지속 가능성

3a: 소재와 제작 공법에 초점을 맞춘 디자인 – 사례 연구

가구디자인의 개념을 창출할 때나 디자인을 개발할 때 엄청나게 많은 제작 방식이 있는 것처럼 보인다. 그렇지만 생산량, 예산, 지속 가능성, 환경, 수명, 재료, 미학적 측면 등을 고려해서 줄여나가면 올바른 접근방식은 대체로 단순하고 간단하다. 제3장에서는 사례 연구를 통해 소재와 제작 공법을 중심으로 한 디자인 개발을 살펴본다. 또 가구디자인을 둘러싼 지속 가능성과 윤리적 쟁점들도 다룬다. 마지막 3c에서는 가구에 이용되는 주요 소재와 제작 공정에 대한 기술적 재원을 다룬다. 독자로 하여금 자기 아이디어의 잠재력을 탐색하고 제작을 위해 기본적인 설명서를 만들 수 있는 도구를 제공하고자 했다. 여기 기재된 종류 외에도 다양한 소재와 공정이 있으나 가구 분야에서 응용 가치가 큰 것을 선별하였으니 제품 개발 시 기초 자료로 활용하기 바란다. 이 데이터는 제1장, 제2장에 소개된 제품 사례와 대조하여 살펴보면 더욱 깊이 이해할 수 있을 것이다. 뛰어난 제품 뒤에 있는 아이디어, 소재, 공법을 깊이 들여다보면 디자이너들이 어떻게 사고하고 행동하며, 어떤 결정과 과정을 거쳐 혁신적인 디자인을 탄생시키는지 배울 수 있다.

〈슈럽 테이블(Shrub Table)〉(디자인 : 질리 리우, 제작 : 퀸즈&밀란). 이 테이블의 다리 프레임은 알루미늄 막대기를 가공한 후 기계식 나사못으로 조립하여 분체도장으로 마감하여 제작했다.

위 : 오스카 지에타의 〈피두(FiDU)〉 시리즈. 자체
개발한 피두 공법(p.140 참조)으로 제작한 제품.
이 공법은 소량생산에 적합하다.

위, 오른쪽 : 벤자민 휴버트의 〈팟 체어(Pod
Chair)〉. 의자 본체를 PET 펠트 소재로 만들었다.

오른쪽 : 피어슨 로이드의 〈코비 체어(Cobi
Chair)〉. 의자에 가해지는 체중에 반응하여 좌석
이 자동 조절되는 기능을 갖춘 제품이다. 사무실
의자를 여러 사람이 번갈아 사용할 때 각자 신체
에 맞게 좌석을 조절하지 않는 문제를 해결해
준다.

프레스 체어(Pressed Chair)

해리 테일러(Harry Thaler)

H_770mm	W_530mm	D_530mm
알루미늄		
닐스 홀저 무어맨 제작		

〈프레스 체어〉는 해리 테일러가 2010년 영국왕립예술학교 (Royal College of Art)의 졸업작품으로 디자인한 것이다. 소재와 제작 공정에 대한 디자이너의 통찰력을 잘 보여주는 수작이다. 이 의자는 두께 2.5mm, 넓이 1m²의 알루미늄 판을 스탬프stamp 및 압축press 가공하여 제작한 스태킹 체어stacking chair(포개어 쌓는 의자)이다. 의자를 만들고 남은 알루미늄은 스툴stool(다리 3개)의 재료로 활용한다. 〈프레스 체어〉는 완전한 모노블록monobloc 형태이고 스툴 제품은 3개의 부품을 리베팅riveting으로 조립한 구조이다.

〈프레스 체어〉의 형태는 먼저 평면으로 잘라낸(스탬프 가공) 모양에 곡면 디테일을 넣고(압축 가공) 등받이와 다리를 구부려(압축 또는 벤드 가공) 완성된다. 부드럽게 휘어지는 소재를 사용했지만 곡면 구조와 다리의 벌어진 각도 덕분에 남자 5명의 하중을 견딜 수 있는 견고한 의자가 되었다. 다리 끝에 부착된 고무발은 바닥이 긁히거나 다리가 미끄러지는 것을 방지해준다.

이 의자에서 가장 중요한 디테일은 등받이 줄기에서 좌판 중앙으로 이어지는 곡면 형태로, 제작 두 번째 단계에서 프레스 가공으로 좌판의 오목한 형태와 함께 형성된다. 이 곡면 덕분에 등받이가 견고해지고 다리의 각도도 무너지지 않고 유지된다. 이 디테일이 없었다면 등받이와 좌판 사이 연결부위가 의자의 취약부위가 되었을 것이다.

이 의자를 개발할 때 디자이너의 의도는 단순한 디자인으로 경제적인 제품을 구현하는 것이었고, 그것이 소재와 제작 공법을 결정할 때 기준이 되었다. 원래 테일러는 산업디자인보다는 금속공예와 실험적 3D 아트 분야에서 활동하던 아티스트였다. 그는 〈프레스 체어〉에 대해 '전통공예기법과 장인정신에서 출발한 디자인'이라고 설명했다. 이 의자와 스툴 제품은 현재 닐스 홀저 무어맨Nils Holger Moormann에서 대량생산 방식으로 제작하고 있다.

〈프레스 체어(Pressed Chair)〉의 콘셉트 스케치 초안

무게 2.5kg의 초경량 제품으로 450kg의 하중(수직 방향)을 지지한다.

아래 : 해리 테일러의 〈프레스 체어(Pressed Chair)〉는 평면 알루미늄 판을 스탬프 및 프레스 가공하여 제작한다.

세일 체어(Sayl Chair)

이브 베하(Yves Béhar)

H_870–985mm	W_622mm	D_622mm
알루미늄, 스틸, 폴리우레탄, 합성 고무		
허먼 밀러 제작		

〈세일 체어〉는 '지속 가능한' 디자인(93% 재활용 가능)과 함께 뛰어난 성능과 합리적인 가격이 돋보이는 제품이다. 최소량의 소재를 사용하여 인간공학적 성능을 극대화한 우수한 디자인으로, 부품 설계, 소재 선택, 제품 제작의 모든 측면에서 '요람에서 요람으로(cradle to cradle)' 디자인 원칙(p.152 참조)을 철저히 따라 개발되었다. 등받이는 현수교의 원리를 응용한 구조로 장력(張力)을 이용하여 인체를 편안하게 지지해준다(베하와 허먼 밀러 기술팀이 공동개발한 3D Intelligent™ 기술). 〈세일 체어〉 시리즈에는 작업용 의자와 보조 의자 제품이 있다.

작업용 의자 제품의 등받이는 합성고무 소재의 그물망(사출성형 방식으로 일체형으로 제작됨)과 주조 알루미늄 소재의 Y형 지지대로 구성되었다. 합성고무 그물망은 프레임 없이 5군데 지점에 고정되어 팽팽하게 유지된다. 등받이에서 가슴–척추의 중간 위치는 그물망이 받는 장력이 최대가 되며 인체를 받쳐주는 힘도 가장 세게 나타난다. 이 지점을 기준으로 위, 아래 부위는 등받이 장력을 약하게 설계하여 자연스러운 인체의 움직임을 통해 자세 조절이 가능하도록 했다. 의자 등받이에 커버를 씌운 버전도 나오는데, 외관만 다를 뿐 구조와 기능은 동일하다.

보조 의자 제품의 등받이는 작업용 의자와 기본 원리는 같지만 구조적으로 차이가 있다. 작업용 의자 등받이는 프레임 없이 5군데 지점에 고정되어 있는 반면, 보조 의자 등받이는 플라스틱 소재(사출성형)의 프레임으로 테두리가 둘러져 있다. 이 프레임 역시 합성고무 소재 그물망과 함께 인체의 움직임에 '역동적으로' 반응하도록 설계되었지만, 작업용 의자 등받이처럼 섬세한 수준은 아니다.

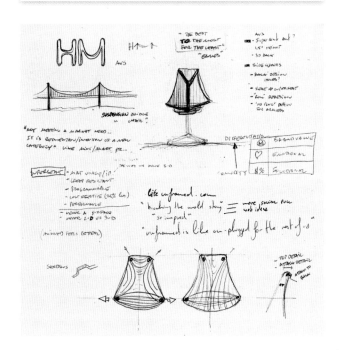

위: 〈세일 체어(Sayl Chair)〉의 개발 중 1,000장이 넘는 콘셉트 스케치가 작성되었다.

오른쪽: 〈세일 체어(Sayl Chair)〉 디자인은 현수교 구조에서 출발한 것이다.

옆 페이지 : 등받이 그물망은 프레임 없이 5군데 지점에 고정되어 팽팽하게 유지된다.

히로시마 체어 시리즈(Hiroshima chairs)

나오토 후카사와(Naoto Fukasawa)

H_684mm	W_678mm	D_640mm
비치목, 패브릭/가죽		
마루니 제작		

1928년 설립된 일본 가구 업체 마루니Maruni는 '공예작품의 산업화'를 표방하며 여러 디자이너들과 합작 개발을 통해 고급 디자인 제품을 대량생산하고 있다.

나오토 후쿠사와는 2008년 마루니와 공동 작업을 시작하면서 '한스 베그너Hans Wegner의 〈와이 체어Y Chair〉를 뛰어넘는 장식 가구의 대표작'을 창출하는 것을 목표로 내걸었다. 〈히로시마 암체어〉의 콘셉트는 유럽산 비치목을 소재로 일본 전통 목공예품(편백나무를 깎아 만들고 표면을 칠하지 않은 형태)의 섬세함을 재현하는 데 있었다. 후쿠사와는 일본 전통 목공예품이 담고 있는 '고조된 신선함, 작은 오점도 허용치 않는 완전함'에서 영감을 받았다고 한다.

〈히로시마〉 시리즈는 여러 종류의 테이블과 의자 제품으로 구성되었다. 이 중 식탁 의자와 팔걸이 의자는 서로 외관이 다르지만 디자인의 근본정신은 동일하다. 두 의자 모두 복합축 CNC 라우팅 공법으로 제작되었다. 팔걸이의자 제품은 극도로 복잡한 형태 때문에 후쿠사와와 마루니 기술팀이 공동으로 라우터 경로 프로그램을 개발하는 데 3개월 가까이 소요되었다고 한다. 이러한 프로젝트에는 디자이너와 기술팀의 협력 관계가 매우 중요하다. 마루니의 다케시 야마나카Takeshi Yamanaka는 '마루니와 디자이너의 공동 작업에서는 디자이너의 아이디어를 100% 수용하지 않고 반드시 기술팀에서 디자인을 검토·보완하도록 하며, 바로 이 과정이 있기 때문에 진정으로 우수한 제품이 나올 수 있는 것'이라고 설명하였다.

등받이 부분은 별도의 조합과정을 거친다. 먼저 하단부['팔꿈치(elbow)'라고 부른다]를 CNC 공법으로 제작한 후 상단부의 둥근 테두리를 도웰 접합(dowel joint)으로 합치고 접착제로 붙인다. 마지막으로 조합된 등받이 전체를 CNC 가공하여 일체로 만든다.

이 의자에서 눈여겨 볼 것은 목재 조립부의 색과 결무늬가 매끄럽게 이어진다는 점이다. 두 개 또는 세 개의 목재가 만나는 부위에서 색상과 표면 결무늬는 물론 단면의 결까지 맞추는 것은 매우 까다로운 작업이다. 의자 각 부위가 받는 하중의 크기와 방향이 다르므로 이에 따라 적절한 종류의 목재를 사용하고, 동시에 전체의 외관이 조화를 이루도록 해야 한다. 〈히로시마 체어〉의 프레임은 부위에 따라 다양한 방식으로 재단된 목재로 구성되어 팔걸이는 플랫재단flat-sawn, 상부 프레임은 쿼터재단quarter-sawn, 좌석 프레임과 다리는 플랫재단 목재를 사용한다.

아래: 〈히로시마 체어(Hiroshima Chair)〉 시리즈는 식탁의자가 먼저 출시되고 나중에 팔걸이의자와 테이블 제품이 개발되었다.

옆 페이지: 〈히로시마 다이닝 체어(The Hiroshima Dining Chair)〉

오비디오 테이블(Ovidio Table)

프란치스코 고메즈 파즈(Francisco Gomez Paz)

H_720mm	W_1600mm	D_800mm
스틸 위에 페인트		
다네제 제작		

〈오비디오〉는 아르헨티나 출신 디자이너 프란치스코 고메즈 파즈가 이탈리아의 디자인업체 다네제Danese의 의뢰로 디자인한 철제 가구 시리즈 중 첫 제품이다. 아래가 넓어지는 다리 형태와 다리 뒷면의 슬롯, 그리고 매우 얇은 테이블 상판 등 독특한 디테일로 소재와 제작 공법의 한계를 극복한 수준 높은 디자인이다.

이 테이블은 분체도장 처리된 연철판(두께 1.2mm)으로 제작했다. 추상적인 형태를 완성된 디자인으로 발전시켜 하나의 제품으로 만들어내는 디자이너의 능력이 돋보이는 제품이다. 테이블 상판은 비교적 단순한 구조로 특이한 점이 없지만, 다리의 형태와 폴딩folding 처리로 매끄럽게 연결한 부분은 고도의 테크닉이 담긴 구조이다. 디자이너와 제작 기술팀이 의견을 교환해가며 정교한 모델링 작업을 거듭하여 다듬어낸 결과물이다.

이 제품의 디자인은 소재의 양을 최소한으로 하는 것이 개발 중점 사항이었다. 때문에 처음부터 상판 밑에 별도의 지지대를 두지 않는 구조로 결정되었다. 따라서 개발 초기에 떠오른 중요한 문제는 상판이 휘어지지 않고 유지되려면 충분한 두께가 필요하지만 동시에 가장자리를 폴딩 처리하기 위해 최대한 얇게 만들어야 한다는 점이었다.

먼저 상판과 다리의 형태(2D 평면)를 레이저 절단한 후 가장자리를 CNC 폴드 처리하고(프레스-브레이크 가공) 용접해서 입체 형태를 만들었다. 상판에는 나사를 끼우고 용접하여 여기에 다리의 볼트를 연결하도록 했다. 다리는 두께 2mm의 철판으로 만들었다. 상판과 연결되는 볼트 끼우는 탭을 용접해 넣었다.

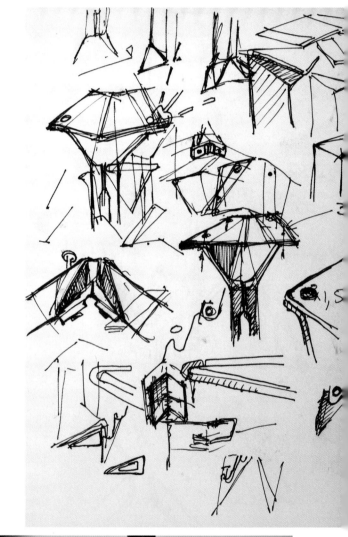

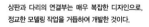
상판과 다리의 연결부는 매우 복잡한 디자인으로,
정교한 모델링 작업을 거듭하여 개발한 것이다.

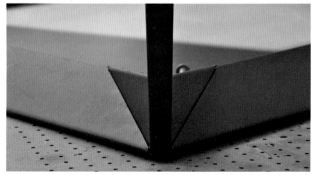

고메즈 파즈는 제작 기법에 대한 심층 지식을 바탕으로 〈오비디오(Ovidio)〉의 발달된 구조를 설계할 수 있었다.

노바디 체어(Nobody Chair)

콤플롯(Komplot)

H_780mm	W_580mm	D_580mm 22.8in
PET 펠트		
헤이 제작		

〈노바디 체어〉는 스웨덴의 교도소에서 착상되었다. 수감자들이 의자를 무기로 사용하거나, 큰 소음을 일으키거나, 물건을 감추는 데 사용할 수 없도록 특수한 제품이 필요했다. 당시 콤플롯Komplot(2인 디자이너 팀)은 덴마크 업체 구비Gubi의 의자 시리즈(p.138)를 디자인하면서 PET 펠트 소재의 성형과 열처리 가공 경험이 있었다. 이를 바탕으로 실험적 제품인 〈노바디 체어〉를 만들었다. 〈노바디 체어〉는 직물 소재로 만든 모노블록으로 프레임, 튜브, 조립부품, 커버 등이 전혀 없는 혁신적인 디자인이다.

〈노바디 체어〉의 개념은 디자이너의 감성과 깊은 연관을 가지고 있다. 시작은 어린 시절 보았던 '여름이 끝나고 텅 빈 별장'의 사용하지 않는 가구에 천을 씌워 놓은 모습이었다. 콤플롯은 〈노바디〉가 '사물을 재현할 뿐 사물 그 자체는 아니다'고 설명한다.

'교도소용 의자'는 발주처를 찾지 못했다. 그렇지만 보리스 베를린Boris Berlin과 폴 크리스챤센Poul Christiansen 등 제품의 개념에 관심을 보인 업체가 여럿 있었다. 당시 롤프 헤이Rolf Hay는 콤플롯과 함께 다른 프로젝트에 참여 중 〈노바디 체어〉의 개념을 소개받고 의자의 독특한 매력에 강력하게 이끌렸다. 그의 투자로 〈노바디 체어〉가 개발·제작되어 세상에 나올 수 있었다. 헤이는 제품 홍보 슬로건인 '〈노바디〉는 완벽하다(NOBODY is perfect)'도 직접 지었다.

소형 사이즈 버전인 〈리틀 노바디Little Nobody〉는 3세부터 8세까지 어린이용 제품이다. 콤플롯은 〈리틀 노바디〉에 대해 '가볍고 포근하며 조용한 어린이 의자이자, 때로는 함께 놀아주는 친구도 된다'고 소개한다.

〈노바디〉 제품은 뻣뻣한 펠트(평면 형태)를 가열 프레스 처리하여 입체 형태로 제작하며, 접착제나 고정부품은 전혀 사용하지 않았다. 제품에 사용되는 펠트는 음료수 병(PET)을 재활용하여 만든 재생소재로, 또 다시 재활용이 가능하다.

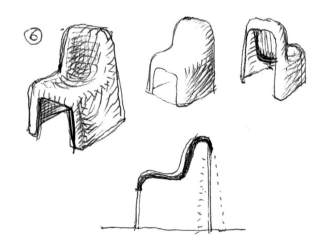

〈노바디 체어(Nobody Chair)〉의 스케치

〈노바디 체어(Nobody Chair)〉의 제작 과정. 두 겹의 성형 틀(알루미늄) 사이에 PET 펠트를 끼우고 가열 프레스 처리하여 형태를 만든다.

"〈노바디 체어(Nobody Chair)〉는 단순한 의자가 아니라 '실종된 의자'에 대한 이야기이다." - 콤플롯

미토 체어 II(Myto Chair Part II)(미토 체어 I 에 대해서는 pp. 115~117 참조)

콘스탄틴 그리치치(Konstantin Grcic)

H_820mm	W_550mm	D_510mm
울트라듀어 하이스피드(PBT)		
플랭크&BASF 제작		

〈미토 체어 II〉는 콘스탄틴 그리치치가 이탈리아 가구 업체인 플랭크Plank 및 독일 플라스틱 제조업체인 BASF와 제휴하여 개발한 제품이다. 이 프로젝트로 그리치치는 최첨단 플라스틱 소재로 구조적으로 특이한 형태를 시도할 수 있는 귀중한 기회를 얻었다. 그는 이전에 개발된 플라스틱 모노블록 제품들, 특히 베르너 팬톤Verner Panton의 〈팬톤 체어Panton Chair〉의 캔틸레버Cantilever 구조를 분석하고 단점을 보완할 수 있는 방법을 모색했다. 유연성과 강도가 뛰어난 신소재를 이용하여 〈팬톤 체어〉보다 한차원 진화된 진정한 모노블록 캔틸레버 의자를 탄생시킬 절호의 기회였다.

BASF 측에서 제안한 소재는 '울트라듀어 하이스피드Ultradur High Speed'라고 부르는 폴리부틸렌 테레프탈레이트Polybutylene terephthalate (PBT) 소재였다. 울트라듀어 하이스피드는 강도와 유연성이 매우 높을 뿐 아니라 유동성이 뛰어나 사출성형 시 ABS나 PP(폴리프로필렌)로는 불가능한 형태도 만들 수 있다. 이 소재 덕분에 디자이너가 더 큰 창작의 자유를 발휘할 수 있었고 획기적인 구조와 디테일을 실현할 수 있었다. 여기서 '자유'라는 말은 이 제품 개발이 쉽거나 간단했다는 의미가 결코 아니다.

울트라듀어 하이스피드는 여러 면에서 혁신적인 소재이다. 저온에서도 높은 성능을 발휘하기 때문에 성형과정에 걸리는 시간이 짧다. 따라서 제작에 소요되는 에너지가 적으므로 비용 절감과 친환경성의 두 가지 효과를 볼 수 있다. 이렇게 여러 장점이 있지만 그리치치가 이 소재를 선택한 가장 큰 이유는 뛰어난 강도와 유동성이었다. 이 소재로 만든 의자는 프레임이 매우 튼튼하게 유지되는 동시에 철파이프 소재의 캔틸레버 의자와 동일한 수준으로 유연하게 휘어진다. 또한 프레임에 비해 얇은 좌석과 등받이 부위는 하중에 반응하여 유연하게 휘어지면서 인체의 움직임에 따라 자연스럽게 자세를 조절해준다.

울트라듀어 하이스피드에는 유리섬유 성분을 첨가하여 강도를 높이는 한편(이 때문에 유동성이 저하된다) BASF가 개발한 나노 구조의 특수 물질인 비밀 성분 첨가로 플라스틱 유동성을 향상시켰다. 그 결과 울트라듀어 하이스피드는 플라스틱 소재 중에서 강도와 유동성 비율이 가장 높다.

〈미토 체어(Myto Chair Part II)〉의 소재로 BASF가 개발한 신소재 울트라듀어 하이스피드가 제안되었다.

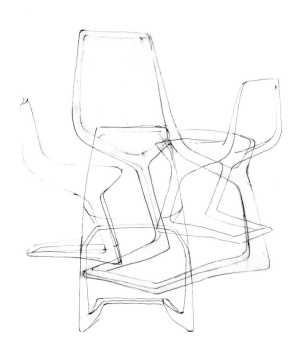

구비 체어(Gubi Chair)

콤플롯(Komplot)

H_800mm   W_540mm   D_535mm

3D 베니어, 스테인리스스틸

구비 제작

독일 업체 레홀츠Reholz가 생산한 3D 베니어Veneer는 기존 래미네이트laminate 베니어의 단점을 보완하여 3D 형태를 만들기에 적합하도록 개발된 특수 합판 소재이다. 〈구비 체어〉는 덴마크의 동업자 디자이너팀 콤플롯Komplot의 작품인데, 3D 베니어 가구로는 처음으로 대량생산된 제품이다. 기존 래미네이트 목재 의자에서 볼 수 없었던 획기적인 구조와 디자인으로 주목을 받았다. 의자 본체를 이루는 합판은 두께가 5mm로 아르네 야콥슨Arne Jacobsen의 〈앤트 체어Ant Chair〉의 절반에 불과하다. 그렇지만 입체적인 3D 구조 덕분에 큰 하중을 지지할 수 있다. 얇은 소재를 사용하여 무게도 가볍다(1.88kg). 3D 베니어는 일반 베니어보다 가격이 높지만 소량만 사용해도 되므로 추가 비용이 어느 정도 상쇄된다. 이 때문에 〈구비 체어〉는 고가의 혁신 소재를 사용한 획기적인 디자인이면서도 제품 단가를 낮출 수 있었다.

의자의 얇은 두께 때문에 생기는 문제도 있었다. 다리 연결을 위해 좌판 밑면으로부터 너트를 삽입할 경우 너트 윗부분의 좌석 표면이 움푹 꺼졌다. 이 때문에 〈구비 체어〉는 일반 의자와 다른 특수한 방식으로 다리를 연결해야 했다. 콤플롯이 고안해낸 해결책은 합판 소재의 원뿔 모양 부품에 T 너트를 삽입하고 이것을 의자 밑면에 새긴 얕은 '홈(오목한 면, nest)'에 접착하는 것이었다. 원뿔 모양 부품을 만들기 위해 별도로 성형 틀을 설계·주조했다.

〈구비 체어〉는 2003년에 출시된 후 각종 디자인상을 휩쓸었다. 2004년에는 레드 닷Red Dot을 수상했다. 이후 다양한 소재와 디자인으로 후속 제품이 개발되어 대규모 시리즈를 이루었다. 사출성형 하이렉HiRek[폴리프로필렌과 활석(talc)을 혼합하여 만든 플라스틱]에 커버(부분 또는 전체)를 씌운 제품 등이 있다. 3D 베니어 제품도 래미네이트 목재 다리를 장착한 버전 등 여러 종류가 나온다. 모든 〈구비〉 시리즈 제품은 철제 다리와 회전 밑받침이 선택사양이다.

옆 페이지: 〈구비 체어(Gubi Chair)〉는 기존 합판 소재 제품에 비해 두께가 절반 정도에 불과하지만 3D 형태의 의자 구조 덕분에 큰 하중을 지지할 수 있다.

아래: 3D 베니어(위)와 일반 합판(아래)의 비교. 입체 형태를 만들 때 큰 차이가 있다.

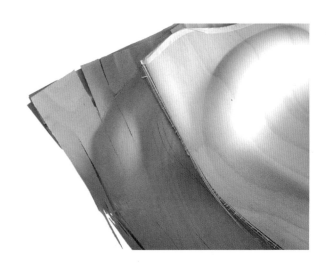

피듀(FiDU)

오스카 지에타(Oskar Zieta)

폴란드 출신 건축가 오스카 지에타는 자신이 개발한 금속 성형기술인 '피듀(자유 내압 변형기술)'를 '기술선언'이라고 불렀다. 〈플롭 스툴Plopp Stool〉과 〈치펜스틸 체어Chippensteel Chair〉 시리즈는 피듀 공법을 적용한 제품이다. 레이저 절단과 용접 단계에 자동화 기술을 적용했음에도 불구하고 이들 제품은 일괄 생산(batch production) 방식을 통해 소량 단위로만 제작된다. 일반 압축기로 생성한 저압 공기(7bar)를 이용하여 적은 비용으로 하이드로포밍hydroforming과 같은 효과를 낼 수 있다. 두께 0.8mm의 금속판을 레이저 절단하고 반으로 접어 용접하여 납작한 모양을 만든 후 그 안에 저압 공기(101.5psi 이하)를 주입하여 입체 형태로 부풀리는 방식으로 제작한다.

〈피듀〉 시리즈는 가벼우면서도(〈플롭〉의 무게는 3.1kg이다) 굉장히 튼튼하다. 또한 기능에 따라 형태가 결정된다는 원칙에 따라 모든 디자인이 기능 중심으로 설계되었다. 〈운터드루크 벤치Unterdruck Bench〉의 막대기 구조 좌판, 〈치펜스틸 체어〉 등받이에 뚫린 작은 구멍, 〈플롭 스툴〉의 가운데 구멍 등 디테일 하나하나가 명확한 역할을 하고 있다. 〈피듀〉의 디자인은 충실한 기능성을 제공하는 동시에 각 제품마다의 개성을 표출하는 독특한 시각 언어를 담고 있다.

〈치펜스틸 체어〉를 개발하면서 지에타가 만든 최초 프로토타입은 구부려서 의자와 스툴을 만드는 모노블록 구조였지만 최종 제품 디자인은 다른 형태가 되었다. 피듀 공법으로 부풀려 형성한 부품을 이음새가 보이지 않도록 정교하게 용접하여 조합함으로써 모노블록으로는 불가능한 구조를 구현했을 뿐 아니라 제작 효율성도 향상되었다. 〈운터드루크 벤치〉는 부품 제작과 조립 과정을 분리하는 방식, 즉 '구매자가 직접 조립하는 방식'으로 대량생산된다. 이 제품은 〈피듀〉 기술이 대량생산에도 적합하다는 것을 인정받는 계기가 되었다. 〈운터드루크〉는 다른 제품에 비해 특이한 인상이 강하지 않기 때문에 주류 흐름에 매력으로 좀 더 다가갈 수 있는 디자인이기도 하다.

〈피듀〉 시리즈 제품은 라커 칠한 연철, 고광택 처리한 스테인리스 스틸, 구리 도금한 스틸, 여러 색상의 분체 도장 등 다양한 버전이 있다.

H_780mm   W_400mm   D_600mm

광택 처리한 스테인리스스틸, 구리 도금한 스틸

오스카 지에타 제작

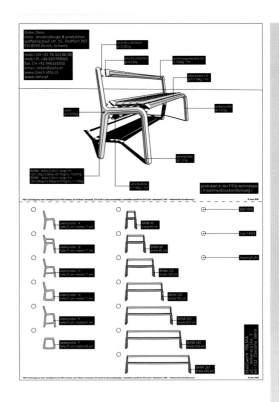

위: 〈운터드루크 벤치(Unterdruck Bench)〉(2010)는 부품을 구매자가 직접 조립하는 방식으로 대량생산된다. 이 제품은 〈피듀〉 기술이 대량생산에도 적합하다는 것을 인정받는 계기가 되었다.

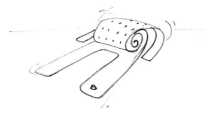

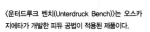

〈운터드루크 벤치(Unterdruck Bench)〉는 오스카
지에타가 개발한 피듀 공법이 적용된 제품이다.

노매드 테이블(Nomad Table)

요레 반 아스트(Jorre van Ast)

H_750mm   W_2400mm   D_950mm

합판(발사 목, 포플라 목, 오크 베니어), 애쉬 원목(다리)

아르코 제작

벌집 구조를 이용하여 상판 무게를 줄인 디자인은 새롭지 않다. 그렇지만 요레 반 아스트가 네덜란드 업체 아르코를 위해 디자인한 〈노매드 테이블〉은 상판 제작 과정에서 혁신적으로 비용을 대폭 절감했다는 점에서 획기적인 디자인이다. 제작 과정이 복잡함에도 불구하고 가격을 낮출 수 있었기 때문에 상품으로서의 가능성을 인정받았다.

〈노매드 테이블〉의 상판은 바깥(10mm)에서 안쪽(68mm)으로 가며 점점 두꺼워지는 형태로, 겉보기에 얇아 보이는 착시효과를 낸다. 상판은 3D 베니어(레홀츠 제품) 사이에 벌집 구조 섬유질판(가운데), 발사목(테두리), 포플라목(다리 연결부)으로 조합된 합판을 끼워 넣고 진공압축하여 만든 것이다. 〈노매드〉는 대형 제품에 3D 베니어를 사용한 최초의 사례이며, 상판의 입체 형태를 구현하기 위해서 벌집 구조를 사용하지 않았다면 수지타산을 맞출 수 없었을 것이다. 다리는 애쉬 원목 소재로 6각 기둥 모양이며(손에 쥐기 편하다) 나선 홈이 파진 부분을 상판 밑면 구멍에 돌려 넣어 손쉽게 착탈할 수 있다.

테이블 상판 두께는 상판의 강도와 다리의 지지 하중을 모두 고려하여 결정한 것이다. 상판 자체의 강도만 볼 때는 두께가 더 얇아도 문제가 없었겠지만 착탈식 다리 4개의 삽입부를 충분히 깊게 만들기 위해(삽입부가 얕으면 하중이 다리 전체에 고르게 분산되지 않고 테이블 구조가 불안정하게 된다) 두께를 현재와 같이 설정한 것이다. 마찬가지로 다리의 나선 홈과 상판의 연결 구멍도 여러 요소를 고려하여 적절히 설계한 것이다. 연결 부위가 느슨하면 하중이 한 곳에 쏠려 테이블 구조가 불안정하게 되고, 너무 빡빡하면 다리 착탈이 힘들고 목재의 팽창/수축을 수용할 수 없게 된다.

진공 압축하여 만든 상판 내부는 벌집 구조 셀룰로오스 판으로 채워져 있다.

위 오른쪽: 다리(원목 소재)를 손쉽게 착탈할 수 있으므로 테이블 이동 시 편리하다.

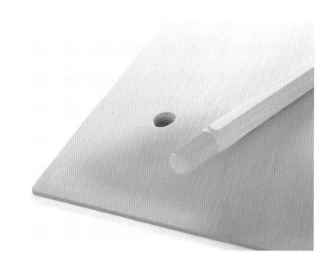

PS 엘란 체어(PS Ellan Chair)

크리스 마틴(Chris Martin)

H_810mm	W_480mm	D_660mm
목재 플라스틱 합성물(나무 섬유질, 재생 PET/PVC)		
이케아 제작		

최근 석유를 원료로 하는 중합체 사용을 자제하는 사회 흐름에 따라 가구디자이너와 가구 제조 업체에서도 재생 플라스틱과 유기 합성물질 등 환경 친화적인 제품을 만들려는 시도가 늘고 있다. 특히 사출성형 제품 분야에서 이러한 움직임이 뚜렷하다.

영국 출신이지만 스톡홀름Stockholm을 근거지로 활동하고 있는 크리스 마틴은 이케아IKEA와 함께 〈PS 엘란 록커PS Ellan Rocker〉를 개발하면서 무엇보다 친환경적인 소재와 제작 기법을 중요시했다. 이 흔들의자는 WPC(목재 플라스틱 합성물)를 소재로 구매자가 직접 부품을 조립하는(flat pack) 제품이다. WPC 소재는 이전에도 사용되었지만 제품 표면이 거칠다는 문제점이 있었다. 〈PS 엘란〉은 이 단점을 보완한 고품질 마감처리로 주목을 받았다.

가구 업체 이케아는 스웨덴의 화공업체 놀라토 알파Nolato Alpha와 1년간의 공동 연구 끝에 적절한 강도의 WPC를 합성할 수 있었다. 주원료로는 값싼 목재 부스러기와 함께 고속도로 방음벽에서 나온 재생 플라스틱을 썼다. WPC 소재는 사출성형 시 표면을 매끄럽게 만들기 어렵다는 문제가 있는데, 〈PS 엘란〉은 래커 칠 마감 처리로 단점을 보완했다. WPC는 사용 전례가 없는 첨단 '신소재'에 비해 비용 부담이 적고, 100% 플라스틱보다 가벼운 것이 장점이다.

이케아 제품 중 1961년 첫 출시 후 꾸준히 팔려온 토넷 스타일 원목 의자가 있다. 그런데 최근 〈PS 엘란〉과 동일한 소재인 WPC 버전으로 변경하여 시판되고 있다. 이는 지속 가능한 제품을 만들고자 하는 이케아의 노력을 잘 보여주는 사례이다.

〈PS 엘란 체어(PS Ellan Chair)〉의 소재는 51% 목재
(나무 섬유질)와 49% 재생 플라스틱(PET와 PVC)의
합성물질이다.

옆 페이지 : 〈PS 엘란 체어(PS Ellan Chair)〉 개발 시
크리스 마틴이 작성한 스케치

우드웨어(Woodware)

맥스 램(Max Lamb)

제품마다 사이즈가 다름(의자, 테이블, 침대)
원목 도웰(메이플, 월넛, 애쉬, 비치, 체리, 튤립, 오크, 사펠리, 라임)
맥스 램 제작

　영국 디자이너 겸 목공예 장인 맥스 램의 〈우드웨어〉 시리즈 제품은 도웰 접합dowel joint이 적용되며, 모두 동일한 제작 방식이 사용된다. 즉, 수직방향으로 천공된 다양한 직경의 장붓구멍에 이에 크기를 맞춘 가구 요소를 직접 삽입하여 가구를 완성한다. 〈우드웨어〉(런던의 갤러리 푸미Gallery Fumi를 통해 판매)는 현재는 일괄 생산(batch production) 방식으로 제작되지만 제작 과정이 표준화되어 있으므로 대량 생산으로 전환해도 무리가 없을 것이다. 또한 램은 다른 가구 공예가들과 연계하여 생산량을 늘리는 방안도 고려하고 있다. 램은 〈우드웨어〉를 통해 '우수한 기능을 저렴한 가격에 제공'하기를 원했고 제품 곳곳에서 이 철학이 잘 드러난다. 그는 도예가 버나드 리치Bernard Leach가 실용성과 아름다움을 모두 중요시하며 '스탠다드 웨어standard ware(보통 사람들의 생활도구)'를 추구했던 정신을 이어받아 〈우드웨어〉를 디자인했다고 한다.

　이 제품의 구조에서 무엇보다 중요한 점은 도웰과 장붓구멍 크기를 정확히 맞추어 접합 부위를 견고히 만드는 것이다. 우선 도웰을 제작할 때 정밀 가공하여 각 도웰과 장붓구멍의 지름 차이가 0.2mm 이내(장붓구멍 타공 시 사용하는 포스트너forstner 드릴 비트의 지름을 기준으로 사용)가 되도록 해야 한다. 또한 장붓구멍과 도웰의 접합부에 접착제 두께만큼의 여유가 필요한데, 공간이 남으면 접착제가 한 곳에 몰리고 공기 방울이 생기기 때문에 이 여유공간도 적절하게 맞춰야 한다.

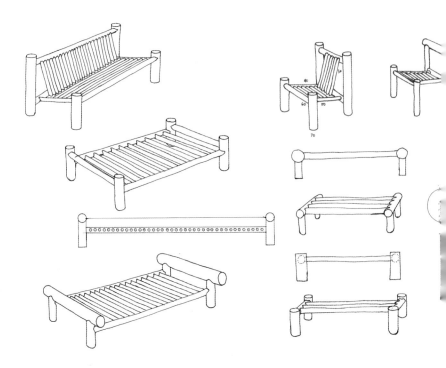

오른쪽: 〈우드웨어(Woodware)〉는 지름 16mm부터 110mm까지 다양한 크기의 도웰로 구성된다.

아래: 도웰 접합은 정교하게 이루어져야 하는 작업이다. 장붓구멍이 정확한 크기로 타공되어야 하며, 접합 각도가 정확하게 수직을 이루어야 한다.

3b: 윤리경영과 지속 가능성

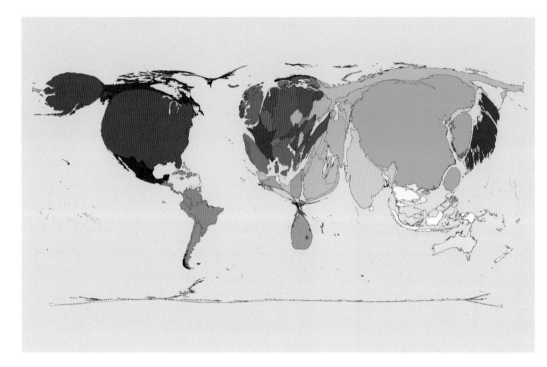

이 통계 지도는 영국 셰필드 대학교의 벤자민 D. 헤닝이 2010년에 작성한 것으로, 각국의 국토 면적을 조절하여 국민 1인당 이산화탄소(온실가스) 배출량을 보여준다.
(참조: www.viewsoftheworld.net)

이상적으로는 모든 제품 디자인에서 환경의 지속 가능성에 대한 고려가 중심이 되어야 한다. 모든 사업에서 공정무역과 윤리적 고용, 그리고 지속 가능한 생산이 핵심이듯이 말이다. 지구온난화, 자원고갈, 환경오염 같은 문제들은 인구 증가(人口 增加)에서 비롯된다. 중요하게는 소비 증가(消費 增加)에서 비롯되는데, 여기에는 디자인의 역할이 크다. 디자이너들은 자신의 업무에서 일어나는 작은 결정 하나가 궁극적으로 인류에 큰 위협을 가할 수 있음을 자각하고, 상업적 이익을 위해 윤리적 책임을 등한시하는 일이 없어야 한다. 최근에는 '윤리적 기업 활동'이나 '지속 가능성'이라는 말이 남용되어 혼란을 낳는 경우가 많다. 디자이너들은 이 용어들의 철학과 방법론에 대한 정확한 의미를 이해해야 좋은 디자인을 할 수 있다.

요즘 소비자들은 탄소 발생을 줄이고 공정무역을 증진시키기 위해 보다 지속 가능한 제품을 '기꺼이 사고자' 한다. 따라서 확신에서 우러난 것이건 아니면 의무감에서 비롯된 것이건 공정거래와 공정고용, 에너지 절감, 부품최소화와 해체 가능한 디자인 등은 모두 돈벌이가 된다. 사람을 고용하고 에너지와 상품을 소비하는 산업체에서는 이러한 전략적 목표가 보다 일반적이 되고 있다. 이와 대조적으로 일부 기업들과 기업 활동에 동참하는 디자이너들은 세계시장에서 치열한 경쟁과 갈수록 이윤폭이 줄어드는 현실을 핑계로 이윤만을 목표로 삼기도 한다. 이들 기업에서 디자인해서 판매하는 제품들은 지속 가능하지 않다는 말이 아니다. 다만 가격 경쟁력을 장점으로 내세우는 저가 제품 중에는 유해물질 사용, 환경오염원 방치, 유통질서 교란 등 비윤리적인 수단으로 제품 단가를 무리하게 낮추는 경우가 많다고 보는 게 타당하다.

지속 가능한 디자인

지속 가능한 디자인 방법론을 이끌고 디자인 활동을 인도하는 몇 가지 지도원칙이 있다. 체화에너지 감소, 신재생자원, 재활용 가능성, 분해 가능한 디자인, 재생 소재, 운송거리 감소, 경량화, 제품수명이나 내구성, 독성/오염물질의 배제 등이 그것이다.

제품, 재료 또는 생산과정에서의 탄소이력은 체화에너지와 직결된다(체화에너지가 어떻게 생산되느냐가 영향을 미치지만 말이다). 그러므로 소재건 완제품이건 간에 제작과정에 투입되는 에너지 효율을 높이는 것은 공학적 난제 중 하나이다. 가전제품이나 자동차 같은 품목은 사용 시의 에너지 효율(예 : 전력소모, 연비 등)이 중요한 문제이지만 가구는 사용 중 에너지 소모가 없으므로 재사용, 재생, 폐기 과정의 에너지 효율이 주 관심사이다. 가구디자인의 경우 원자재의 생산에 투입된 에너지와 최종 제품 제작에 소요된 체화에너지의 양이 가장 중요하다.

또 하나 주목할 것이 재생 가능 자원이다. 물론 궁극적으로는 석유화학 플라스틱과 같은 재생 불가능한 자원은 재생 가능한 자원으로 대체돼야 한다. 하지만 이를 대체하는 이점이 재생자원을 생산하는 데 발생하는 해악으로 상쇄되지 않기 위해선 적절한 균형이 필요하다. 예를 들어 곡물에서 추출하는 바이오 디젤bio diesel은 온실가스 발생이 적은 친환경 연료로 각광받지만 바이오 디젤 생산용으로 곡물이 대량 소비되어 제3세계의 식량난을 가중시킬 수 있다. 마찬가지로 대규모 숲을 조성하는 것은 기후변화에 대한 좋은 대책이지만 상대적으로 농경지 면적이 줄어드는 문제가 있다.

지역사회의 지속 가능성을 높이는 데는 각국의 정

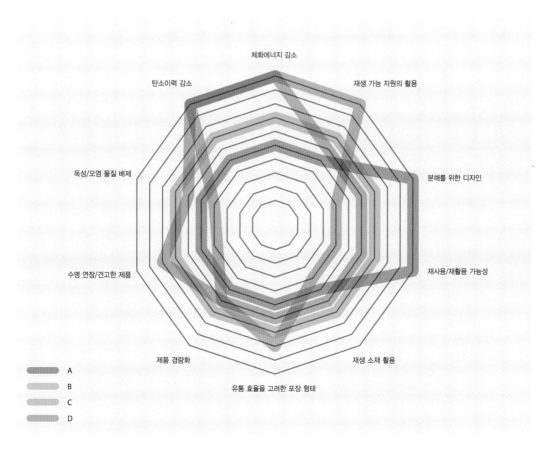

가구디자인의 지속 가능성을 나타내는 지표들. 프로젝트마다 중점 사항이 다를 수 있으나 일반적으로 그래프 안쪽 면적이 넓을수록 '지속 가능성이 높은 좋은 디자인'을 의미한다. 당장은 단가 상승과 설비투자 부담 때문에 경영진의 반대에 부딪히는 경우가 많다. 그렇지만 장기적으로는 비용을 절감하고 시장변화에 대처하기 위해 꼭 필요한 과제들이다.

체화에너지 감소
탄소이력 감소
재생 가능 자원의 활용
독성/오염 물질 배제
분해를 위한 디자인
수명 연장/견고한 제품
재사용/재활용 가능성
제품 경량화
재생 소재 활용
유통 효율을 고려한 포장 형태

A
B
C
D

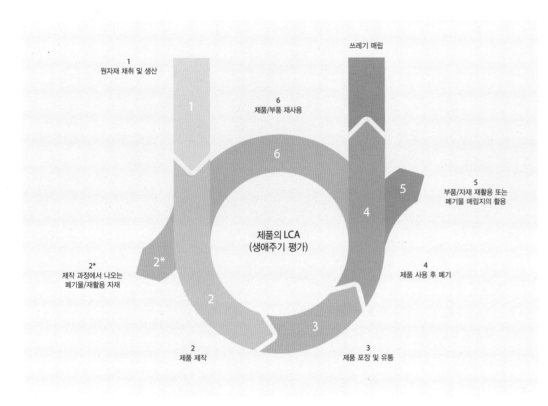

1
원자재 채취 및 생산

쓰레기 매립

6
제품/부품 재사용

5
부품/자재 재활용 또는
폐기물 매립지의 활용

제품의 LCA
(생애주기 평가)

2*
제작 과정에서 나오는
폐기물/재활용 자재

4
제품 사용 후 폐기

2
제품 제작

3
제품 포장 및 유통

LCA(생애주기 평가, lifecycle assessment)를 통해 제품이 환경에 미치는 영향을 평가할 수 있다. ISO(국제표준협회) 자료에 따르면 LCA는 '제품 또는 서비스의 생애주기 동안 일어나는 물질과 에너지의 투입 및 배출량을 계산하고, 환경에 대한 직접적인 영향을 평가하는 구체적인 절차와 방식'이다.

아래: 〈오스텔렌 체어(Österlen Chair)〉(앙가 상페, 가르스나스). 프레임은 애쉬목, 좌석은 베니어 소재이다.

부 주도 정책이 중요한 역할을 한다. 이러한 정책은 같은 지역(국가) 안에서 물자와 노동력을 조달하여 지역의 경제자립성을 확보하는 데 초점을 둔다. 운송 과정에서 나오는 탄소 배출량을 크게 줄일 수 있어 지구사회 전체의 지속 가능성을 높이는 데도 도움이 된다. 그러나 현실적으로 기업이 글로벌시장에 의존하지 않고 이윤을 추구하기는 어려우며, 제조업 전반에서 값싼 수입 자재와 제3국 노동력에 의존하여 제품 단가를 낮추는 것이 뿌리 깊은 관행이다. 예를 들어 유럽에서 채취한 원목을 중국으로 가져가 제품을 제작한 후 완제품을 또다시 유럽으로 실어와 판매하는 모습을 흔히 볼 수 있다. 잘못된 관행의 배경에는 비용 절감 문제가 있기 때문에 탄소세 도입이 좋은 해결책이 될 수 있다. 장거리 운송에 부과되는 탄소세 부담 때문에 지역에서 생산되는 자재를 사용하고, 제조시설을 지역 내로 옮기는 업체가 늘면서 지역경제가 활성화될 것이다. 예를 들어 영국의 목재산업을 활성화하기 위한 방안으로 영국에서 판매하는 목재 가구는 영국산 목재를 50% 이상 사용하도록 규제하는 경우를 가정해보자. 이 규제 하나만으로는 곧 목재 생산이 수요를 따라잡지 못해 공급 부족이 일어날 것이다. 그러므로 보다 장기적, 종합적 대책을 통해

지속 가능한 목재 공급 시스템을 마련해야 할 것이다. 또한 대중이 추가비용 부담을 장기적 관점에서 인식하고 긍정적으로 받아들일 수 있도록 지속 가능성 개념의 홍보가 필요하다. 목재 공급을 위해 심은 나무가 공기를 정화해주고 폐기 목재를 화력발전 연료로 사용하면 탄소 배출이 감소되는 등 부수 효과도 있어 목재산업은 여러 모로 지역의 지속 가능성에 도움이 된다.

재생소재 활용은 친환경 디자인의 핵심 요소이다. 그렇지만 무조건 재생소재나 유기소재를 사용한다고 해서 실질적 효과가 나는 것은 아니다. 제품의 생애주기 전체를 면밀히 평가해보면 재생소재 때문에 오히려 탄소 배출이나 자원 소모가 증가하는 경우도 많다. 환경과 지속 가능성 문제는 근본 개념을 제대로 이해하지 못하면 잘못된 판단을 내리기 쉽다. 특히 제품 개발 시 소재 관련 이슈는 초기에 정확한 정보를 파악해서 올바른 결정을 내리지 않으면 나중에 뒤늦게 '불편한 진실'에 직면하는 사태가 벌어지기도 한다. 정확한 진단을 위해 복잡한 계산이 필요하므로 전문적인 LCA(생

FSC(산림감독위원회, Forest Stewardship Council), FoE(지구의 친구들, Friends of the Earth) 등 국제기구는 산림자원의 무분별한 채취와 남용을 관리·감독하여 원목과 합판 소재가 공정하게 유통되도록 하는 역할을 한다.

오른쪽: 최근 대나무가 가구 소재로 주목 받고 있다. 현재는 대나무 래미네이트 합판 제작에 비용이 많이 들지만 계속 새로운 가공 기법이 개발되고 있어 점차 가격이 내려갈 것으로 기대된다. 〈할로우 다이닝 세트(Hollow Dining Set)〉(브레이브 스페이스 디자인)는 전체를 대나무로 만들었다.

애주기 평가) 도구를 사용하는 것이 좋다(예 : 영국 FIRA (Furniture Industry Research Association)의 퍼니쳐 풋프린터Furniture Footprinter 소프트웨어). 최근 재생 플라스틱에 재생 가능 유기 섬유질을 혼합하여 만든 친환경 복합 소재가 천연자원 고갈을 해소하는 데 작은 도움이 되고 있다. 그러나 이러한 대체 소재는 성능 문제 때문에 응용 범위가 제한되므로 완전한 해결책이 될 수 없다. 특히 재활용이 불가능한 복합 소재는 1회성 방안에 그쳐 자원 보존에 미치는 효과가 미미하다.

재활용이 손쉽도록 제품을 설계하는 것 역시 중요한 지속 가능한 디자인 방안이다(다만 현재 재활용이 부진한 주 원인은 제품 디자인보다는 재활용 시스템의 부재와 기술력 부족에 있다). 최근 요람에서 요람까지(cradle to cradle) 디자인 원칙이 가구디자인의 새로운 표준으로 떠올라 많은 디자이너들이 제품 개발 시 '분해를 위한 디자인(design for disassembly)'으로 제품의 수리, 부품 교체, 재사용/재활용이 간편하도록 만드는 것을 우선 과제로 여기고 있다.

가구에서 최초로 요람에서 요람까지 원칙이 적용된 사례는 2003년 〈미라 체어Mirra Chair〉이다. 33% 재생 소재를 사용하여 만들었고 96%가 재사용/재활용이 가능하도록 설계된 제품이다. 덮개에 PVC를 전혀 사용하지 않았으며 충전재는 100% 재활용 가능한 소재이다. 이후 많은 업체들이 요람에서 요람까지 개념을 도입하여 현재는 업계를 주도하는 디자인 철학이 되었다. 이 흐름은 대형 가구 업체와 대규모/단체 계약 제품(대기업/공공기관용 제품)에서 더욱 두드러지는데, 특히 미국은 대형 업체 비중이 높아(6개 업체가 시장 83%를 점유) 요람에서 요람까지 디자인이 대세를 이룬다.

윤리적 관점이 아닌 경제적 이득을 따지더라도 재생 소재가 유리한 경우가 많다. 또한 모든 자원이 부족하기 때문에 전 세계의 산업이 원활하게 작동하려면 플라스틱, 금속, 유리, 목재, 섬유 등의 재활용/재생 소재가 꼭 필요하다. 단, 재생 소재는 대부분 원소재에 비해 성능이 떨어지며, 한 번 재생 후 다시 재활용할 수 없는 경우도 많다는 점에 유의해야 한다.

플라스틱은 자외선에 의해 손상되어 재용해 과정에서 파괴되기 쉬우므로 재활용도가 매우 낮다. PETE,

〈미라 체어(Mirra Chair)〉(스튜디오 7.5, 허먼 밀러)는 33% 재생 소재로 만들었고 96%가 재활용·재사용이 가능한 제품으로 덮개에 PVC를 전혀 사용하지 않았고, 충전재는 100% 재활용 가능한 소재이다. 이 제품은 MBCD(McDonough Braungart Design Chemistry)의 '요람에서 요람까지'의 디자인 원칙을 적용하여 설계하였다.

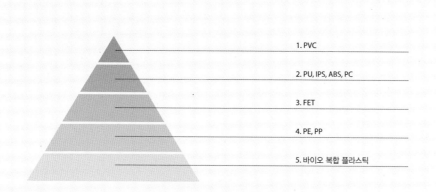

1. PVC

2. PU, IPS, ABS, PC

3. FET

4. PE, PP

5. 바이오 복합 플라스틱

HDPE, PS는 플라스틱 중에서는 재활용도가 높은 편에 속하지만 이마저도 완전한 재활용은 어렵고(재생 후 소재 성능이 저하된다) 저가 제품 소재로만 쓰인다. 금속은 재활용도가 가장 높은 소재로, 현재 사용 중인 철의 40%, 알루미늄의 32%가 재생 소재이다. 국제 알루미늄 연구소(International Aluminium Institute)의 자료에 따르면 1888년 이후 생산된 알루미늄의 75%가 계속 재활용되어 제품 소재로 쓰이고 있다고 한다.

재생 소재는 생산과정에서 에너지 절감 효과가 크다. 재생 알루미늄의 생산에 드는 에너지는 신규(비재생) 알루미늄의 5%에 불과하다. 재생 철의 생산과정은 철광석을 채취, 가공하여 철을 만드는 경우에 비해 에너지 소비량이 60~75%이다. UN 환경계획(UNEP)의 2011년 자료에 따르면 총 60여 종의 금속 소재 중에서 재활용률이 50%가 넘는 것은 1/3도 되지 않으며, 재활용률 1% 미만인 소재도 34종이나 된다. 플라스틱은 더욱 심각해서 전체의 5% 정도만 재활용된다고 한다(단, 구체적으로 어떤 플라스틱 소재가 어떤 분야에서 얼마나 재활용되는지 확실한 자료는 없다). 재생 플라스틱을 활용하여 에너지 효율을 최대 40% 높일 수 있다는 사실을 감안할 때 무척 안타까운 현실이다. 다만 최근 들어 플라스틱 산업에서도 비용 상승과 원자재 부족을 극복하기 위해 생산과정에서 발생하는 폐자재를 줄이고, 이를 다시 생산에 재투입하여 자원 효율을 높이고 있다.

가구의 역사를 보면 어느 시대에나 자원과 에너지 절약이 큰 관심사였지만 지금은 과거의 어느 때보다 그 요구가 절실하다. 이제 가구 제품에서 재생 소재 활용, 분해를 위한 디자인, 체화에너지(탄소이력) 감소, 수명 연장은 필수 과제이다. 또한 현대의 환경문제, 사회문제의 근원이 소비에 있는 만큼 제품을 제조, 판매하는 기업이 소비 행위의 당사자로서 책임을 분담해야 한다. 가구 업계를 비롯한 모든 기업, 그리고 그 산업에 종사하는 가구디자이너들은 지속 가능성과 윤리경영의 원칙을 숙지하고 모든 제품에 적용하며, 소비자가 올바른 선택을 할 수 있도록 도와야 한다. 또한 탄소세 등 규제를 통해 기업과 소비자가 함께 윤리적 소비 활동을 실천하도록 유도하는 것도 고려해야 하는데, 특히 저가 제품 시장에 필요한 방안이다.

그린피스(Greenpeace)에서 작성한 플라스틱 소재 등급표. '우리 생활에 흔히 사용되는 플라스틱 소재의 생산 공정, 첨가물, 제품 방출 및 폐기 과정, 화재 등에서 환경과 인체에 미치는 영향을 평가하여 등급을 매겼다. 등급표의 목적은 PVC의 유해성을 알리고 대체 소재의 사용과 개발을 권장하는 것이다. 피라미드 형 도표의 하단으로 갈수록 환경 유해성이 적은 소재이다.'
참조: www.greenpeace.org

아래: 포스터&파트너스의 〈20-06 체어(20-06 Chair)〉(에메코)는 80% 재생 알루미늄 소재 제품으로 〈20-06 체어(20-06 Chair)〉보다 소재 사용량을 15% 줄였다.

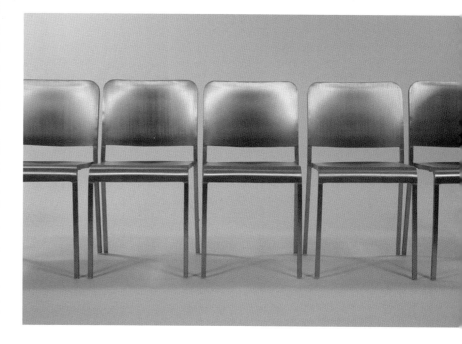

3c: 소재, 제작 기법, 조립 형태

이 섹션에는 가구 제품에 적용되는 각종 소재와 제작 기법의 상세 내용(구조 설계상의 문제, 미학적 측면, 환경에 미치는 영향, 성능 관련 이슈 등)을 정리했다. 평소에는 전체를 훑어보며 전반적인 내용을 공부해두고, 실제 가구디자인 프로젝트를 진행할 때는 구체적으로 필요한 정보를 찾아보며 참고자료로 활용하기 바란다. 가구의 소재와 제작 기법을 결정할 때 기준이 되는 사항은 다음과 같다.

– 형태와 구조
– 생산 규모(대량/소량)
– 가능한 소재
– 제작상 오차 범위
  (부품 제작 시 요구되는 정밀도)
– 구현 가능한 디테일
– 구조적 특성
– 제품 사용 환경
– 미적 측면
– 내구성

아래 : 재스퍼 모리슨의 〈에어 체어(Air Chair)〉(마지스)는 과감한 선 처리와 극도로 단순화된 형태가 돋보이는 디자인이다. 이러한 구조의 의자가 견고하게 유지되기 위해서는 강도 높은 소재와 그에 맞는 적절한 가공 기술이 필요하다. 이 제품은 강화 폴리프로필렌(섬유질 첨가로 강도 보강) 소재를 기체주입(gas injection) 성형공법으로 가공하여 제작했다.

아래 왼쪽 : 폼스&서피시즈의 〈트리오 벤치(Trio Bench)〉. 양 옆 프레임은 알루미늄을 주물성형한 후 표면을 분체도장 처리했고, 본체 패널은 알루미늄 표면을 투명 양극산화(clear anodizing) 처리한 것이다.

옆 페이지 : 디터 람스의 〈606 유니버설 셸빙 시스템(606 Universal Shelving System)〉(비체&잽프). 선반은 스틸 소재를 스탬프(블랭크) 가공과 프레스-브레이크 가공 후 분체도장으로 표면을 처리한 것이고, 레일은 알루미늄 소재를 압출성형(extrusion) 가공 후 표면을 양극산화 처리한 것이다.

금속(Metals)

　금속은 철분 함량에 따라 철금속과 비철금속으로 분류한다. 두 부류 모두 한 가지 금속이 그대로 쓰이는 경우는 드물고 대부분 여러 금속을 섞은 합금 형태로 사용한다. 합금이 순수 금속보다 강성, 연성, 가단성, 내식성(부식에 대한 내성) 등의 공학적 특성이 우수하기 때문이다.

　철금속 합금은 대부분 철을 주 성분으로 소량의 탄소를 혼합한 것이다. 단조철(탄소 함량 0.1~0.2%), 주철(탄소 함량 2~4%), 탄소강(탄소 함량 0.2~2%) 등이 있다. 스테인리스스틸은 철에 탄소(1% 이하), 니켈, 망간, 크롬 등을 합금한 것으로 강도가 크고 내식성이 우수하다.

　비철금속 중에서는 알루미늄, 황동, 티타늄, 아연 등이 합금 재료로 흔히 이용된다. 그 외에도 여러 종류의 비철금속 합금이 있지만 대부분 강도가 약해서 하중을 지지하는 구조물에는 잘 쓰이지 않는다.

　금속 가공 기법은 주물 또는 단조가공으로 나눌 수 있다. 주물은 액체 상태로 융해된 금속을 주형틀 안에 붓고 식혀서 형태를 만드는 방식이며, 단조 가공은 고체 상태의 금속을 가공(가열하거나 또는 상온에서)하여 형태를 만드는 방식을 일컫는다. 여기서 금속을 '가공'한다는 말은 얇은 판, 막대기 등 단순한 형태를 만드는 작업부터 복잡한 공정까지 넓은 의미를 포함한다. 압출성형extrusion, 딥드로잉deep drawing, 주입식 정밀주조investment casting, 압연성형roll forming, 샌드캐스팅sand casting, 스피닝spinning, 스웨이징swaging, 스탬핑stamping, 슈퍼포밍superforming 등 다양한 금속 가공 기법이 있다.

알루미늄 합금(Aluminium alloys)

　알루미늄은 지구상에서 가장 풍부한 광석 중 하나인 보크사이트bauxite를 가공한 금속이다. 알루미늄은 철보다 가볍고 연성과 내식성이 우수하지만 철에 비해 강성이 작다. 100% 알루미늄은 너무 부드럽기 때문에 망간, 구리, 실리콘, 아연 등을 합금하여 강도와 경도를 보강한다(단, 성분 함량에 따라 부식에 취약해질 수 있다). 용도와 가공 형태(주물 또는 단조)에 맞게 성분 배합을 조절하여 다양한 종류의 합금을 만들 수 있다. 현재 전 세계적으로 300종 이상의 알루미늄 합금이 생산되며 일반적으로 쓰이는 것도 50종

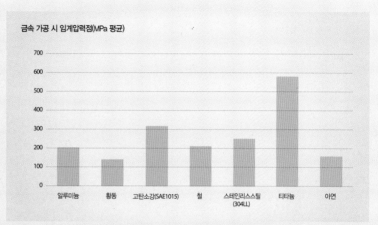
각 금속의 임계압력점(영구적 변형이 시작되는 지점)을 MPa(메가파스칼) 단위로 나타내었다.

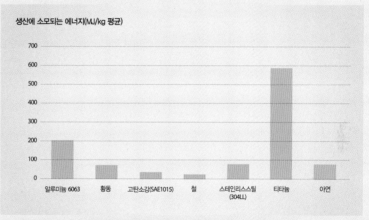
금속 원료를 가공하여 각 소재를 생산하는 과정에서 소모되는 에너지를 MJ(메가줄) 단위로 표시했다.

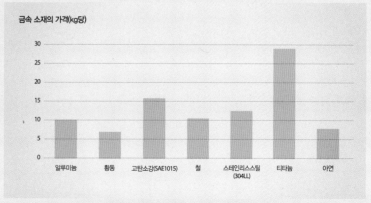
각 금속 소재의 1kg당 평균 가격(2012년 기준, USD)을 표시했다.

이 넘는다. 이 중 가구 제품에 사용되는 알루미늄 합금은 8종(앞 도표 참조)이 있다.

알루미늄은 재활용률이 매우 높다. 재생 알루미늄의 역사가 길어 생산과정이 체계적으로 자리 잡고 있기도 하고, 재생 알루미늄 생산으로 에너지를 대폭 절감할 수 있어 경제적 이점이 크기 때문이다. 보크사이트 광석을 가공하여 알루미늄을 만드는 과정에 비해 재생 알루미늄 생산에 드는 에너지 소비량은 불과 5%이다. 이처럼 경제적 이점이 크기 때문에 재활용 원료를 가공한 재생 알루미늄을 이용하는 업체들이 크게 늘었다.

응용 분야 : 항공기, 창문, 조명, 사다리, 가구, 가전제품, 사무실 기기
가공 기법 : 알루미늄은 주물 또는 단조 가공으로 형태를 만든다. 유연성이 좋기 때문에 압출성형에 적절하다. 그 외 딥드로잉, 다이캐스팅, 주입식 정밀주조, 레이저 절단, 금속 사출성형, 플라즈마 절단, 압연성형, 샌드캐스팅, 스피닝, 스탬핑, 슈퍼포밍, 수압(워터젯) 절단, 용접 등 공정을 적용할 수 있다. 모든 알루미늄 합금은 성형과 용접이 쉽다.

알루미늄 합금은 경화처리(hardening)를 통해 성질을 바꾸거나 성능을 강화할 수 있다. 경화처리는 3가지 방식이 있는데, 합금 종류에 따라 각기 다른 방식을 적용해야 한다. 또한 원하는 결과를 얻기 위해서는 여러 요소를 적절히 맞추어줘야 하므로 전문가의 자문에 따라 진행해야 한다.

단조 합금(Wrought alloys)

알루미늄 합금 중 3000번대 시리즈는 비열처리 방식(롤링rolling, 벤딩bending 등)으로 경화처리한다. 6000번대 시리즈는 열처리 방식[소둔(annealing) 등]과 숙성처리(상온에서 자연적으로 경화)에 적합하다.

3003번(중간 강도)은 유연성이 좋아 손쉽게 가공, 용접할 수 있으며 부식에 매우 강하다. 특히 표면을 광택처리한 경우 내식성이 더욱 높아진다. 표면강화용 산화처리에 적합하나 미적 효과는 적다.

6060번(중간 강도)은 알루미늄 합금 중 가장 많이 쓰이는 종류로 표면처리 효과가 뛰어나다는 장점이 있다. 산화처리에 가장 적합한 합금으로 꼽히며, 창틀, 조명기구, 사다리, 가구, 가전기구, 사무용기기 등에 쓰인다.

6061번(중–고 강도)은 내식성이 우수하다. 우주항공기와 고성능 자전거 프레임 등에 많이 쓰이며 고급 가구 제품에도 응용된다. 용접이 쉽고 표면강화용 산화처리에 적합하나 미적 효과는 적다.

6063번(중간 강도)은 파이프 형태로 만들거나 압출성형하기에 좋으므로 가구 제품에 많이 응용된다. 산화처리(모든 방식)에 적합하고 용접하기 쉽다.

주물 합금(Cast alloys)

주물 합금은 대부분 강화처리나 추가 가공 없이 그대로 사용한다. 다만 일부 샌드캐스팅이나 중력 다이캐스팅 합금은 열처리로 경화/연화시키는 경우도 있다(단, 압력 다이캐스팅 합금은 열처리하는 경우가 거의 없다).

LM5(중–저 강도)는 샌드캐스팅 또는 중력 다이캐스팅에 적합하다. 절단하거나 성형하기 쉽고 표면의 광택처리와 산화처리가 잘된다. 내식성이 강하기 때문에 선박과 수상기기에 많이 쓰이며 조리기구, 건축자재, 가구 등에도 이용된다.

LM6(중간 강도) 샌드캐스팅, 압력 다이캐스팅, 중력 다이캐스팅에 적합하다. 내식성이 크고 주물성이 뛰어나서 대형 제품에 많이 쓰인다. 다른 합금에 비해서 연성이 크기 때문에 제작된 제품에 오차가 있을 경우 쉽게 보정할 수 있다. 용접 효과도 좋다. 선박, 수상기기, 조리기구, 가전기구, 사무용기기, 건축자재, 가구 등에 이용된다.

위 : 〈에어로 벤치(Aero Bench)〉〈셀렉스〉는 압출성형 알루미늄으로 된 3개의 부품(이 중 2개는 동일한 형태)을 조립하여 만든다.

오른쪽 : 〈체어 원(Chair_ONE)〉〈콘스탄틴 그리치〉는 다이캐스팅 알루미늄 소재로 표면을 분체 도장으로 처리했다.

오른쪽 끝 : 치아바리 스타일 의자는 황동도금 소재를 사용하는 것이 특징이다. 전체적으로 황동 도금 소재(막대기, 파이프)를 사용하며 등받이와 다리의 정교한 형태는 샌드캐스팅 또는 다이캐스팅으로 주형한다.

LM24(고강도)는 고압 다이캐스팅에 가장 적합하고 중력 다이캐스팅에도 적합하다. 앞서 언급한 알루미늄 합금들에 비해 LM24는 내식성이 작기 때문에 페인트칠이나 분체도장으로 표면처리해야 한다. 정교한 형태를 정확하게 주형할 수 있기 때문에 고성능 정밀 기계 분야에 주로 쓰인다.

LM24는 LM6보다 강도가 높지만 부식에 약하다는 단점이 있어서 LM6를 사용하는 제품이 더 많다. 또한 LM24는 용접에 부적합하다.

LM25(중–고 강도)는 고강도 알루미늄 합금 중 가장 많이 쓰인다. 중력 다이캐스팅과 주입식 정밀주형에 적합하다. 내식성이 크고 매우 정교한 형태를 주형할 수 있다. 열처리하여 강도를 더욱 높이는 것도 가능하다. 산화처리와 용접 효과도 좋다.

황동(Brass)

황동은 구리와 아연을 합금한 소재로 내식성이 크고 가단성이 우수하며 외관이 미려하다는 장점이 있다. 또한 마찰계수가 작고(표면이 매끄럽다) 융해점(금속이 녹아 액체상태가 되는 온도)이 낮으며 자성(磁性)이 없다는 특성이 있다. 가구 제품에 사용한 예로는 이탈리아 치아바리Chiavari 지방의 전통 가구가 있는데, 전체를 황동 및 황동도금 소재로 만들어 무척 화려한 외관이 특징이다. 다만 치아바리 가구는 극히 예외적인 경우로 보통은 탁자나 침대 등 일부 제품에만 황

동도금 스틸 소재가 쓰인다(과거 한때 유행했으나 최근에는 드물다).

응용 분야 : 자물쇠, 조립용 부품, 욕실/수도 부품, 가구, 악기
가공 기법 : 주물 또는 단조 가공하여 제품을 만든다. 가공 기법으로 압출성형, 딥드로잉, 다이캐스팅, 주입식 정밀주형, 레이저 절단, 금속 사출성형, 플라즈마 절단, 압연성형, 샌드캐스팅, 스피닝, 스탬핑, 수압 절단, 납땜 등이 있다.

철(Iron)

철은 대부분 탄소를 혼합한 형태로 사용한다. 탄소 함량에 따라 주철(2.4%), 연성 주철(3~3.4%), 가단성 주철(2.2~2.9%), 단조철(0.1~0.2%)로 나뉜다.

주철은 강성이 높은(잘 휘어지지 않는) 소재로 압력에는 강하지만 장력에는 약하다. 취성이 크기 때문에(힘을 받으면 휘어지는 대신 부서진다) 보통 가구 제품에 널리 쓰이지는 않지만, 실외용 가구의 프레임이나 외다리 테이블의 밑받침 등으로 많이 이용된다.

연성 주철은 니켈 등 다른 금속이 함유된 합금으로, 주철보다는 스틸 쪽에 가까운 특성을 가진다. 매우 두꺼운 형태로 주형이 가능하며 주철에 비해 유연성이 좋고 충격에도 더 강하다. 가단성 주철은 연성 주철의 대체 소재로 많이 쓰이는데, 경도와 유연성은 연성 주철보다 낮다. 가단성 주철은 성능면에서 저탄소강과 유사하다.

단조철은 산업혁명의 원동력이 되었을 정도로 과거에 각광받던 소재였지만 이제는 연성 주철, 가단성 주철, 각종 스틸 소재 등에 밀려 거의 사용되지 않는다.

응용 분야 : 건축 자재, 가구, 맨홀 뚜껑, 조리기구
가공 기법 : 주물 또는 단조 가공 – 플라즈마 절단, 샌드캐스팅, 수압 절단, 용접

가구 및 부품에 적합한 알루미늄 합금

합금 종류	임계압력 (MPa) (평균)	내식성	미국식 품명
단조 합금 :			
Alloy 3003	36	매우 강함	Alloy 3003
Alloy 6060	90	강함	Alloy 6060
Alloy 6061	112	강함	Alloy 6061
Alloy 6063	213	강함	Alloy 6063
주물 합금 :			
Alloy LM5	99	매우 강함	514
Alloy LM6	142	강함	A413
Alloy LM24	111	보통–강함	380
Alloy LM25	91	강함	A356

황동 합금의 특성

합금 종류	임계압력 (MPA) (평균)	내식성
황동 합금		
단조(노랑)	122	강함
주물(모래)	98	강함

철의 특성

합금 종류	임계압력 (MPA) (평균)	내식성
철		
C주철	80	약함
연성 주철	400	약함
가단성 주철	305	약함

탄소강(Carbon steels)

탄소강은 철에 탄소를 혼합한 합금이다. 탄소 함량에 따라 저탄소강, 중탄소강, 고탄소강, 초고탄소강으로 나뉜다. 이 중 저탄소강은 보통 '연강(mild steel)'이라고 부르며 탄소강 종류 중에서 가장 많이 사용되고 응용 범위도 넓다. 연강은 가격이 저렴하고 가단성이 좋으며 강도도 높아(단, 탄소강 중에서는 강도가 가장 낮다) 다양한 분야에서 이용된다. 딥드로잉과 용접 시 결과가 우수하여 송유관(용접으로 옆면을 접합하는 파이프 형태) 등에 적합하고 건축 자재(못, 대들보, 강화 빔 등)로도 많이 이용된다. 다만 큰 압력을 견뎌야 하는 중장비 기계 부품으로는 적합하지 않다. 물에 담그는 방식의 경화처리를 통해 경도를 상당히 높일 수 있지만 대신 취성이 커진다. 중탄소강은 나사못 등 부품 재료로 많이 이용된다. 고탄소강은 가구 제품에는 잘 사용되지 않으며 주로 중공업 장비 및 기계 분야에 이용된다.

응용 분야 : 탄소강은 콘크리트 강화 철근에서부터 자전거 프레임까지 매우 다양한 제품에 폭넓게 이용된다. 쉽게 부식되는 단점이 있지만 가격이 저렴하고 강도가 높으며, 가단성이 우수하기 때문에 산업 전반에서 가장 널리 사용되는 소재로 꼽힌다.

가공 기법 : 탄소강은 주물 또는 단조 가공하여 제품을 만든다. 압출성형, 딥드로잉, 주입식 정밀주조, 레이저 절단, 금속 사출성형, 플라즈마 절단, 압연성형, 샌드캐스팅, 스피닝, 스탬핑, 수압 절단, 용접 등 다양한 공법을 적용할 수 있다. 모든 종류의 탄소강은 용접과 성형이 쉽다.

단조 탄소강 : 탄소강은 기본적으로 탄소 함량에 따라 서로 다른 특성을 나타내지만 단조 가공된 탄소강에서는 탄소 함량보다 가공 방식에 따른 분류가 더 중요하다. 예를 들어 압연성형의 경우 열처리(HR, hot rolling) 또는 비가열처리(CR, cold rolling) 여부에 따라 소재의 성질이 완전히 달라지며(HR 탄소강은 유연도와 연성이 큰 반면 CR 탄소강은 강성이 크다) 그 외 소준(normalizing)과 소둔(annealing) 등 여러 가공을 어떤 방식으로 처리하는지에 따라 탄소강의 특성이 매우 다양하게 변화된다. 따라서 제품에 적합한 소재를 선택하기 위해서는 반드시 전문가(탄소강 생산업체의 기술팀 등)의 자문을 거쳐야 한다.

주물 탄소강, 탄소합금, 스테인리스스틸은 주로 샌드캐스팅과 주입식 정밀주조 공정으로 가공하며 가구 제품용으로는 금속 사출성형(metal injection moulding, MIM)이 적용되기도 한다. 주물 탄소강과 주철을 비교했을 때 주철은 취성이 크기 때문에 주물 탄소강을 선택하는 경우가 많다. 그러나 연성 주철은 주물 탄소강과 취성의 차이가 거의 없기 때문에 경우에 따라서 연성 주철을 선택하는 것이 더 유리할 수 있다. 이처럼 제품에 가장 적합한 소재를 선택하기 위해서는 각 소재의 장단점을 여러 면에서 꼼꼼히 비교해야 한다. 주입식 정밀주조 공정은 표면처리 효과가 좋고, 디테일의 섬세한 구현이 가능하다는 장점이 있다. 특히 복잡한 형태를 제작할 때 여러 부분으로 나누어 따로 주조하는 방식(여러 개의 주형 틀이 필요하다)에 비해 제품 구조를 보다 견고하고 안정적으로 만들 수 있다.

스테인리스스틸(Stainless steels)

스테인리스스틸은 탄소강에 여러 금속(니켈, 망간, 크롬 등)을 합금한 것으로 내식성이 매우 강하고 일반 탄소강보다 강성과 경도가 크다. 다양한 종류의 스테인리스스틸 소재가 있지만 많이 사용되는 것은 소수의 몇 종류뿐이다. 종류에 따라 내식성 및 성능(강도, 가단성 등)이 다르므로 제품의 용도와 사용 환경에 맞추어(예 : 주방 기구, 실내용 가구, 선박 등) 적절한 종류를 선택해야 한다. 스테인리스스틸 각 종류의 특성을 잘

왼쪽부터 순서대로 : 19세기 후반의 테이블 제품. 밑받침은 주철 표면을 페인트칠한 것으로 3개의 다리를 따로 만들어 조립하였다.

하비에 포샤의 〈톨릭스 A 체어(Tolix A Chair)〉. 연강(저탄소강) 소재를 프레스 및 딥드로잉 가공 후 특수 용접하고 아연도금한 것이다.

콘스탄틴 그리치치의 〈파이프(PIPE)〉는 토넷과 무지의 합작 제품이다. 책상과 의자의 프레임이 철제(저탄소강) 파이프 소재로 되어 있다.

이케아의 〈아이스버그(Iceberg)〉. 분체도장한 스틸 소재이다. 이 제품은 가볍고(6.9kg) 저렴한 것이 장점이지만 강도는 중간 정도로 아주 큰 하중을 지지하기에는 부적합하다.

루드비히 미스 반 데어 로에의 〈바르셀로나 체어(Barcelona Chair)〉. 의자 프레임은 스테인리스스틸 소재로 용접 후 광택처리한 것이다.

파악하고 전문가의 자문을 얻어 제품에 가장 적합한 소재를 선택하도록 한다.

스테인리스스틸은 처리 방식에 따라 5가지 계열(아철산염ferrite, 오스테나이트austenite, 마르텐사이트martensite, 듀플렉스duplex, 침전경화precipitation hardening)로 분류된다. 가구 제품에 응용되는 것은 주로 오스테나이트계 스테인리스스틸로 이 중 300번대 등급이 많이 쓰인다. 특히 304번이 가장 널리 쓰이는데, 경도와 가단성이 적절하게 균형을 이루고 용접 효과가 우수하여 다양한 분야에 응용하기 좋기 때문이다. 304번은 내식성이 뛰어나 실내외 겸용 제품(단기간 실외 사용)에도 이용할 수 있다(단, 실외 전용 제품이나 수상기기 등 보다 강한 내식성이 요구되는 경우는 보다 높은 등급을 사용해야 한다). 탄소 함량에 따라 304h(고탄소), 304(중탄소), 304l(저탄소)가 있는데, 각기 강성과 임계압력점이 다르다. 이론상으로 모든 등급의 스테인리스스틸을 저탄소, 중탄소, 고탄소로 생산하는 것이 가능하지만 시판 품목 중에는 많이 이용되는 몇 가지만 세분화되어 나온다.

응용 분야 : 주방가전, 실외용 가구, 조리기구

가공 기법 : 스테인리스스틸은 주물 또는 단조 가공으로 제품을 제작한다. 경도가 높기 때문에 가공하기 어려운 편이며, 절단과 세공 작업에 긴 시간이 소요된다. 압출성형(단, 작업 난이도가 매우 높다), 딥드로잉, 주입식 정밀주조, 레이저 절단, 금속 사출성형, 플라즈마 절단, 압연성형, 샌드캐스팅, 스피닝, 스탬핑, 수압 절단, 용접 등을 적용할 수 있다. 모든 종류의 스테인리스스틸은 용접이 쉽다. 주형 난이도는 종류에 따라 차이가 있다.

티타늄(Titanium)

티타늄은 풍부하게 존재하는 광물이지만 채취와 가공에 소요되는 비용이 커서 가격이 매우 비싸다. 티타늄 합금 가격은 알루미늄 합금의 약 5배에 달한다. 강도가 높고 가벼워서(단 탄소강에 비해 강성이 낮다) 우주선, 항공기, 고성능 스포츠용품 등에 이용된다. 가구 소재로서는 거의 사용되지 않는데, 필요 이상으로 초경량이고 가격이 너무 비싸기 때문이다. 최고급 가구 중 티타늄 제품이 간혹 있지만 '고가 제품'의 이미지 외에 실질적 가치가 없으므로 이러한 소재의 선택을 윤리적으로 정당화하기는 어렵다.

응용 분야 : 자전거, 안경, 의료기기
가공 기법 : 티타늄 합금은 주물 또는 단조 가공으로 형태를 만들 수 있다. 티타늄 합금의 약 70%가 단조 가공 후 추가 공정을 거쳐 제품으로 제작된다. 경도가 높기 때문에 절단과 세공이 어렵다. 주입식 정밀주조, 레이저 절단, 분체 사출성형(powder injection moulding), 플라즈마 절단, 수압 절단 등 가공 기법을 적용할 수 있다. 티타늄 합금은 종류에 따라 용접 및 주형 작업의 난이도와 요건이 다르다.

아연(Zinc)

아연은 대부분 철(탄소강)의 부식을 방지하기 위한 아연도금 형태로 이용된다. 그 외에 알루미늄, 구리, 망간 등과 합금하여 가구 부속품, 건축물 지붕, 업소용 주방(특수 표면) 등에도 응용된다. 아연 합금은 연성이 좋은 반면 알루미늄 합금에 비해 강도는 비슷하지만 중량이 2배 정도이다. 아연은 융해점이 낮아 주물 가공이 용이하다. 다이캐스팅 비용이 적게 들고 정교한 디테일 구현이 가능하므로 수납장 경첩과 손잡이 등 평균 강도를 요하는 부속품에 적합하다.

아연 합금에는 다양한 종류가 있는데, 보통 전반적으로 재맥Zamak™이라는 품명으로 불린다. 강도가 높고 융해점이 낮은 특성 때문에 주형 효과가 우수하다. 주조 과정에 소요되는 시간이 짧고 비용이 적게 소모되는(다른 금속 소재에 비해서) 등 여러 장점이 있어서 일부 분야에서는 플라스틱 대신 쓰이기도 한다. 알루미늄 및 황동 합금에 비해서 복잡한 형태나 얇은 막을 형성하는 데 유리하고 표면 효과도 더 뛰어나다.

아연 합금은 주로 열연 방식으로 단조 가공된 얇은 판 형태로 생산되며 연성과 가단성이 높다. 테이블 상판에 쓰이는 아연 합금(아연 함량 95%)은 주물 용도의 합금(아연 함량 70%)보다 아연의 함량이 높다.

탄소강의 특성

합금 종류	임계압력점 (Mpa) (평균)	내식성
단조 탄소강 :		
저탄소강 SAE1015	315	약함
중탄소강 SAE1030	350	약함
스테인리스스틸 304L(저탄소)	255	강함
스테인리스스틸 316L(저탄소)	250	강함

티타늄 합금의 특성

합금 종류	임계압력점 (Mpa) (평균)	내식성
티타늄 합금 :		
단조 합금	580	강함
주물 합금	830	강함

아연 합금의 특성

합금 종류	임계압력점 (Mpa) (평균)	내식성
아연 합금 :		
단조 합금	145	강함
주물 합금	150	강함

응용 분야 : 가구 부품, 건물 지붕, 작업용 테이블 상판

가공 기법 : 아연은 주물 또는 단조 가공하여 형태를 만든다. 적용 가능한 공법으로 주입식 정밀 주조, 다이캐스팅, 샌드캐스팅, 압출성형, 압연성형, 스탬핑, 레이저 절단, 플라즈마 절단, 수압 절단 등이 있다. 접합 방식은 납땜, 용접, 특수 기체 용접이 있다.

금속의 표면 처리(Metal finishes)

산화처리(Anodizing)

산화처리는 금속의 내식성을 높이기 위한 공정으로 알루미늄, 티타늄, 마그네슘 등에 적용된다. 금속을 황산 용액에 담그고 전류를 통과시키면 표면에 얇은 산화층이 형성되어 보호막 역할을 하는 원리로, 이후 사용 중 자연적으로 산화층이 점차 두꺼워지면서 보호 기능이 더욱 강화된다. 산화처리된 표면은 광택을 띠고(금속 원래 색상 또는 다른 색상으로 변하기도 한다) 단단하여 쉽게 마모되지 않으며 페인트칠의 착상도 더 잘 된다.

전기도금(Electroplating)*

전기도금은 금속 표면 위에 다른 금속으로 얇은 막을 형성하여 표면을 보호하거나 미관을 향상시키는 것을 목적으로 한다. 도금 층은 표면에 완전히 결속되어 물리적으로 분리되지 않는다. 탄소강에 아연이나 크롬을 도금하여 표면을 강화(부식 방지)하고, 문이나 수납장에 장식 효과를 위해 크롬, 니켈, 로듐 또는 귀금속을 도금하기도 한다. 가구 제품에서 화려한 효과를 위해 귀금속을 사용할 때는 보통 저렴한 금속(황동 등)을 주물하여 제품을 만든 후 그 표면을 귀금속으로 도금한다. 어떤 금속끼리는 도금 층이 잘 형성되지 않는 경우도 있는데, 이때는 구리나 니켈로 1차 도금한 후 그 위에 재도금한다.

*전기-화학적 아연도금 공정은 '아연도금' 절에 따로 설명했다.

법랑(에나멜, Enamelling)(Vitreous)

법랑(에나멜)은 고대부터 내려오는 표면 마감 기법이다. 가구에 많이 쓰이지는 않지만 마감 효과가 우수해서 응용 가치가 높다. 다양한 색감을 표현할 수 있고 색상이 오래 유지될 뿐 아니라 표면이 강화되는 효과도 있다. 무엇보다도 외관이 미려한 것이 큰 장점이다. 에나멜 처리는 도자기의 유약처리와 동일한 공정으로 점토 대신 금속 표면에 적용된다는 점만 다르다. 물감과 유리가루를 혼합한 용액에 금속을 담궈 표면에 도포한 다음 건조시키고 고온에서 굽는다. 에나멜 층은 분체도장이나 페인트칠보다 두껍고 표면의 광택 정도를 다양하게 조절할 수 있다.

날카로운 모서리 부분에는 에나멜이 잘 도장되지 않으므로 이런 부분은 미리 손질한 다음에 에나멜 처리를 하는 것이 좋다.

아연도금(Galvanizing)

아연도금은 주로 탄소강, 주철, 알루미늄에 적용되는 공정으로 부식 방지 효과가 있다. 아연도금 공정은 용액에 담그거나 전극처리를 통해 여러 가지 방식이 있는데, 제품 형태나 마감 효과에 따라 적절한 도금 방식을 선택한다. 가구 제품에는 핫딥hot-dip(고온 담금) 또는 전기도금 방식이 가장 많이 이용된다.

아연도금 층은 용접 과정에서 손상되므로 용접 부위를 다시 도금해야 한다. 따라서 가능하면 모든 부품의 접합을 완료한 상태에서 아연도금을 적용하는 것이 좋다. 아연도금 표면은 시간이 지나면 다소 빛이 바랜다는 점도 유념해야 한다. 실외용 금속 제품은 페인트칠에 앞서 아연도금으로 부식을 방지하는 경우가 많다.

핫딥 방식은 고온에서 액체 상태로 융해된 아연에 제품을 담궈 도금하는 방식으로 아연이 식으면서 표면에 결정체가 맺혀 미적 효과가 뛰어나다. 전기도금 방식은 미세한 입자의 얇은 막 형태로 균일하게 도금되어 조립 부품(너트, 볼트) 장착 시 유리하다.

날카로운 모서리 부분에는 도금 층이 형성되기 어려우므로 이런 부분은 미리 손질한 다음에 아연도금 처리를 하는 것이 좋다.

페인트 도장(Painting)

금속 제품에 페인트를 입힐 때는 대부분 기계 분사 방식을 쓰는데, 칠 마감이 매끄럽고 페인트 낭비가 적기 때문이다. 또한 페인트 건조 시간을 가능한 한 짧게 하는 것이 좋다. 단시간 내에 더 많은 제품을 생산하여 효율이 높아지고 페인트가 마르는 동안 먼지나 불순물이 부착되는 위험이 줄어 불량률이 낮아지기 때문이다.

유성페인트는 휘발성이 강해서 건조 시간이 짧지만 VOC(volatile organic compound) 성분 때문에 인체와 환경에 해롭다. 반면 수성페인트는 VOC 성분이 적은 대신 건조 시간이 길다. 최근 건축 분야에서는 유성페인트가 점차 사라지는 추세이지만, 제조업 분야에서는 페인트 건조 시간이 길어지면 손실이 너무 크기 때문에 변화가 일어나기 힘든 실정이다.

페인트 종류를 선택할 때 중요한 기준은 성능과 미관 효과이지만 윤리적 측면도 외면해서는 안 된다. 궁극적인 선택은 클라이언트의 몫이지만 디자이너 역시 책임감을 가지고 클라이언트가 올바른 판단을 내리도록 이끌어야 한다. 전문가(페인트 제조업체 기술팀)의 자문을 얻어 각 페인트 종류의 장단점을 정확히 파악하고, 이를 클라이언트에게 전달하도록 한다.

과거에는 유성페인트가 성능이 더 우수했지만 최근에는 수성페인트의 질이 크게 향상되었다. 요즘은 색상 유지와 마감 효과 면에서 유성과 수성페인트가 거의 동일하며, 건조 시간에서 차이가 있을 뿐이다. 또한 탄소강, 주철 등 부식되기 쉬운 소재에 수성페인트를 사용할 때는 유성 프라이머로 전처리해야 하는 등 추가 유의사항이 있다.

날카로운 모서리 부분에는 페인트가 잘 도포되지 않으므로 이런 부분은 미리 손질한 다음에 페인트를 입히는 것이 좋다.

광택(폴리쉬)처리(Polishing)

광택(폴리쉬)처리는 금속 표면의 울퉁불퉁한 부분을 마모시키거나 용해시켜 제거하는 공정이다. 기계적 처리, 화학처리, 전극처리의 3가지 방식이 있다. 광택처리를 거친 제품은 표면이 매끄럽게 되는 대신 디테일 효과가 감소된다. 기계적 처리는 기계 공정 후 수작업을 거치는 방식으로 섬세한 효과를 낼 수 있는 반면 소요 시간과 비용이 크고 숙련된 기술이 요구된다. 제품 형태에 따라 공정의 난이도가 달라지며 원래 표면 상태와 원하는 결과에 따라서도 비용 차이가 크다. 예를 들어 표면이 거친 샌드캐스팅 알루미늄 제품을 광택처리하여 거울효과를 내는 작업에는 큰 노동력이 들어가며 처리 결과로 닳아 없어지는 소재의 양도 상당하다. 이렇게 없어지는 부분 때문에 제품 형태가 달라지는 것을 미리 계산해야 하며, 특히 여러 개의 동일 부품이 서로 크기와 형태가 달라지지 않도록 주의해야 한다.

화학광택처리와 전극광택처리 방식은 기계적 처리에 비해 소요 비용이 훨씬 저렴하다. 이

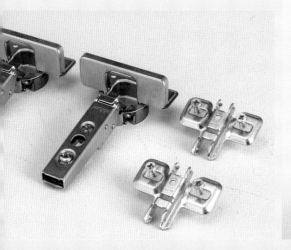

두 방식은 자동으로 처리되므로 섬세함은 부족하지만 균일한 결과를 얻을 수 있다는 점에서는 유리하다. 화학 처리는 산성 용액과 열을 이용하여 표면의 울퉁불퉁한 부분을 녹여내는 방식으로 처리 표면이 다소 거칠게 나온다(뿌연 거울효과). 전극광택처리는 화학 용액에 제품을 담그고 전류를 흘려보내는 방식으로 화학 처리보다 시간이 오래 소요되지만 결과는 더 우수하다(완전한 거울효과). 광택 효과는 기계적 방식이 가장 뛰어나고 그 다음으로 전극 처리, 화학 처리의 순이다.

분체도장(Powder coating)

분체도장은 금속의 전기전도성을 이용한 공정으로 금속 이외 소재에는 거의 이용되지 않는다. 액체 페인트를 직접 분사하는 페인트칠과는 전혀 다른 공정이다. 먼저 분체(분말) 페인트와 합성수지 혼합물에 음전기를 주입한 후 금속은 양전기를 주입(또는 접지 상태 유지)한 후 분체를 금속에 분사하면 정전기에 의해 분체가 금속 표면에 달라붙어 균일한 층을 형성한다. 이것을 가열하면 분체가 녹아 금속 표면과 결합한다. 분체도장은 매우 얇은 두께부터 최대 1mm까지 조절이 가능하다. 가열에 드는 에너지 소모에도 불구하고 전체 처리 비용은 낮은 편으로 페인트나 에나멜 도장보다 비용이 적게 드는 경우도 많다.

좁은 틈새와 날카로운 모서리 부분은 분체도장이 잘 되지 않으므로 이러한 부분을 미리 손질한 후 분체도장하는 것이 좋다.

특수 표면 처리(Surface textures)

제품 표면에 특수한 무늬나 질감을 넣으려면 주형 틀 안쪽에 디테일을 넣어 주조하거나 표면에 특수 공정을 가한다. 특수 표면 제품은 용접 시 특히 주의를 기울여야 하는데, 용접 부분이 무늬를 가리거나 용접 마감 처리할 때 무늬가 함께 지워지는 등 여러 문제가 발생한다. 브러쉬드

피니쉬(솔질마감)brushed finish는 용접 후 부분적으로 무늬를 채워 넣거나 전체를 다시 처리하는 것이 손쉬운 반면 복잡한 무늬나 기하학적 문양은 용접 후 재처리가 불가능하다. 금속판은 대부분 가로 또는 세로 방향 무늬가 있으므로 제품 디자인 시 이 방향을 고려해야 한다.

금속 표면에 무늬(질감)를 넣는 공정은 6가지가 있다. 브러싱은 표면 위에서 연마재를 회전시켜 다양한 굵기의 솔질무늬(직선 또는 원형)를 낸다. 산성 에칭acid etching은 표면에 부분 보호막을 씌운 후 산성 용액으로 처리하여 보호막이 없는 부분이 굵게 패이도록 하는 공정이다. 레이저 에칭laser etching은 복잡한 형태를 섬세하게 구현할 수 있지만 비용이 많이 소요되므로 제품 자체보다는 주조 틀이나 롤러에 무늬를 새길 때 많이 이용된다. 기계전기방전(EDM; electro-discharge machining)은 금속판이나 입체 형태의 표면을 매끄럽게 다듬거나 특수 질감(보통 '방전 침식 무늬(spark-eroded finish)'라고 부른다)을 넣는 공정이다. 롤링rolling은 무늬가 새겨진 롤러를 금속판 위에 굴리는 방식이다. 산탄(shot/bead blasting)은 구슬 형태 연마재를 표면에 뿌려 충돌시키는 방식으로 주로 금속 표면에 새로운 마감(페인트, 분체도장, 에나멜 등)을 입히기 위해 이미 존재하는 마감(산화처리막, 특수 질감 등)을 제거하는 공정이다. 또한 부분 보호막을 씌운 후 산탄하여 특수 무늬를 만드는 데도 이용된다.

왼쪽부터 순서대로 : **수납장 경첩**은 대부분 스틸 소재를 아연도금(또는 기타 금속도금)하여 만든다.

재스퍼 모리슨의 〈ATM 시스템(ATM System)〉(비트라). 선반은 분체도장한 스틸, 패널은 알루미늄 합금과 목재 베니어로 제작했다.

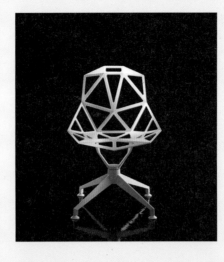

금속 제품의 제작 공정 (Metal manufacturing processes)

주조(주물, CASTING)

가구 제작에 쓰이는 금속 주조 공법으로 다이 캐스팅(정밀주조), 주입식 정밀주조, 샌드캐스팅이 있다. 이 중 어떤 공법을 채택할 것인지는 제품의 크기, 형태, 디테일, 두께, 생산 규모 등에 따라 결정한다. 그 외 금속 사출성형(metal injection moulding)도 있는데, 분말 형태 소재를 고온에서 압축, 소결(융합)시켜 형태를 만드는 공정이다. 금속 사출성형은 주로 크기가 작은 정밀 기계 부품에 이용되므로 이 절에서는 생략했다.

주조 공정으로 제작한 부품은 대부분 추가 가공해서 정밀하게 크기를 맞춰야 한다. 다이캐스팅이나 주입식 정밀주조의 경우는 오차가 작기 때문에 추가 가공이 필요 없거나 0.5mm 이내의 작은 부분만 절단하면 된다. 반면 샌드캐스팅은 오차가 커서 대부분 추가 가공이 필요하고 1mm 이상 절단해야 하는 경우도 많다.

주조 공정에서 유의할 사항은 주조된 부품이 식으면 크기가 줄어든다는 점으로, 도면 작성과 CAD 데이터에도 이 부분이 반영되어 있어야 한다. 정확한 수축률은 금속 종류에 따라 다르지만 평균 1% 내외이다. 원칙적으로는 제품 개발 초기에 정확한 정보를 파악하고(금속 제조업체 기술팀에 자문) 이를 반영한 정밀한 설계로 나중에 제품 디자인을 수정할 필요가 없도록 해야 한다. 그러나 현실적으로는 대부분의 경우 1% 수축은 제품을 조립하면서 조절할 수 있을 만큼 작은 오차이므로 큰 문제가 되지 않는다.

다이캐스팅(정밀주조, Die casting)

금속의 다이캐스팅은 플라스틱의 사출성형과 유사한 공정으로 소형에서 중간 크기의 부품을 섬세한 디테일까지 정밀 주조할 수 있다. 고압 다이캐스팅과 중력 다이캐스팅의 두 가지 방식이 있다.

제품 형태 : 솔리드(속이 꽉 찬 형태) 또는 얇은 두께
금속 종류 : 알루미늄, 아연, 마그네슘
오차 범위 : 0.15~0.5mm
제품 두께(최소~최대) : 1~8mm
최소 구배각 : 2~3°

제품 생산 규모 : 5,000~100,000개

디자인 유의사항 : 다이캐스팅으로는 속이 채워진 솔리드solid 형태만 주조할 수 있고 속이 빈 할로우hollow 형태의 주조는 불가능하다. 얇은 두께부터 중간 두께 제품을 주조하는 데 가장 적합한 공정이다. 할로우 제품을 만들 때는 솔리드 판을 여러 개 주조하여 서로 접합한다. 또는 중력 다이캐스팅에서 샌드코어sand core를 이용하여 할로우 형태를 만들 수도 있다. 두 가지 방식 중에서 고압 다이캐스팅은 복잡한 구조와 섬세한 디테일을 구현할 수 있고 표면 마감도 우수하고 정밀도도 높지만, 주조 틀 및 설비에 큰 비용이 소요된다는 단점이 있다. 중력 다이캐스팅은 표면 디테일과 마감은 우수하지만 복잡한 구조를 주조하기에는 부적합하다.

제품 생산 : 고압 다이캐스팅은 액체 상태로 녹인 금속을 주조 틀 안에 매우 높은 압력으로 주입하는 공정으로 플라스틱 사출성형과 유사하다. 주조 틀과 고압 설비에 큰 비용이 소요되기 때문에 대량생산에만 적용 가능하다. 주로 소형~중간 크기 제품에 적합하며, 대형 제품이라도 형태가 복잡하고 표면 마감의 질이 중요시되는 경우에 이용할 수 있다.

중력 다이캐스팅은 고압 다이캐스팅보다 더 큰 크기의 제품 주조가 가능하지만 단순한 형태에 한정된다. 주조 틀 세부까지 금속이 잘 흘러들어가지 않아 복잡한 구조와 디테일을 주조하기에는 역부족이다. 고압 다이캐스팅에 비해 중력 다이캐스팅은 주조 틀과 설비에 드는 비용이 낮지만 주조 과정에 고온 열처리가 필요하므로 에너지 소모량은 더 많다. 전체 소요 비용은 중력 다이캐스팅이 더 낮다.

주입식 정밀주조(Investment casting)

주입식 정밀주조는 고대 지중해 문명에서 발달된 공정이 지금까지 그대로 이어져온 것이다.

왼쪽부터 순서대로 : 〈체어 원(Chair_ONE)〉(콘스탄틴 그리치치). 알루미늄을 다이캐스팅하여 제작했다.

〈린 테이블 라이트(Lean Table Light)〉(톰 딕슨). 철을 주조하여 모노블록을 만들고 분체도장으로 마감했다.

〈트리오 벤치(Trio Bench)〉(폼스&서피시즈). 등판 패널은 압출성형, 프레임은 주조 알루미늄으로 표면을 산화처리했다.

압출성형 알루미늄의 단면

〈데자뷰 스툴(Déjà-vu Stool)〉(나오토 후쿠사와). 전체가 알루미늄 소재로 압출성형(다리), 스피닝(좌판), 다이캐스팅(발걸이) 등 다양한 공법이 적용되었다.

소요 비용이 매우 높지만 언더컷undercut처럼 복잡한 세부 형태를 일체형으로 주조할 수 있고 구배각(draft angle)을 둘 필요도 없다. 솔리드와 오픈 할로우 형태를 구현할 수 있다.

제품 형태 : 모든 형태(솔리드, 할로우 모두 가능)
금속 종류 : 알루미늄, 스틸, 티타늄, 아연, 황동, 귀금속 등
오차 범위 : 단면 : 0.1~0.4mm
두께(최소~최대) : 1~30mm
최소 구배 각도 : 없음
제품 생산 규모 : 1~1,000개

디자인 유의사항 : 주입식 정밀주조는 '사라지는 밀랍(lost wax)'을 이용한 주조 공정으로 대량생산 가구에는 많이 쓰이지 않는다. 소요 비용이 매우 크지만 다른 공법으로 만들 수 없는 복잡한 형태(솔리드 및 오픈 할로우)를 세부 디테일까지 정밀하게 주조할 수 있기 때문에 특수 고급 제품에 응용 가치가 크다(유사 공정으로 풀몰드 샌드캐스팅이 있다 – 다음 페이지 설명 참조). 제품 표면 마감이 뛰어날 뿐 아니라 특수 표면 질감(무늬)을 섬세하게 주조해 넣을 수도 있다. 단 복잡한 표면 디테일은 주조 후 추가 공정(연마 처리)이 필요하다.

제품 생산 : 주입식 정밀주조는 밀랍 모형과 세

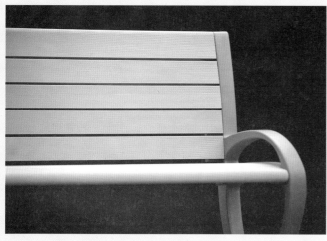

라믹 틀을 이용하여 고도로 복잡한 형태를 일체형으로 주조해내는 공정이다. 먼저 밀랍을 사출성형하여 제품 모형(일체형 또는 여러 부분을 연결한 '트리(나무)' 형태)을 만들고 세라믹 용액에 여러 번 담가 표면에 두터운 세라믹 막이 덮이도록 한다. 이것을 자연 건조시킨 다음 열을 가하면 속의 밀랍은 녹아 배출되고 겉의 세라믹 껍질이 단단하게 구워진다. 이렇게 만들어진 세라믹 틀에 고온 액체 상태의 금속을 붓고 식혀 제품을 주조한 다음 세라믹 틀을 깨어 완성된 제품을 꺼낸다. 트리 형으로 주조한 경우는 연결 가지를 잘라내고 마무리 손질한다.

샌드캐스팅(Sand casting)

샌드캐스팅은 모래를 압축해서 만든 틀을 사용하여 다양한 솔리드 및 오픈 할로우 형태를 주조하는 공정이다. 일반적으로 두 개의 부분 틀을 합쳐서 제품을 주조한다. 한편 풀몰드 샌드캐스팅full-mould sand casting은 주입식 정밀주조와 유사한 공정으로 소멸식(evaporative) 일체형 틀을 이용한다. 샌드 캐스팅과 풀몰드 샌드캐스팅 모두 주조틀 및 설비비용은 적게 드는 반면 정교한 수공작업이 요구되는 공정이다.

제품 형태 : 솔리드 및 할로우
금속 종류 : 알루미늄, 철, 마그네슘, 스틸, 아연
오차 범위 : 1~3mm
제품 두께(최소~최대) : 5~100mm
최소 구배각 : 2~3°
제품 생산 규모 : 1~10,000개

디자인 유의사항 : 샌드캐스팅은 단순한 형태와 복잡한 형태 모두에 적용 가능하며, 다양한 두께의 제품을 주조할 수 있다. 다만 표면이 거칠게 나오고 주조 형태도 깨끗하지 않은 부분을 손질하는 후처리가 필요한 경우가 많다.
샌드캐스팅 틀 안에 중간 심(core)을 넣어 복잡한 언더컷 디테일을 주조할 수 있지만 시간 소

모가 크고 난이도가 높은 작업이므로 가능한 한 피하는 것이 좋다.
풀몰드 샌드캐스팅은 소멸식 틀을 사용하여 복잡한 디테일 구현이 가능하다. 주조 후 틀에서 제품을 꺼내는 과정이 없으므로 구배각의 제한이 없고 언더컷 등 복잡한 디테일을 넣을 수 있으며 주조 표면에 이음새가 남지 않는다. 샌드캐스팅에 중간 심을 넣는 작업은 고난도의 수작업이 필요하므로 복잡한 디테일 형태에는 풀몰드 샌드캐스팅이 더 효과적이다.
제품 생산 : 샌드캐스팅은 오랜 역사를 지닌 주조 공법으로 기본 원리는 간단하다. 압축한 모래에 제품 모형(목재 또는 금속)으로 형태를 찍어 틀을 만들고 여기에 녹인 금속을 부어 주조하는 것이다. 틀 내부 공간을 완전히 채워 솔리드 형태를 주조할 수도 있고, 틀 안에 코어를 만들어 넣으면 금속이 틀 내벽과 코어 사이 공간에만 들어가므로 할로우 형태를 주조할 수 있다. 풀몰드 샌드캐스팅에서는 폴리스티렌polystyrene 소재를 CNC 회전 절삭으로 만든 모형을 사용한다. 모형 바깥을 압축 모래로 감싸 틀을 만들고 이 안에 고온의 액체 금속을 부어 넣으면 폴리스티렌 소재가 증발하여 없어지면서 금속이 틀 안을 채우게 된다.

압출성형(EXTRUSION)

압출성형은 다양한 금속에 적용되는 공정으로 특히 알루미늄에 많이 이용된다. 압출성형 공법으로 복잡한 모양의 솔리드 및 할로우 형태를 만들 수 있다. 다양한 압출성형 금속이 기성품으로 시판되므로 대부분 가구 개발 프로젝트에서는 필요한 형태의 금속을 구입하여 사용하는 경우가 많다. 그러나 특수 제품 개발 시 압출성형 공정으로 부품을 직접 제작하기 위해서는 기본 원리를 익혀두는 것이 좋다.
가구 제품에 쓰이는 압출성형 금속 소재는 탄소강, 스테인리스스틸, 알루미늄, 마그네슘, 아연 합금 등이다. 이 중 탄소강과 스테인리스스틸

압출성형에는 고가의 고성능 설비가 필요하므로 시판되는 기성 제품을 구입하는 것이 합리적이다. 반면 알루미늄, 마그네슘, 아연 합금은 압출성형이 비교적 쉽기 때문에 직접 원하는 형태로 제작하여 가구 제품에 응용할 수 있다. 따라서 다음 설명은 알루미늄 압출성형에 초점을 맞추었다. 대부분 내용은 다른 금속 소재에도 동일하게 적용되지만 탄소강의 경우는 여러 특이 사항이 있어 유의해야 한다.

제품 형태 : 솔리드 및 할로우 형태, 다양한 각기둥 형태
금속 종류 : 알루미늄(비중이 가장 크다), 스틸, 아연
오차 범위
단면 : 0.1~0.3mm
길이 : 0.3mm
제품 두께(최소~최대) : 0.4~3mm(0.02~0.1in)
최소 구배각 : 해당사항 없음
제품 생산 규모 : 100~1,000m

디자인 유의사항 : 알루미늄 합금 종류는 매우 다양하지만 이 중 소수만이 가구 제품에 이용된다(pp.157~159 '알루미늄 합금' 절 참조).

비철금속의 압출성형은 설비 비용이 저렴한 편이지만 기본 투자 비용을 정당화하려면 여러 요소를 고려해야 한다. 생산 규모가 작은 경우는 (최소 수백 미터 이상은 되어야 한다) 설비 투자가 적합하지 않다. 정밀 제작이 필요한 경우 여러 종류의 성형 틀을 갖추어야 하므로 비용이 크게 상승한다. 설비 노후화에 따른 교체 비용도 감안해야 하는데, 압출성형 틀의 수명은 제품 형태, 금속 종류, 요구되는 표면 품질 등에 따라 다르다. 또한 제품 디자인을 압출성형에 최적화시킴으로써 비용 효율을 크게 향상시킬 수 있다.
압출성형 형태는 외접원[역주—외접원 : 형태의 바깥 꼭짓점을 모두 포함하는 원]이 클수록

설비 비용이 증가하므로 제품 디자인 시 최대한 외접원 크기를 줄이는 것이 중요하다. 보통 외접원 크기(지름)는 300~400mm로 하는 것이 효율적이다. 또한 솔리드 형태가 할로우 형태에 비해 공정 비용이 낮으므로 가능한 한 디자인에서 내부가 빈 동공(洞空) 형태를 없애는 것이 좋다. 다만 솔리드 형태에는 원자재가 더 많은 양이 들어가므로 반드시 원자재 비용과 공정 비용을 종합하여 어떤 경우가 경제적인지 계산해야 한다.

대부분 두께가 균일한 디자인이 효율적이지만 예외적인 경우도 많다. 제품 두께는 여러 복합적인 요소를 고려해서 결정해야 한다. 디자인(형태), 합금 종류, 알루미늄 압출 속도 등에 따라 성형할 수 있는 최소/최대 두께가 달라지며 요구되는 정밀도(오차 범위)와 표면 마감 질에 따라 후처리에 대비한 여유분을 계산해야 한다. 깊고 좁은 홈(깊이 : 폭의 비율 3:1 이상)은 압출 성형이 매우 어려우므로 디자인에서 제외시키는 것이 좋다. 이런 형태가 꼭 필요한 경우는 대안을 강구해야 하는데, 두 개의 부품을 따로 압출성형한 후 접합하여 홈 형태를 만들거나, 일단 넓은 홈 형태를 압출성형한 후 압연성형 등 추가 가공으로 홈을 좁히는 방안 등이 있다.

모든 모서리(내부, 외부)를 둥글게 처리해야 디테일을 일정한 수준으로 유지할 수 있다. 둥근 부분의 최소 반지름은 0.5~1mm가 적당하다.

압출성형 제품에 적용되는 표면처리 기법은 광택(폴리싱), 솔질(브러싱), 산화처리, 페인트 도장 등이 있다(각 처리 기법에 대한 설명은 p.160 참조). 부품 접합에는 나사, 너트와 볼트, 리벳rivet, 접착제, 용접 등을 이용한다. 제작 시에 암/수 부품으로 만들어 서로 끼워 맞춰 연결하는 방식도 있다.

성형 틀 또는 추가 가공을 통해 제품 표면에 세로 방향 골(ribbing)을 넣기도 하는데, 압출성형 과정에서 생기는 얼룩을 가려주고 제품 사용 시 표면을 보호하는 효과가 있다. 또한 선반 같은 제품에서는 표면의 세로 골이 물건이 미끄러지는 것을 방지해주는 기능도 한다.

금속의 절단과 성형
(CUTTING AND FORMING METAL)

선반가공, 회전 절삭, 레이저 절단, 플라즈마 절단, 수압 절단
(Lathe, milling, laser, plasma and water-jet cutting)

CAD 소프트웨어와 파일 포맷에 대한 설명은 p.108을 참조하면 된다.

제품 형태
- 금속선반가공 : 할로우 및 솔리드, 선대칭 형태
- 회전 절삭 : 할로우 및 솔리드
- 수압 절단, 레이저 절단, 플라즈마 절단 : 평판, 할로우 및 솔리드(평판이 대부분의 비중을 차지)

오차 범위
- 금속 선반 가공 : 0.05~0.5mm
- 회전 절삭 : 0.05~0.5mm
- 수압 절단 : 0.1~0.5mm
- 레이저 절단 : 0.025~0.5mm
- 플라즈마 절단 : 0.1~0.5mm

제품 생산 규모 : 1~10,000m

생산 속도 : 느림~중간(아래의 상세 설명 참조)

생산 단가 : 보통~높음

설비 비용 : 없음

유사 공정 : 위와 같음

여기 나열된 모든 공정은 CNC 자동공정(3축 및 5축)으로도 가능하다.

금속의 절단 공정 중 선반가공(lathe machining)과 회전 절삭(milling)은 CNC 및 수동방식 모두 속도가 느리다. 생산 단가(제품 1개당 공정에 드는 비용)가 생산 규모에 관계 없이 일정하며 대량생산의 경우에도 단가가 낮아지지 않는다. 단 CNC 회전 절삭은 설비 투자가 필요 없다는 장점 때문에 다른 경우보다 유리하다.

선반가공(CNC 및 수동 방식)은 주로 단기 생산에 이용되며 오목각 또는 계단 모양의 선대칭 형태를 가공하는 데 적합한 공정이다[역주—오목각 : 꼭짓점이 도형 안쪽으로 들어간 각; 선대칭 형태 : 중심축의 양쪽이 대칭을 이루는 형태].

회전 절삭(CNC 및 수동 방식)은 얇은 금속판을 가공하는 데는 적합하지 않으므로 대신 레이저 절단, 플라즈마 절단, 수압 절단 공정을 이용하도록 한다. 반면 두꺼운 금속판이나 금속블록을 절삭하여 입체 형태를 만드는 데는 회전 절삭이 가장 효과적이다(또는 EDM(방전가공, electrical discharge machining)을 이용할 수도 있다).

CNC 회전 절삭은 부품을 소량생산하거나 성형 틀을 깎는 데 이용된다. 깎아내는 양이 많으면 시간이 오래 걸리고 비용도 커지므로 절삭보다 주형이 더 경제적인 방안일 수 있다. 절삭 범위에 제한이 있어 아주 얇은 층을 깎거나 일정 두께 이상 깎는 것이 불가능하다는 점도 염두에 두어야 한다. 보통 절삭 가능한 범위는 최소 3mm에서 절삭기 날 지름의 8~12배까지이고, 오목한 형태는 날 지름보다 깊은 곳은 깎을 수

왼쪽부터 순서대로 : 〈판타스틱 플라스틱 일라스틱 체어(Fantastic Plastic Elastic Chair)〉(론 아라드). 의자 프레임은 부드러운 합금을 압출성형한 것으로 회전 절삭으로 두 갈래로 나누어 형태를 만든 다음 열처리 또는 숙성처리로 굳혀 완성했다.

디자인컨설팅업체 '앳 더 써드 스트로크'의 전시 작품. 알루미늄 판을 레이저 절단하여 만들었다.

〈옴크스탁 체어(Omkstak Chair)〉(로드니 킹스맨). 좌판과 등받이는 철판을 스탬핑, 펀칭, 프레스 가공한 후 분체도장하여 제작했고, 프레임은 스테인리스 스틸 막대기를 이용했다.

〈섀시 체어(Chassis Chair)〉(스테판 디에즈). 스탬핑, 펀칭, 딥드로잉 등 다양한 공정을 이용했다.

〈섀시 체어(Chassis Chair)〉 제작 과정. 수백 톤의 압력을 가해 형태를 만든다.

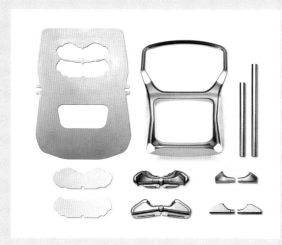

없다. 단, 구멍을 뚫을 때는 드릴 비트를 장착하여 작업하므로 아주 얇은 구멍도 가능하다. 주조 제품의 후처리에도 수동 또는 CNC 회전 절삭이 이용된다.

얇은 금속판을 절단하기에 가장 적합한 공정은 레이저 절단laser cutting이다. 오차 범위가 가장 적고 절단 부위도 가장 깨끗하게 처리된다. 레이저 폭은 0.1~1mm로 다양하며 최대 45mm 두께의 탄소강 철판을 절단할 수 있다. 그러나 절단하는 금속이 두터우면 시간이 오래 소요되며 특히 두께 12mm 이상 되는 금속판에는 레이저 절단의 효율과 경제성이 크게 떨어진다. 반면 플라즈마 절단과 수압 절단은 절단 부위가 매끄럽지 못하지만 처리 속도가 빠르고 비용이 적게 들기 때문에 섬세함보다 효율이 우선되는 작업이나 두터운 금속판에 보다 합리적인 선택이다.

플라즈마 절단plasma cutting은 바깥으로 드러나지 않는 부품이나 프로토타입 등 품질보다 경제성이 중시되는 경우에 많이 이용된다. 더구나 최근 플라즈마 절단 기술이 크게 발전하여 처리 부위의 질이 대폭 향상되었고 레이저 절단과의 차이가 계속 좁혀지고 있다.

수압 절단water-jet cutting은 주로 두터운 금속판(최대 두께 250mm의 스틸)에 많이 이용되며 절단 부위도 비교적 깨끗하다. 수압 절단에서 유의할 사항은 워터젯(평균 0.5mm 폭)이 분사구에서 멀어지면서 점차 넓게 퍼진다는 점이다. 넓어지는 각도는 1° 이하로 아주 작아 얇은 금속판에서는 문제가 되지 않지만 두꺼운 금속판에서는 오차가 커질 수도 있다. 처리 결과는 절단 속도, 기기 종류, 금속판 두께에 따라 달라지므로 금속판/수압 절단기 제조업체 기술팀의 자문을 구하는 것이 좋다.

프레스 성형(Press forming)

프레스 성형은 가열처리 없이 상온에서 금속판을 가공하여 원하는 형태를 만드는 공정이다. 스탬핑과 딥드로잉이 있다.

제품 형태 : 다양한 두께(깊이)의 할로우 또는 얇은 판 형태
금속 종류 : 스틸, 알루미늄
오차 범위 : 0.2~0.5mm
최대 두께 : 5mm
최소 구배각 : 1~3°
제품 생산 규모 : 100~1,000개

스탬핑(Stamping)

디자인 유의사항 : 스탬핑 과정에서 제품 형태가 완성되는 경우도 있지만 스탬핑 후 추가 가공(벤딩 등)을 거쳐야 하는 경우도 많다. 디자이너에게는 이러한 공정의 기술적 측면을 이해하는 것보다는 스탬핑으로 만들 수 있는 형태와 디테일이 어떤 것인지 파악하는 것이 더 중요하다.
제품 생산 : 스탬핑은 금속판['원판(blank)'이라고 부른다)]을 성형 틀 사이에 끼우고 높은 압력으로 눌러 형태를 만드는 공정이다. 단순한 형태나 얇은 굴곡은 한 번의 스탬핑 공정으로 완성되지만 보다 복잡한 형태는 여러 번의 스탬핑 과정을 거쳐 만들어야 하며 스탬핑 후 추가 가공이 필요한 경우도 있다. 제품 테두리 처리(헤밍hemming, 스웨이징swaging 등)도 스탬핑 후 추가 가공으로 만든다.

딥드로잉(Deep drawing)

디자인 유의사항 : 딥드로잉은 명칭에서 알 수 있듯이 드로잉(끌어넣기) 공정으로 '깊은(deep)' 골곡을 만드는 과정이다. '딥(깊은)'이라는 용어는 깊이가 폭(가장 넓은 부분)의 1/2을 초과할 때 쓴다. 드로잉 공정으로 원통 형태, 둥근 모서리, 평면 또는 곡면 형태의 옆면을 만들 수 있으며 스테인리스스틸 개수대, 세탁기 통 등 제품에 많이 이용된다. 매우 작은 구배각으로도 제품을 틀에서 분리할 수 있다. 드로잉할 수 있는 최대 깊이는 제품 치수(폭, 깊이)와 금속 원판의 두께에 따라 다르다.

제품 생산 : 딥드로잉 공정으로 성형 가능한 형태의 범위는 금속 종류에 따라 다르다. 예를 들어 스틸 소재로 원통 형태를 만들 때 가능한 최대 깊이는 직경의 5배 정도이다. 깊이가 증가할수록 큰 압력이 필요하다. 개수대는 보통 200톤의 압력을 가해야 하고 깊은 세탁기 통은 500톤의 압력이 필요하다. 이처럼 큰 압력을 가하더라도 단단한 금속을 한 번에 깊은 굴곡으로 변형시키는 것은 매우 어렵다. 따라서 딥드로잉 공정은 대부분 여러 번의 드로잉 과정을 반복하여 제품 형태를 완성한다.

타공, 오려내기(Punching and blanking)

타공과 오려내기는 동일한 공정으로 결과가 다를 뿐이다. 타공은 금속판에 구멍을 내는 공정이고 오려내기는 금속판에서 다양한 모양을 잘라내는 공정이다.

제품 형태 : 평판, 얇은 굴곡
금속 종류 : 스틸, 알루미늄
오차 범위 : 0.2~0.5mm
처리할 수 있는 최대 두께 : 5mm
최소 구배각 : 1~3°
제품 생산 규모 : 100~1,000개

디자인 유의사항 : 하나의 형판을 사용하여 타공이나 오려내기 작업을 할 때 거의 아무런 제약이 없고 어떤 형태든 자유롭게 구현이 가능하다. 다만 니블링nibbling 기법을 사용할 때는 잘라내는 부위 주위에 여유 공간이 필요하다. 또한 잘라내는 구멍이나 슬릿 형태의 폭이 금속판 두께의 1.5배 이상 되어야 한다.
제품 생산 : 작은 구멍이나 형태는 타공 기구의 모양대로 한 번에 잘라낸다. 그러나 큰 형태(넓은 면적)는 기구를 반복 적용하여 여러 번에 걸쳐 조금씩 잘라내는(타공 기구 모양이 여러 개 합쳐져 전체 형태를 이룬다) 니블링 기법을 사용한다. 타공 작업은 처리 속도가 빠르지만 구멍

단면이 매끄럽지 않다는 단점이 있다. 최근 레이저 절단 속도가 향상되어 얇은 판에 구멍을 낼 때는 타공 대신 레이저 절단을 이용하는 경우가 늘고 있다. 그러나 두꺼운 형태(딥드로잉으로 만든 제품 등)에 구멍을 낼 때는 레이저 절단이 훨씬 불리하기 때문에 대부분 타공 작업을 선택한다. 반면 오려내기 작업은 얇은 금속판을 소재로 하는 경우가 대부분이므로 레이저 절단과 비교되는 경우가 더 많다.

압연성형, 프레스브레이크 가공
(ROLL FORMING AND PRESS BRAKING)

압연성형과 프레스브레이크 가공은 유사한 공정이다. 평평한 금속판을 가공하여 기둥 모양 또는 접은 판 형태로 만든다.

제품 형태 : 얇은 판, 할로우 및 열린 각기둥 형태
금속 종류 : 스틸, 알루미늄
오차 범위 : 0.2~0.5mm
처리할 수 있는 최대 두께 : 5mm
최소 구배각 : 0°
제품 생산 규모 : 100~10,000m개

압연성형(Roll forming)
디자인 유의사항 : 압연성형은 두께가 일정한 기둥 형태를 만드는 공정이다. 파이프 제품(옆면을 용접하여 접합), 건물 지붕 자재(골이 진 판 형태) 등 다양한 제품에 이용된다. 성형 틀 제작 비용은 낮은 편이나 전체 생산 설비를 갖추는 데 드는 비용이 상당하기 때문에 대량 생산 제품에 주로 이용된다. 압연성형 자체는 저렴한 공정이 아니지만 대규모 생산으로 단가를 낮출 수 있으므로 압출성형보다(특히 스틸 소재) 상업적으로 이용 가능성 크다.
제품 생산 : 사각파이프나 꺾인 레일처럼 일반적인 형태를 만들 때는 성형 틀을 따로 설계하지 않아도 된다. 그러나 닫힌 형태 또는 골이 패인 형태 등 여러 단계를 거쳐 완성되는 복잡한 형태

는 특수한 성형 틀과 설비가 필요하므로 비용이 크게 상승한다.

프레스브레이크 가공(Press braking)
디자인 유의사항 : 프레스브레이크 가공은 금속판을 구부려 접힌 모양을 만드는 공정으로 소량 또는 중간규모 생산에 이용된다. 대부분 프레스브레이크 가공으로 만든 형태를 여러 개 조립(용접, 리벳 등)하여 제품을 완성하므로 설계에 맞게 정밀한 치수와 디테일이 구현되어야 한다. 디자이너가 공정의 복잡한 기술적 측면까지 이해하는 것은 어렵겠지만 기본 원리를 파악해두어야 제품을 올바로 설계할 수 있다. 프레스브레이크 가공으로 긴 골 형태를 만들 때 골의 최대 깊이는 제품의 전체 구조와 성형 틀이 닿을 수 있는 범위에 따라 달라진다. 구부리는 부분 안쪽의 반지름이 원판 두께의 0.5~1배 이상 되어야 하고 바깥쪽 반지름은 그 두 배가 되어야 하며, 금속 소재의 특성(유연성)에 따라서도 적절히 조절되어야 한다.
제품 생산 : 금속 종류, 원판 두께, 처리하는 제품 길이에 따라 가해야 하는 압력의 크기가 달라진다. 프레스브레이크 공정으로 구현할 수 없는 복잡한 형태는 여러 부분으로 나누어 따로 제작한 후 나중에 조합한다(용접, 리벳 등). 프레스브레이크 공정은 기본 V형 틀과 몇 종류의 타공 기구를 조합하여 매우 다양한 형태를 구현하기 때문에 성형 틀 제작에 드는 비용이 거의 없다.

스피닝 스웨이징
(SPINNING AND SWAGING)

스피닝(물레회전)은 금속 디스크(원반)를 심봉에 끼워 고속으로 회전시키면서 바깥에서 힘을 가해 금속을 압축/팽창시켜가며 형태를 만드는 공정이다. 처리 후 만들어지는 모양은 선대칭 구조의 오픈 할로우 형태가 된다. 스웨이징은 금속 파이프의 끝 부분을 스피닝 가공하여 넓히거나 좁혀 다양한 테두리 모양을 만드는 공정이다.

왼쪽부터 순서대로: 〈밸런스 벤치(Balance Bench)〉(폼스&서피시스). 스테인리스스틸 평판에 스탬핑 가공으로 구멍을 낸 다음 압연성형으로 구부려 등받이와 좌판을 만들었다.

압연성형으로 금속판을 말아 파이프를 만드는 과정

〈볼 조인트 램프(Ball Joint Lamp)〉와 〈인도어/아웃도어 테이블(indoor/outdoor table)〉(제임스 마이클 쇼). 알루미늄을 스피닝 가공 후 페인트 칠했다.

제품 형태 : 다양한 깊이의 굴곡, 얇은 판 형태, 할로우 또는 개방 각기둥 형태
금속 종류 : 스틸, 알루미늄
오차 범위 : 0.25~1mm
처리 가능한 최대 두께 : 0.5~1.5mm
최소 구배각 : 0°
제품 생산 규모 : 100~10,000개

스피닝(Spinning)

디자인 유의사항 : 스피닝은 완전 자동화 공정으로 만들어 효율을 향상시킬 수 있지만 여전히 처리 속도가 느린 편이며, 따라서 소량 생산이나 중간 규모 생산에 적합하다. 스피닝으로 아주 가늘게(반지름이 두께의 3배 미만) 모양을 만들 수는 없지만 스피닝 후 추가 가공하여 더 가늘게 만들 수 있다. 처리 후 표면 상태는 스피닝 속도에 따라 크게 달라지며 금속 종류와 두께에 따라서도 차이가 발생한다.

제품 생산 : 스피닝 공정은 주로 반지름 50~1,800mm 크기의 형태를 만드는 데 이용된다(더 큰 형태도 가능하나 많이 이용되지 않는다). 회전 심봉은 암, 수의 두 가지 형태가 있으며 제품 형태에 따라 적합한 것을 선택한다. 대부분 수 심봉을 사용하며 암 심봉은 가장자리에 플랜지flange를 만들 때 쓴다. 처리 후 원반을 심봉에서 분리하기 위해 1° 이상 구배각이 있어야 한다. 크기가 조절되는 접이식 심봉은 감소되는 지름 내에서 심봉을 잡는 형태를 만들 때 쓰는데, 가격이 비싸고 작동 시간이 오래 소요되므로 특수한 경우에만 사용된다. 특수한 형태로 미리 만들어진 원반을 사용하면 처리 시간을 줄일 수 있고 스피닝으로 불가능한 디테일을 넣을 수도 있다.

스웨이징(Rotary swaging)

디자인 유의사항 : 스웨이징은 주로 금속 파이프 형태 부품의 암, 수 연결 부위를 만드는 데 이용된다. 또한 금속 파이프 소재의 의자 다리 등 끝이 가늘어지는 테이퍼tapered 디테일을 만드는 데도 쓰인다. 스웨이징 가공으로 크기를 줄인 부분은 파이프 두께가 두꺼워지면서 더 단단하고 강하게 되는 효과가 있다.

제품 생산 : 스웨이징을 이용하여 다른 공정으로는 불가능한 독특한 형태를 만들 수 있다. 예를 들어 의자 다리가 조금씩 테이퍼되는 동시에 전체적으로 곡선을 이루는 모양은 먼저 스웨이징으로 테이퍼드 형태를 만든 후 이것을 둥글게 휘는 추가 공정을 거쳐 완성한다. 이런 작업은 소요 시간과 비용이 높지만 다른 공정으로는 불가능하다. 금속을 주조하여 이 형태를 솔리드로 구현할 수는 있지만 무게 때문에 의자 다리로 부적합하다. 또한 스웨이징으로 금속 파이프의 테이퍼드 모양 끝 부분을 오므려 둥근 솔리드 형태를 만들 수도 있다.

슈퍼포밍(SUPERFORMING)

슈퍼포밍은 진공과 열을 이용하여 얇은 두께의 오픈 할로우 형태를 만드는 공정으로 알루미늄, 마그네슘, 티타늄 등 일부 금속에 적용된다.

제품 형태 : 다양한 깊이의 굴곡, 얇은 판 또는 할로우 형태
금속 종류 : 알루미늄, 마그네슘, 티타늄
오차 범위 : 0.5~1.0mm
처리 가능한 최대 두께 : 12mm
최소 구배각 : 2~3°
제품 생산 규모 : 1~100m

디자인 유의사항 : 슈퍼포밍의 설비비용은 중간 정도이지만 처리 시간이 오래 걸려 제품 단가가 높아진다. 그러나 다른 공정으로 불가능한 매우 가벼운 형태를 만들 수 있고 여러 번의 복합 공정을 거치는 경우에 비하면 시간과 에너지 소모가 적다. 특히 자동차와 항공기 부품 제작할 때 유리하다. 가구 분야에서는 슈퍼포밍 이용 사례가 드물지만(고가 의자 제품의 소규모 생산에만 이용) 창의성 측면의 가치가 매우 크다.

제품 생산 : 슈퍼포밍은 금속판(알루미늄, 마그네슘, 티타늄)을 가열한 후 성형 틀(암, 수)에 대고 공기 압력으로 눌러 모양을 만드는 공정이다. 알루미늄의 경우 12mm 두께까지 만들 수 있다. 후면압축, 공기 방울, 동공, 가로막, 진공

용광로의 5가지 방식이 있으며 각기 특성과 응용 분야가 다르다. 가구 제품에는 주로 공기 방울과 동공 방식이 적용된다(론 아라드Ron Arad의 〈톰 백 체어Tom Vac Chair〉는 공기 방울 슈퍼포밍으로 제작했다).

벤딩 가공(TUBE, EXTRUSION AND SOLID-SECTION BENDING)

금속을 구부리는 벤딩 공정으로 회전 드로우벤딩rotary draw bending과 링롤링ring rolling이 있다. 주로 금속 파이프, 압출성형 기둥, 와이어, 막대기(솔리드) 등을 좁은 반경(벤드의 둥근 부분의 반경)의 완만한 각도로 구부리는 데 이용된다. 1°에서 180°까지 다양한 각도를 낼 수 있고 벤드 횟수도 단수 또는 복수로 자유롭게 만들 수 있다. 기술 용어로는 각도 179°까지는 엘보우벤드elbow bend에 속하고 각도가 180°일 때만 U-벤드U-bend가 되지만 일반적으로는 넓은 각도로 구부려진 부분을 모두 U-벤드라고 통칭한다.

벤딩 가공으로 만드는 벤드는 구부려진 방향에 따라 2D(평면) 벤드 또는 3D(입체) 벤드로 구분하여 부른다. 금속 와이어는 주로 두께(지름) 9mm까지 적용되며 각이 지게 구부려진 2D 및 3D 벤드를 조합하여 복잡한 형태를 만들 수 있다. 다음 설명에서 '와이어'는 단면이 원을 이루며 두께(직경)가 9mm 이하인 솔리드 형태를 지칭하고, '막대기'는 다양한 형태 단면의 두께(직경) 3mm 이상 되는 솔리드 형태를 말한다.

제품 형태 : 할로우 및 솔리드 형태, 각기둥 또는 선대칭 형태
금속 종류 : 스틸, 알루미늄
오차 범위 : 0.5~1mm
처리 가능한 최대 두께
 – 막대기 : 약 12mm
 – 파이프 : 약 32mm
제품 생산 규모 : 20~500m

디자인 유의사항 : 회전 드로우벤딩으로 2D 및 3D 벤드를 여러 개 조합한 형태를 만들 때는 각 벤드 사이 간격이 어느 정도까지 좁혀질 수 있는지 한계 값을 알아야 한다. 이 값은 처리 방식과 기계 종류에 따라 차이가 있으므로 벤딩 처리를 시작하기에 앞서 정확한 수치를 파악해야 제품 디자인에 반영할 수 있다. 벤딩 처리로 가능한 간격보다 좁게 만들려면 각 벤드를 각기 따로 만든 후 조립(스피곳spigot이나 민머리 나사grub screw 사용)하여 용접 접합하는 방식도 가능하나 추가 비용이 클 수 있으므로 유의해야 한다.

대부분 회전 드로우벤딩 기계는 직경 32mm가 넘는 큰 금속파이프는 처리할 수 없다. 일부는 직경 75mm의 파이프(외벽 두께에는 제한이 따른다)와 직경 20mm의 와이어/막대기까지 처리 가능한 기계도 있다. 가구 제작 용도로는 대부분 직경 12mm 막대기가 최대 처리 범위가 된다.

회전 드로우벤딩 공정에는 두 가지 단점이 있다. 얇은 파이프와 막대기만 처리할 수 있다는 점, 그리고 둥근 처리가 아닌 각진 벤드를 만들기 때문에 벤드 반경과 파이프/막대기 직경에 따라 별도의 성형 틀이 필요하다는 점이다.

반면 링롤링ring rolling은 직경이 매우 큰 파이프/막대기도 벤딩 처리가 가능하다는 장점이 있다. 또한 벤드 반경에 맞춘 성형 틀 없이 2D 및 3D 벤드, 완만한 굴곡, 좁은 엘보우벤드 등 다양한 형태를 만들 수 있다. 단, 롤러 모양을 파이프/막대기 단면 형태에 맞추어야 하므로 여러 종류의 롤러가 필요할 수 있다.

제품 생산 : 회전드로우벤딩은 금속파이프/와이어/막대기를 구부려 좁은 반경의 완만한 2D 굴곡을 만드는 데 가장 적합한 공정이다. 소재를 회전 성형 틀에 대고 구부리는 방식으로 금속의 특성과 두께(단면 직경, 파이프 두께)에 따라 공정의 난이도가 다르다. 파이프 형태는 심봉을 삽입하고 작업하여 구부릴 때 모양이 망가지지 않도록 한다.

흔히 회전 드로우벤딩을 '심봉 벤딩mandrel bending'이라고 부르는데 이것은 틀린 말이다. 파이프를 벤딩할 때만 심봉을 사용하고 와이어, 막대기 등 솔리드 형태 처리에는 심봉을 사용하지 않기 때문이다. 막대기 형태를 벤딩할 때는 파이프 처리할 때와 같은 기계를 사용하여 동일한 방식으로(심봉만 빼면 된다) 처리한다.

와이어의 벤딩(2D 및 3D)은 전혀 다른 방식으로 처리한다. 와이어를 좁은 구멍으로 밀어 넣고 CNC로 작동하는 회전 침판에 따라 여러 방향으로 통과시켜 구부려 벤드를 형성한다. 3D 형태는 와이어를 구멍 안에서 회전시켜 만든다.

금속의 접합(Joining metal)

용접, 납땜(WELDING AND BRAZING)

용접은 금속 제품의 기초가 되는 공정이며 부품, 반제품, 완제품 등 모든 형태에 응용된다. 다양한 용접 방식 중에서 어떤 것을 선택할지는 소재 종류, 두께, 접합 부위의 형태, 접합선에 접근이 쉬운지 여부 등에 따라 결정한다. 그 밖에 제품 생산 규모, 거치대 설치의 난이도, 작업 준비에 걸리는 시간 등도 고려해야 하고 용접 기구의 과열 없이 연속 사용 가능한 시간에 제약이 있는 경우도 있으므로 이 또한 염두에 두어야 한다.

용접은 성형 틀 등 설비 비용이 들지 않아 대부분의 제품에서 가장 경제적, 합리적인 공정으로 선택된다. 용접을 위해 부품 구성을 바꾸거나 전처리와 추가 공정이 필요한 경우도 생기지만 추가 비용을 고려하더라도 여전히 총 비용 부담이 적다.

용접용 부품은 대부분 저렴하고 손쉽게 구할 수 있다. 다양한 제품이 시판되므로 원하는 형태의 부품을 바로 구입할 수 있고 특별 주문 제작하는 경우는 거의 없다.

용접 접합의 이음새는 맞대기(butt joint), 모서리(corner joint), 변두리(edge joint), 겹(lap joint), T자(T joint) 등 여러 종류가 있다. 접합 부위에 가해지는 힘의 방향에 따라 적절한 이음새를 선택해야 한다.

용접은 크게 5가지 방식으로 분류된다. 열을 일으키는 원리에 따라 아크 용접, 레이저빔 용접, 마찰 용접, 저항 용접, 산소-아세틸렌 용접이 있으며 각 방식마다 다양한 세부 공정이 있다.

아크 용접(Arc welding)

아크 용접은 전기 아크(섬광)에서 발생하는 열을 이용하는 공정을 말하며 MMA(수동), MIG(금속 불활성 기체), TIG(텅스텐 불활성 기체), PAW(플라즈마) 등이 있다.

MMA 용접(수동 용접, manual welding)은 '수동'이라는 명칭에서 알 수 있듯이 용접봉을 손에 들고 작업하는 수동 방식이다. 용접봉이 짧아 자주 교체해야 하며, 작업이 끊어질 때마다 용접 부위가 식어 접합이 약해지므로 용접봉 교체가 필요 없는 자동 방식에 비해 불리하다. 그러나 숙련된 용접기술자가 작업할 경우 큰 문제가 되지 않기 때문에 소량생산 가구에는 MMA가 가장 적합한 방식이다.

MIG 용접(금속 불활성 기체 용접, metal inert gas welding)은 자동으로 용접봉이 연속되어 밀려나오므로 용접봉 교체가 필요 없어 수동 방식(MMA, TIG)보다 속도가 빠르고 결과가 균일하며 접합 부위도 강하다.

TIG 용접(텅스텐 불활성 기체 용접, tungsten inert gas welding)은 MIG 용접보다 정밀한 작업이 가능하며 두께가 얇은 제품이나 고급 소재에 많이 이용된다. 용접봉 대신 전극을 이용하여 좁은 부위를 정확하게 녹이며, 텅스텐 대신 다른 기체나 재료('필러$_{filler}$'라고 부른다)를 사용하여(용접봉을 교체해야 한다) 용접 비드$_{bead}$의 크기를 증가시키거나 작업 시간을 단축할 수 있다.

PWA(플라즈마 용접, plasma welding)는 TIG보다 더 집중된 부위를 정밀하게 용접한다. 사용 전류의 세기에 따라 다양한 두께의 금속을 접합할 수 있어 아주 얇은 철망 소재부터 6mm 두께의 스틸판까지 폭넓게 적용된다.

레이저빔 용접 (LBW, Laser-beam welding)

레이저빔 용접은 간단히 LBW로 줄여 부른다. 최대 두께 20mm의 금속을 빠른 시간 내에 단단하게 접합할 수 있어 대량생산에 많이 이용된다.

마찰 용접(Friction welding)

마찰 용접은 주로 자동차 부품에 이용되는 공정으로, 완전히 다른 종류의 금속끼리 용접할 수 있다는 장점이 있어 가구 제품에도 응용 가치가 높다. RFW(회전마찰 용접)과 LFW(직선마찰 용접)의 두 가지 공정이 있다.

RFW(회전마찰 용접, rotary friction welding)는 회전했을 때 대칭을 이루는 형태에만 적용할 수 있다. 두 부분 중 한 쪽을 고속 회전하면서 다른 쪽에 밀어붙여 발생하는 마찰열로 접합 부위를 녹이는 방식이다. 이때 녹은 금속이 밀려나와 울퉁불퉁한 테두리를 형성하므로 후처리를 통해 다듬어야 한다. RFW는 일직선 구조(예 : 가구 다리의 중간 접합)에 적합하다.

LFW(직선마찰 용접, linear friction welding)는 접합하는 두 부분 중 한 쪽을 직선상에서 진동(왕복 운동)시키면서 다른 쪽에 마찰시켜 발생하는 마찰열을 이용한다. RFW 방식으로 용접할 수 없는 형태에 이용한다.

저항 용접(Resistance welding)

저항 용접은 고압전류를 접합 부위에 흘러 전기저항에서 발생하는 열을 이용하며 용접되는 형태에 따라 점 용접, 돌출 용접, 솔기 용접 방식이 있다.

점 용접(spot welding)은 복잡한 형태를 정밀 용접할 때 적합하며 소량생산과 대량생산에 모두

용접 및 납땜 공정

공정 명칭	방식	작업 속도	준비 시간	접합 가능한 금속	접합 가능한 두께
MMA 용접	수동	중간	중간	스틸, 철, 니켈 합금, 구리 합금	1.5~300mm
MIG 용접	수동/자동	빠름	중간-장기	스틸, 알루미늄, 마그네슘	1~12mm
TIG 용접	수동/자동	느림	단기	탄소강, 스테인리스스틸, 알루미늄	0.1~6mm
PAW 용접	자동	중간	단가-중간	스틸, 구리, 알루미늄, 마그네슘, 티타늄, 텅스텐	0.1~6mm
LBW 용접	자동	빠름	길다	스틸, 구리, 알루미늄, 마그네슘, 티타늄	0.25~20mm
마찰 용접	자동	느림	장기	모든 금속	0.1~6mm
저항 용접	수동/자동	느림	중간	모든 금속	0.1~10mm
산소-아세틸렌 용접	수동	중간	중간	스틸, 철, 니켈 합금, 구리 합금	1.5~300mm
납땜	수동	중간	단기	녹는점이 650℃ 이상인 금속	1~100mm

이용된다. 한 지점씩 따로 용접하는 방식으로 속도가 느리지만 접합 부위가 매끄러워 후처리가 필요 없기 때문에 전체 소요 시간이 단축된다.

돌출 용접(projection welding)은 점 용접과 유사한 공정이지만 여러 지점을 한 번에 용접하므로 속도가 더 빠르다. 접합면에 여러 개의 돌출점을 만들어(돌출무늬를 넣거나 추가 금속 삽입) 전기저항 열이 발생하는 지점을 여러 군데로 하고, 점용접보다 훨씬 큰 전극을 사용하여 전류 세기도 더 크게 하는 방식이다.

솔기 용접(seam welding)은 양 전극을 회전시켜 접합 부위 둘레를 따라가며 용접하는 방식이다. 주로 파이프 형태 접합에 이용된다.

산소-아세틸렌 용접 (Oxy-acetylene welding)

산소-아세틸렌 용접은 주로 테스트 리그와 프로토타입의 제작, 소량생산 제품, 공예가구 등에 이용된다. 수동 방식이므로 대규모 생산에는 적합하지 않다. 산소와 아세틸렌의 혼합 기체에서 나오는 6300°F(약 3482°C)의 화염을 이용하여 금속을 절단/용접하며 다양한 종류의 금속에 적용 가능하고 서로 다른 종류 금속을 접합할 수 있는 것이 장점이다. 대부분 용접봉을 사용하지만 숙련기술자의 경우는 용접봉 없이 접합 표면을 녹여 붙이는 작업이 가능하다.

납땜(Brazing)

납땜은 녹는점이 낮은 금속(주로 황동)을 필러filler로 사용하여 부품을 접합하는 공정으로 접합 강도는 중간 정도이다. 필러 금속을 가열하여 녹인 후 두 부품 사이에 주입하여 접합을 형성한다. 비교적 접합면이 넓고 접합 정밀도가 중요하지 않은 경우 또는 가느다란 형태를 연결할 때 적합하다. 녹는점이 낮은 필러를 사용하기 때문에 작업 시 고열이 발생하지 않아 제품이 열로 인해 변형될 우려가 적다.

용접과 납땜의 응용 분야 : 파이프 제품 또는 스피곳/소켓 연결 부품에 많이 이용된다. 접합면이 넓은 형태의 소량생산 또는 프로토타입 제작에 적합하다.

접착제(ADHESIVES)

최근 금속용 접착제 기술이 크게 발달하여 자동차와 항공기 제조에 널리 이용되고 있다. 가구 분야에서 접착제는 금속끼리의 접합보다는 금속에 다른 소재를 붙일 때 이용한다. 특히 용접이 곤란한 위치, 나사 등 조립 부품 장착이 어려운 부위, 가열하거나 구멍을 뚫었을 때 소재가 손상될 위험이 있는 경우 등에 접착제를 사용한다. 대부분 제품에 이용되는 접착제는 열경화성(thermoset)이나 열가소성(thermoplastic) 종류가 있는데, 이 중 열경화성 접착제가 더 접착 강도가 높고 접합이 오래 유지된다[역주-열경화성 : 열을 가하면 경도가 높아져 단단해지는 성질; 열가소성 : 열을 가하면 부드러워져 모양의 변형이 쉬워지는 성질] 여러 업체에서 매우 다양한 제품을 생산하지만 주 성분은 아크릴, 에폭시, 우레탄의 세 가지 계열로 단순하게 분류된다.

금속 조립 부품 (METAL FIXINGS & FASTENERS)

리벳(Riveting)

리벳은 조립 부위를 물리적으로 압박하여 연

왼쪽부터 순서대로 : MIG와 TIG 용접은 수동 및 자동 공정이 둘 다 가능하다.

《헤븐(Heaven)》 시리즈(장-마리 마쏘, 이뮤). 저항 용접 공정으로 제작했다.

알루미늄 소재로 된 초경량 의자. 유사한 디자인의 제품이 많이 있는데, 대부분 최소량의 소재를 사용하고 무게가 1.6~2.5kg으로 매우 가볍다. 사진에 보이는 의자의 프레임은 압출성형, 좌판과 등받이는 프레스 가공으로 만들고 리벳과 볼트로 조립했다.

결하는 방식으로 조립 후 분해가 불가능하다. 주로 얇은 금속판끼리 조립할 때 이용하며, 겉으로 보이지 않는 블라인드 리벳은 플라스틱과 목재에도 사용한다.

응용 분야 : 리벳은 다양한 종류와 접합 방식이 있는데 대부분 중장비, 건축물, 항공기 분야에 이용된다. 가구 제품에 리벳을 사용할 때는 주로 블라인드 리벳blind rivet과 드라이브 리벳drive rivet을 쓰고 일부 미관이 중요한 경우에 플러쉬 리벳flush rivet을 쓴다. 블라인드 리벳과 드라이브 리벳은 두께 2~25mm에 사용 가능하다.

부품 연결 부위의 드릴 구멍에 블라인드 리벳을 삽입한 후 심축을 앞으로 당기면 리벳 끝 부분이 펼쳐지면서 연결 부위를 조여 조립이 이루어진다. 심축은 앞으로 당기는 과정에서 부러지므로 이것을 제거하면 겉으로 보이는 부분은 리벳 머리만 남게 된다. 겉으로 보이는 리벳 머리

는 돔 모양, 넓은 플랜지 모양, 납작한 모양 등 다양한 종류가 있는데 대부분 비슷해서 큰 차이는 없다. 조립 부위를 연결하는 역할을 하는 리벳 몸통에도 여러 종류가 있으며 조립하는 제품 소재(예 : 목재와 금속의 접합 또는 메짐성(취성)이 큰 소재 등)에 따라 적절한 것을 선택해야 한다. 따라서 각 종류의 특성을 잘 이해하는 것이 중요하다.

드라이브 리벳은 확장식 고리에 핀으로 구성된다. 조립 부위의 드릴 구멍에 드라이브 리벳(고리에 핀이 끼워진 상태)을 삽입한 후 둥근 핀 머리를 망치로 쳐서 고리 뒤쪽으로 통과시키면 고리가 확장되어 조립 부위를 압박하게 된다.

나사 조립(Threaded fasteners)

나사는 돌려서 삽입할 수 있도록 고랑이 새겨진 형태의 부품으로 조립이 간단하고 분해와 재조립이 손쉽다. 특히 '분해를 위한 디자인(design for disassembly)' 원칙에 부합하는 조립 방식이다. 사용 중 나사가 풀려 조립 부위가 느슨해지기 쉬운 것이 단점인데 너트로 고정하거나 나사용 접착제를 사용해서 보완할 수 있다. 단, 접착제를 사용하면 분해가 불가능하므로 유의해야 한다[역주-'분해를 위한 디자인' : 친환경 지속 가능 디자인 원칙의 하나로, 제품을 손쉽게 분해할 수 있도록 설계하여 수리, 부품 교체가 간편하게 만들고 폐기 후에도 부품별 재사용/재활용이 쉽도록 하는 것을 골자로 한다].

육각 볼트(hexagonal bolt)는 머리가 육각형 모양인 볼트로 스패너와 소켓렌치 등 공구를 이용하여 너트와 함께 조립하거나 나사 구멍(내부에 나선 골이 패인 형태)에 끼워 사용한다. '조립 나사(machine screw)'는 길이 19mm 미만의 볼트(머리 모양에 상관없이)에 해당하는 기술 용어인데, 통상적으로는 나사 길이에 상관없이 나사 골이 촘촘한 슬롯/소켓형(둥근 모양 또는 납작한 모양) 볼트를 부르는 말로 쓰인다. 조립 나사는 너트와 함께 조립하거나 나사 구멍에 끼워 사용

한다.

민머리 나사(grub screw)는 머리가 없는 모양으로 파이프나 스피곳 형태를 연결할 때 사용한다. 조립할 두 부분을 맞대고 한 쪽에서 나사 구멍(나선 골이 있는)을 관통하여 다른 쪽의 구멍(나선 골이 있는 모양 또는 민 모양) 안으로 끼워 넣는 방식이다. 민머리 부분에 6각 소켓 또는 일자 슬롯이 있으며 조립했을 때 민머리 끝 부분이 표면과 같은 높이로 평평하게 된다.

셀프 태핑 나사(self tapping screw)는 나선 골이 없는 민 모양 구멍에 끼워 넣을 수 있으며 주로 저탄소강이나 알루미늄 합금 같은 부드러운 금속 소재에 사용한다.

Plastics

플라스틱(중합체)
[Plastics(polymers)]

플라스틱은 기능에 따라 구조체 플라스틱(structural plastic)과 탄성체 플라스틱(elastomeric plastic)으로 구분되며, 제조 원리에 따라서는 열가소성 플라스틱(thermoplastic)과 열경화성 플라스틱(thermoset plastic)으로 나뉜다. 또한 용도에 따라서는 공업용(engineering plastic)과 일반용(소비자용, commodity plastic) 등 다양한 플라스틱 종류가 있다[역주-구조체는 하중/힘이 가해졌을 때 모양이 그대로 유지되는 반면, 탄성체는 가해지는 하중/힘에 따라 팽창/수축한다. 열가소성은 열을 가했을 때 부드러워져 형태가 쉽게 변화되는 성질, 열경화성은 열을 가했을 때 딱딱하게 굳는 성질을 말한다. 열가소성 플라스틱은 가열하여 부드러운 상태에서 모양을 만든 후 열을 식히면 원래의 단단한 상태로 돌아가 모양이 고정된다. 반면 열경화성 플라스틱은 상온에서 모양을 만든 후 가열하여 모양을 굳히며 열이 식어도 딱딱하게 굳은 상태가 유지된다].

공업용 플라스틱은 중장비, 정밀기계 등 특수 분야에 사용되며 강도/탄성이 뛰어나고 극한 온도 변화에도 잘 견디는 고성능 플라스틱 종류를 말한다. 반면 일반용 플라스틱은 가구, 포장재 등에 이용되는 비교적 낮은 성능의 플라스틱이다. 이처럼 플라스틱은 폭넓은 분야에 응용되지만 여기에는 가구 분야에 초점을 맞추고 현재 가구 제품에 많이 쓰이거나 앞으로 활용 가치가 높은 플라스틱 종류만을 다루었다. 한 가지 유념할 것은 대부분 플라스틱은 다른 소재와 합성하여 성능을 향상시킬 수 있다는 점이다. 이 책에는 이러한 복합 소재에 대해 자세히 설명하지 않았으나 반드시 플라스틱 제조업체 기술팀의 자문을 얻어 제품에 가장 효과적인 소재를 선택하도록 한다.

구조체와 탄성체 플라스틱
(Structural and elastomeric plastics)

제품에 적합한 플라스틱이 구조체인지 탄성 중합체인지는 명확한 문제이다. 구조체 플라스틱은 대부분 경도와 강성이 높아 잘 변형되지 않으며(휘어지는 것은 가능하다) 견고하다. 반면 탄성체 플라스틱은 부드럽고 잘 늘어나며 쉽게 변형-복원된다.

플라스틱 소재를 선택하기에 앞서 먼저 기존 제품을 참고하는 것이 좋다. 기능과 형태가 유사한 제품에 어떤 소재가 쓰였는지 조사하고 각 경우의 장단점을 파악하여 신제품 개발에 응용하도록 한다.

열가소성과 열경화성 플라스틱
(Thermoplastics and thermosets)

플라스틱의 열가소성과 열경화성에 대해 올바로 이해하지 못하면 제품을 잘못 설계하여 제작 과정에서 큰 손실을 낳을 수도 있다.

열가소성 플라스틱은 열을 가하면 부드러워지므로 원하는 모양으로 변형시킬 수 있고, 고온에서는 녹은 상태의 플라스틱을 주형(사출성형, 압출성형)할 수도 있다. 식어서 형태가 굳은 후에도 다시 가열하여 녹일 수 있으므로 대부분 재활용이 가능하다. 또한 제품 주형 후에 추가로 열성형이 가능하므로 형태를 다듬거나 변경할 수 있다.

열경화성 플라스틱은 가열이나 화학작용을 통해 단단해지는 합성수지 소재이다. 열가소성 플라스틱과는 달리 일단 형태가 굳으면 다시 녹일 수 없으므로 재활용이 불가능하다. 사출성형, 회전성형, 수지이동성형, 인발성형, 압축성형, 주조 등으로 형태를 만든다. 한번 형태를 만들면 추가 가공으로 다듬거나 변형하는 것이 불가능하다. 열성형 공정은 적용할 수 없다.

자외선에 대한 내성(UV resistance)

플라스틱은 태양의 자외선(UV) 광선에 노출되면 손상되어 기능이 저하되는데, 각 소재마다 자외선에 대한 내성이 다르다. 또한 제품에 사용되었을 때 투명도, 두께, 자외선 보호제 첨가 여부 등에 따라서도 손상 정도가 달라진다. 따라서 실외용 가구 제품에는 반드시 자외선 관련 성능이 보증된 플라스틱 소재를 써야 한다(플라스틱 제조업체로부터 성능 보증을 받아야 한다). 이 절의 각 플라스틱 소재 설명에 자외선 내성 정보를 기재하였으니 참고하기 바란다. 그러나 소재 자체의 자외선 내성 못지않게 제품의 투명도와 두께 등에 의한 영향이 크므로 모든 요소를 복합적으로 계산해야 한다.

내염제 첨가(Flame retardants)

플라스틱은 열에 취약하며 화재 위험이 크므로 내염제를 첨가하는 경우가 많다. 내염제는 다양한 종류가 있는데, 불이 잘 붙지 않도록 하거나 연소 속도를 늦추어 불이 꺼지도록 하는 등 각기 작용 원리와 효과가 다르다.

색상(Colour)

대부분 플라스틱 제품은 제작 과정에서 정해진 색상을 넣어 생산한다. 그러나 폴리카보네이트 같은 소재는 완제품을 개별(소량) 염색할 수 있으므로 소비자가 원하는 대로 특수/희귀 색상을 제공할 수 있다. 이 방식이 미리 여러 색상 제품을 생산해 놓는 것보다 비용 부담이 적다.

충전재와 발포 가공(Fillers and foaming)

플라스틱에 입자성 충전재 또는 합성/천연 섬유질을 넣어 강화하는 경우도 많다. 충전재 때문에 제품 표면이 거칠어지는 문제가 있는데 제작 공정에서 보완할 수 있다. 예로, 기체를 사용하는 사출성형 공정(일부 회전 방식 공정 포함)에서는 먼저 충전재를 넣지 않은 플라스틱으로 겉(껍질)을 만든 후 나중에 충전재를 넣은 플라스틱으로 안을 채운다. PP와 폴리아미드(나일론) 등에는 섬유질을 충전하여 플라스틱의 강성과 인장강도(늘어짐 방지)를 높일 수 있는데, 이렇게 강화한 플라스틱 덕분에 〈에어 체어〉(p.154)처럼 단순한 구조를 튼튼하게 만들 수 있다.

열가소성 플라스틱은 제품 성형에 앞서 불활성기체를 주입하여 발포 가공하는 경우가 많다. 제품에 들어가는 소재의 양을 줄여 무게를 가볍게 할 뿐 아니라 성형 후 보다 빠르게 냉각되므로 생산 소요 시간이 단축되고 냉각 도중 형태가 변형될 위험도 적어진다. 단, 발포 가공하지 않은 경우보다 제품 강도가 다소 약해지며 제품 외관(표면 형태)에도 차이가 있으므로 유의해야 한다.

옆 페이지: 〈파라푸(Parapu)〉 시리즈의 〈칠드런 체어(children's chair)〉(p.184 참조).

175

구조체 플라스틱(Structural plastics)

아크릴로니트릴 부타디엔 스티렌
(ABS, Acrylonitrile butadiene styrene)

종류 : 열가소성 플라스틱
특징 : 주형이 쉬움, 견고함, 충격에 강함, 재활용 가능
단가 : 낮음
자외선 내성 : 약함

ABS(아크릴로니트릴 부타디엔 스티렌, acrylonitrile butadiene styrene)는 충격강도는 높고 인장강도는 보통이다. 다양한 첨가물질을 합성하여 강화할 수 있다. 예로 폴리에스터 섬유질을 충전하여 충격 및 인장 강도를 높일 수 있고 성형 온도를 높여 표면 마감 질을 향상시킬 수 있다. 자외선에 약하므로 실외용 제품에는 적합하지 않다.

응용 분야 : 의자(전체 또는 좌석/본체), 레고, 헬멧, 전자제품 외장 케이스, 수납용기(트레이, 볼, 비커 형)
제품 생산 : ABS는 열성형, 사출성형(가장 많이 쓰인다), 회전성형, 취입성형, 압출성형, 가열 벤딩하여 제품을 성형할 수 있다. 톱, 선반절삭기, 드릴, 레이저 절단기, 수압 절단기로 가공할 수 있다. 부품 접합은 초음파 용접, 열 용접, 접착제를 사용한다.

아크릴
(PMMA, Acrylic or polymethyl methacrylate)

형태 : 열가소성 플라스틱
특징 : 투명함, 자외선에 강함, 재활용 가능
단가 : 낮음
자외선 내성 : 강함

폴리메틸 메타크릴레이트(PMMA, polymethyl methacrylate)는 보통 아크릴이라고 불리는 소재이다. PMMA와 PC(폴리카보네이트)는 둘 다 투명 플라스틱 소재로 자주 비교 대상이 되는데, PMMA가 PC보다 스크래치에 강하고 단가가 저렴한 반면 충격에는 더 약하고 메짐성(부서지기 쉬운 성질)이 크다. 따라서 모노코크 의자에는 PC가 더 적합하고, 유리 대신 사용하는 플라스틱 수납용기에는 PMMA가 가장 적합한 소재이다.

PMMA는 주형 또는 압출성형으로 얇은 판, 막대기, 파이프 등의 다양한 형태를 만들 수 있다. 주형으로 만든 제품이 더 강하고 투명도가 높은 반면 압출성형 제품이 가격이 더 저렴하다.

응용 분야 : 의자(전체 또는 좌석/본체), 항공기 창문, 안전유리, 진열장, 수납용기
제품 생산 : PMMA는 열성형, 사출성형, 취입성형, 압출성형, 가열 벤딩으로 제품을 주형할 수 있다. 선반절삭기, 톱, 드릴, 레이저 절단기, 수압 절단기로 가공할 수 있다. 부품 접합은 초음파 용접, 열 용접, 접착제를 사용한다(용접보다 접착제가 접합 결과가 더 좋다).

왼쪽부터 순서대로 : 베르너 팬톤의 〈팬톤 체어(Panton Chair)〉 2차 버전은 최초의 플라스틱 모노블록 의자이다. 비트라의 오리지널 버전은 폴리프로필렌 소재이나 유사 제품 중 ABS 소재로 만든 것도 있다.

아크릴(PMMA) 소재의 〈마지노 커피 테이블(Magino Coffee Table)〉(카림 라쉬드).

플라스틱의 분류

	열가소성 플라스틱	열경화성 플라스틱
구조체	ABS, 아크릴 표면재, PMMA, 폴리아미드, PC, HDPE, LDPE, HIPS, EPS, PS, EPP, PET/PETE, PP, tpUPVC	플라스틱 복합소재, PUR
탄성체	EVA, elPVC, TPU	tsPVC, 부틸고무(합성고무), 천연고무

가구 제품에 많이 이용되는 플라스틱 소재를 기능 및 제조 방식에 따라 분류했다.

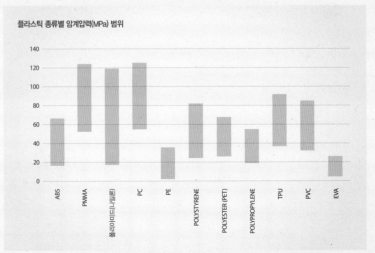

플라스틱 종류별 임계압력(MPa) 범위

임계압력은 플라스틱이 압력/하중을 받아 영구 변형이 시작되는 지점을 메가파스칼(MPa) 단위로 나타낸 것이다.

아크릴 표면재
[Acrylic solid surfacing(Corian®, hi-MACSTM 등)]

종류 : 열가소성 플라스틱
특징 : 구멍이 없는 구조, 자외선에 강함, 재활용 불가능
단가 : 높음
자외선 내성 : 강함

아크릴 표면재는 다양한 종류가 있는데 코리안(Corian®), 하이맥스(hi-MACS™) 등 많이 쓰이는 제품은 아크릴(PMMA) 20~25%에 보크사이트(알루미늄 삼수화물) 70~75%를 혼합한 소재이다. 얇은 판(필름) 또는 주형 부품(열성형, 사출성형, 주조 공정)의 두 가지 종류로 생산되며, 여러 종류를 접착하여 다양한 형태를 만들 수 있다. 아크릴 표면재는 충격에 약하고 잘 부서진다. 그러나 다른 구조체 플라스틱 종류에 비해서 작업대 표면이나 건물 외장재로서의 성능이 우수하다.

응용 분야 : 조리대/작업대, 보건시설, 건축물(간판, 표지판, 내장/외장)
제품 생산 : 아크릴 표면재는 열성형 또는 사출성형으로 제품을 주형할 수 있다. 톱, 드릴, 라우터(특수 절단 툴 사용), 레이저 절단기, 수압 절단기로 가공할 수 있다. 부품 접합은 접착제를 사용하여 이음새가 보이지 않는 방식으로 접합한다.

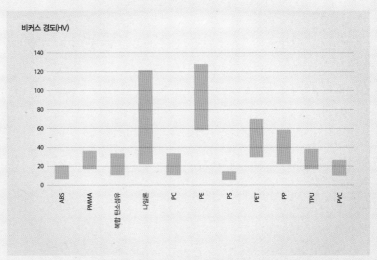

비커스 경도(Vickers hardness)는 소재가 흠집이나 스크래치에 대해 내성이 얼마나 강한지 나타내는 지표가 된다.

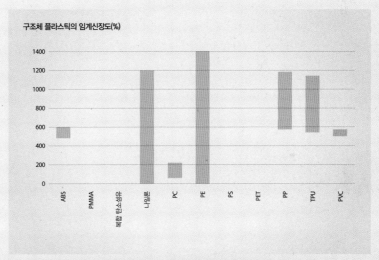

임계신장도(elongation)는 플라스틱에 신장압력(잡아당겨 늘이는 힘)을 가했을 때 손상되지 않고 몇 %까지 늘어날 수 있는지를 나타낸다.

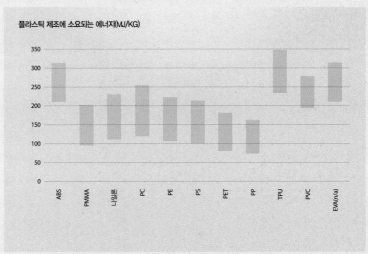

각 플라스틱 원재료를 가공하여 제품 소재로 쓰일 수 있는 형태로 만드는 데 소요되는 총에너지의 양을 나타낸 것이다.

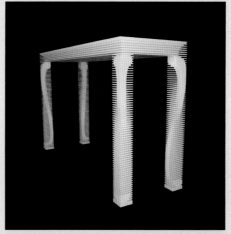

플라스틱 복합 소재
[폴리에스터, 에폭시, 유리섬유, 탄소섬유 (polyester, epoxy, glass, carbon fibre)]

종류 : 열경화성 플라스틱(일부)
특징 : 잘 변형되지 않음, 가벼움, 재활용 불가능
단가 : 매우 높음
자외선 내성 : 높음(자외선 차단 코팅 적용)

'플라스틱 복합 소재'는 고분자 복합 중합체(polymer matrix composite)를 일컫는 말로 정확한 의미로는 두 가지 이상의 중합체(플라스틱)를 복합한 모든 소재에 적용되는 용어이다. 그러나 이 절에서 말하는 플라스틱 복합 소재는 주로 합성/천연 섬유질을 혼합한 강화 플라스틱 소재를 뜻한다.

합성수지에 섬유질을 혼합한 플라스틱 복합 소재는 마모에 강하고 강성/유연성을 필요에 따라 조절할 수 있어 폭넓게 이용된다. 보통 폴리에스터나 에폭시에 유리섬유, 탄소섬유, 케블라Kevlar 섬유를 혼합한 소재가 많이 쓰인다. 이 중 가장 저렴한(가장 약하고 무겁다) 조합은 폴리에스터와 유리섬유의 복합소재로 흔히 '화이버글래스fiberglass' 또는 GRP라고 부른다. 에폭시는 거의 탄소섬유나 케블라 섬유를 넣은 복합 소재로만 쓰이며 화이버글래스보다 강하고 가볍지만 가격이 훨씬 높다. 탄소섬유와 케블라 섬유는 고가 소재로 일반 제품에 잘 쓰이지 않고 주로 고성능 스포츠 장비와 항공기 부품에 이용된다.

응용 분야 : 화이버글래스 – 선박, 실외용 의자, 낚싯대, 사다리 : 탄소/케블라섬유 복합소재 – 의자, 고성능 스포츠장비, 낚싯대
제품 생산 : 과거에는 플라스틱 복합 소재를 주로 수작업으로 다루었으나 최근에는 자동 공정이 도입되어 제조 효율이 크게 향상되었다. 수지 인퓨전resin infusion은 알루미늄으로 된 성형 틀에 수지와 섬유 소재를 넣고 적당한 압력을 가해 혼합하는 방식이다. 진공주머니 성형vacuum-bag moulding은 수지와 섬유 소재를 진공주머니에 넣어 압축하는 방식으로 소요 비용이 적다. 반면 수지 이동resin transfer과 오토클레이브 성형autoclave moulding은 고압 고온 공정으로 처리 속도가 빠르고 성형 결과도 우수하지만 비용이 많이 든다. 필라멘드 와인딩filament winding은 주로 낚싯대 제작에 이용되는 공정이며 낚싯대보다 더 굵고 밀도가 낮은 형태 제작에도 쓰인다(각 공정의 상세 설명은 p.186 '플라스틱 복합 소재 제품의 제작 공정' 절 참조).

나일론(폴리아미드)[Nylons(polyamides)]

종류 : 열가소성 플라스틱
특징 : 강하고 질김, 마찰계수가 적음, 재활용 가능
단가 : 중간~높음
자외선 내성 : 강함

폴리아미드는 열가소성 플라스틱 소재로 흔히 '나일론'이라고 부른다. 마모와 변형에 강하고 마찰계수가 적어(매끄럽다) 움직이는 부품의 접촉 부위나 잦은 긁힘을 견뎌야 하는 제품에 적합하다. 나일론은 다양한 종류가 있는데, 가구에는 주로 나일론 6, 나일론 66, 나일론 12의 세 종류가 쓰인다. 또한 나일론에 유리섬유를 넣어 강화하거나 흑연/윤활유로 마찰을 더욱 낮추기도 한다.

SLS(selective laser sintering) 프로토타입 작업에는 대부분 나일론 소재를 쓰는데 매우 강하고 질기기 때문이다.

응용 분야 : 베어링, 로프, 제품의 외장케이스, 의자 부품(하중을 지지하는 부분), 손잡이, 케이블타이
제품 생산 : 나일론은 사출성형, 압출성형으로 제품을 주형할 수 있다. 선반 절삭기, 톱, 드릴, 레이저 절단기, 수압 절단기로 가공할 수 있다. 부품 접합은 초음파 용접(정밀도는 떨어진다), 열 용접, 접착제를 사용한다.

왼쪽부터 순서대로 : 〈익스프레션 테이블(Expression Table)〉(빌렘 반 아스트). 목재 위에 Corian® 아크릴 표면재를 씌웠다.

〈네오-데코(Neo-Deco)〉(게리스 닐). 전체를 HI-MACS™ 아크릴 표면재로 만들었다.

〈라이트 라이트 체어(Light Light Chair)〉(알베르토 메다). 탄소섬유 복합 소재로 만들었다.

〈소울 체어(Soul Chair)〉(피어스로이드, 앨러뮈어). 나일론을 사출성형하여 좌판 프레임, 팔걸이, 등받이를 만들었다.

〈루이 고스트 체어(Louis Ghost Chair)〉(필립 스탁). 획기적인 디자인으로 각광받은 이 의자는 PC(폴리카보네이트)를 사출성형하여 제작했다.

PC(폴리카보네이트, Polycarbonate)

종류 : 열가소성 플라스틱
특징 : 투명함, 견고하고 충격에 강함
단가 : 중간
자외선 내성 : 보통(표면 코팅으로 강화할 수 있다)

PC(폴리카보네이트, polycarbonate)는 충격 강도(ABS의 2배)와 인장강도가 높고 빛을 잘 투과시켜 유리처럼 투명하다. 표면이 긁히기 쉽기 때문에(표면 코팅으로 강화할 수는 있다) 잦은 마찰을 견뎌야 하는 제품에는 적합하지 않다. PMMA(아크릴)와 비교할 때 PMMA가 마모에 더 강하지만 충격에는 더 약하다. PC는 자외선 내성이 중간 정도인데 표면 코팅으로 크게 향상시킬 수 있다. 프레스 브레이크 가공(금속판 가공과 유사)으로 가열 없이 벤딩할 수 있다는 것도 장점이다. 단, 두께가 4mm 이상 되는 경우는 프레스 브레이크 가공이 어렵다.

응용 분야 : 의자(전체 또는 좌석/본체), 오토바이 헬멧, 보호막, 시위 진압용 방패
제품 생산 : PC는 비가열성형(프레스 브레이크 가공), 열성형, 사출성형, 회전성형, 취입성형, 압출성형으로 제품 모양을 만든다. 선반 절삭기, 톱, 드릴, 레이저 절단기, 수압 절단기로 가공할

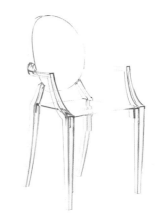

수 있다. 부품 접합은 초음파 용접, 열 용접, 접착제를 사용한다.

PE(폴리에틸렌, POLYETHYLENE)

HDPE(고밀도 폴리에틸렌, High-density polyethylene)
종류 : 열가소성 플라스틱
특징 : 주형이 쉬움, 내구성이 강함, 저렴한 가격
단가 : 낮음~중간
자외선 내성 : 보통

HDPE(고밀도 폴리에틸렌)는 병 소재로 많이 쓰이며 헬멧, 카약 등 일부 스포츠 장비에도 이용된다. HDPE는 잘 마모되지 않고 마찰계수가 적으며 충격에 매우 강하다(나일론, UHMWPE(초고분자중량 폴리에틸렌) 다음으로 3번째로 마찰계수가 적다). 취입성형 결과가 매우 뛰어나고 회전성형 결과도 우수하다. 자외선에 약한 단점에도 불구하고 뛰어난 강도 때문에 카약 같은 스포츠 장비 소재로 많이 쓰인다.

응용 분야 : 음식물 용기, 건축현장용 헬멧, 카약, 도마
제품 생산 : HDPE는 열성형, 사출성형, 회전성형, 취입성형, 압출성형으로 제품을 주형할 수 있다. 선반절삭기, 톱, 드릴, 레이저절단기, 수압절단기로 가공할 수 있다. 부품 접합은 초음파 용접, 열 용접을 사용한다. 접착제는 잘 붙지 않으므로(HDPE 소재끼리의 접착은 약간 낮다) 용접이 불가능한 경우에만 사용하며 먼저 접합 표면을 전처리한 다음 접착해야 한다.

LDPE(저밀도 폴리에틸렌, Low-density polyethylene)
종류 : 열가소성 플라스틱
특징 : 주형하기 쉬움, 견고함, 저렴한 단가
단가 : 낮음~중간

자외선 내성 : 약함

LDPE(저밀도 폴리에틸렌)는 매우 유연하고 견고할 뿐 아니라 회전성형과 취입성형 효과가 뛰어나 가구와 완구 제품 소재로 인기가 높다. HDPE(고밀도 폴리에틸렌)에 비해 마모에는 훨씬 더 강하고 자외선 내성은 비슷하다. 단, 첨가물로 자외선 내성을 크게 강화할 수 있다.

응용 분야 : 도로에 사용하는 원뿔과 말뚝, 어린이용 가구(취입성형 제품), 의자(회전성형 제품), 시트지 제품, 비닐 봉투
제품 생산 : LDPE는 열성형, 사출성형, 회전성형, 취입성형, 압출성형으로 제품을 주형할 수 있다. 선반 절삭기, 톱, 드릴, 레이저 절단기, 수압 절단기로 가공할 수 있다. 부품 접합은 초음파 용접, 열 용접을 사용한다. 접착제가 잘 붙지 않으므로 용접이 불가능한 경우에만 사용하며 먼저 접합 표면을 전처리한 다음 접착해야 한다.

PS(폴리스티렌, POLYSTYRENE)

EPS(발포 폴리스티렌, Expanded polystyrene)
종류 : 열가소성 플라스틱
특징 : 가볍고 강함, 저렴한 단가
단가 : 낮음
자외선 내성 : 약함

EPS(발포 폴리스티렌)는[역주-흔히 '스티로폼Styrofoam'이라는 제품명으로 부른다] 주로 포장재로 쓰이지만 최근 EPS로 1회용(단기간 사용후 철거) 가구를 만들어 주목 받은 사례도 있다. EPS는 밀도가 매우 낮아(공기 함량이 최대 98%) 큰 하중을 지지할 수 없지만 전체 구조를 어떻게 과학적으로 설계하느냐에 따라 가구로서 충분한 기능을 해낼 수도 있다. 의자의 경우 하중 부담이 특히 크기 때문에 사용기간이 아무리

짧아도 모노블록 구조가 아니면 버틸 수 없다. 유사한 성질을 가지는 EPP(발포 폴리프로필렌) 소재는 전반적인 기능성을 향상시켜 다양한 밀도로 생산된다(p.180 참조).

응용 분야 : 장재, 1회용 가구, 수상 부표
제품 생산 : EPS 제품은 PS(폴리스티렌) 알갱이를 압축하여 형태를 만든다. 고압 수증기로 압축된 PS 알갱이를 알루미늄 성형 틀 안에 채워 넣으면 알갱이가 복원되면서 서로 붙어 제품 형태가 만들어진다. 제품 가공은 핫와이어, 띠톱, 수압 절단기를 사용한다.

HIPS(고강도 폴리스티렌, High-impact polystyrene)
종류 : 열가소성 플라스틱
특징 : 투명, 충격에 강함, 저렴한 단가
단가 : 낮음
자외선 내성 : 약함

HIPS(고강도 폴리스티렌)는 충격에 매우 강한 폴리스티렌 종류이다. 그러나 ABS나 PP에 비해 인장강도는 약하다. 따라서 의자처럼 안정성이 중요한 구조물에는 부적합하며 수납용기 등 하중 부담이 작은 제품에 많이 이용된다. HIPS는 저온에서도 잘 견디기 때문에(대부분 단단한 플라스틱은 저온에서 쉽게 부서진다) 냉동/냉장 용기의 소재로 좋다. 절삭/절단 효과가 뛰어나며 PP, HDPE보다 가격이 저렴하다. 다만 불에 닿으면 녹지 않고 타오르기 때문에 화재 위험이 크다.

응용 분야 : 장난감, 수납용기, 냉동/냉장 용기
제품 생산 : HIPS는 열성형, 사출성형, 압출성형으로 제품을 주형할 수 있다. 선반 절삭기, 톱, 드릴, 레이저 절단기, 수압 절단기로 가공할 수 있다. 접합은 초음파 용접, 열 용접, 접착제를 사용한다.

PS(폴리스티렌, Polystyrene)

종류 : 열가소성 플라스틱
특징 : 투명, 저렴한 단가
단가 : 낮음
자외선 내성 : 약함

PS(폴리스티렌)는 가구 소재로 쓰기에 취약하지만 제품 단가를 낮추는 방편으로 고려해볼 가치가 있다. 다만 메짐성이 크고 자외선에 약하다는 점에 유의해야 한다. 첨가제를 사용할 경우 강도가 크게 떨어지므로 자외선 강화제를 사용할 수도 없다. 따라서 하중 부담이 가볍고 마찰이 적고 자외선 노출이 적은 장소에서 사용하는 제품에 이용하는 것이 좋다.

응용 분야 : 1회용 수저, CD 케이스, 화분, 식품 포장재, 투명한(내용물이 보이는) 1회 용기
제품 생산 : PS는 열성형, 사출성형(가장 많이 이용됨), 회전성형, 취입성형, 압출성형으로 제품을 주형한다. 톱, 드릴(주의를 요한다), 레이저 절단기, 수압 절단기로 가공할 수 있다. 초음파 용접, 열 용접, 접착제로 접합한다.

PET/PETE(테레프탈산 폴리에스터/테레프탈산 폴리에틸렌, Polyester/polyethylene terephthalate)

종류 : 열가소성 플라스틱
특징 : 강함, 저렴한 가격, 투명, 자외선에 강함
단가 : 낮음
자외선 내성 : 강함

PET(테레프탈산 폴리에스터)는 흔히 '페트'라고 부르는 익숙한 소재로 음료수병, 식품 포장재, 구호 담요(은박 담요), 도마, 요트 돛(섬유 형태) 등 응용 범위가 매우 넓다. 강하고 질기기 때문에 얇은 형태로도 튼튼한 제품을 만들 수 있다. 예로 PET 병은 유리병과 동일한 하중을 담으면서도 훨씬 가볍고 내재에너지도 적다. PET

생산의 대부분은 섬유 형태로 직물과 로프 소재로 이용되며 그 나머지는 대부분 음료수병, 식품 포장재 등에 쓰인다. 가구에는 거의 사용되지 않지만 마르셀 반더스Marcel Wanders의 〈스파클링 체어 Sparkling Chair〉(2010)와 같은 사례도 있다. 이 의자는 PET 병과 동일한 소재와 제작 공정을 이용한 제품이다(두께는 음료수병보다 두껍다).

응용 분야 : 섬유(직물 또는 기타 제품), 병, 카펫, 휘어지는 포장재, 구호 담요(은박 담요), 도마, 요트 돛
제품 생산 : PET는 취입성형, 사출성형, 압출성형으로 제품을 주형할 수 있다.

폴리프로필렌(POLYPROPYLENE)

PP(폴리프로필렌, Polypropylene)

종류 : 열가소성 플라스틱
특징 : 질기고 강함, 저렴한 가격
단가 : 낮음
자외선 내성 : 약함

PP(폴리프로필렌), ABS, HDPE는 유사한 성질의 소재인데 이 중 PP가 가장 저렴하다. 또한 여러 방식의 강화 가공(수지 성분 변경, 촉매, 첨가제 등)으로 강도, 강성, 자외선 내성을 크게 높일 수 있다는 것도 장점이다. 강하고 질기면서 유연하기 때문에 의자 본체의 소재로 적합하다(또는 유리섬유로 강화한 복합 PP 소재로 모노코크 의자 전체를 만들 수도 있다). 또한 플라스틱 중에서 유동식 경첩(live hinge)에 가장 적합한 소재이기도 하다.

응용 분야 : 의자(좌석/본체 부분 또는 모노코크 구조 전체), 전기 주전자, 대형 수납용기
제품 생산 : PP는 열성형(공방에서는 좋은 결과를 얻기 어려우므로 전문 설비가 필요하다), 사출성형(가장 많이 쓰인다), 회전성형, 취입성형,

HDPE는 카약 소재로 많이 쓰인다(회전성형으로 제작).

압출성형으로 제품을 주형할 수 있다. 가공에는 톱, 선반 절삭기, 드릴, 레이저 절단기, 수압 절단기를 사용한다. 초음파 용접으로는 정밀 접합이 어려워 열 용접, 질소 용접이 더 적합하다. 특수접착제를 사용할 수 있으나 접합 표면 전처리를 철저하게 해야 하고 접합면이 좁은 경우 접합이 잘 되지 않는다. 대체로 접착제보다 용접이 더 튼튼하게 접합된다.

EPP(발포 폴리프로필렌, Expanded polypropylene)

종류 : 열가소성 플라스틱
특징 : 강하고 가벼움, 저렴한 가격
단가 : 낮음
자외선 내성 : 약함

EPP(발포 폴리프로필렌)과 EPS(발포 폴리스티렌, p.179 참조)은 동일한 공정으로 제조되어 유사한 성질을 가지는 소재이다. EPS가 저밀도로만 생산되는 데 반해 EPP는 다양한 밀도 중 선택 가능하므로 응용 범위가 훨씬 넓다. EPP는 강한 힘에도 손상되지 않고 충격을 흡수할 수 있어 고급 포장재와 특수의류/보호장비 소재로 좋다. 고밀도 EPP는 모노코크 의자 등 가구 소재로도 가능하나 밀도가 더 높은 플라스틱 소재에 비해 더 두꺼운 구조로 만들어야 한다. 한 가지 주목할 만한 점은 EPP는 소재 자체가 신축성이 있기 때문에 성형 틀의 구배각이 아주 작아도 된다(저밀도 EPP는 구배각 0°도 가능하다).

응용 분야 : 고급 포장재, 특수의류/보호장비, 의자, 테이블
제품 생산 : EPP 제품은 PP(폴리프로필렌) 알갱이를 압축하여 형태를 만든다. 고압 수증기로 압축된 PP 알갱이를 알루미늄 성형 틀 안에 채워 넣으면 알갱이가 복원되면서 서로 붙어 제품 형

태가 만들어진다. 제품 가공은 핫와이어, 띠톱, 수압절단기를 사용한다.

TPU(열가소성 폴리우레탄, Thermoplastic polyurethane)

종류 : 열가소성 플라스틱
특징 : 강하고 질김, 유연성 높음, 재활용 가능
단가 : 높음
자외선 내성 : 강함

TPU(열가소성 폴리우레탄)는 각기 특성이 다른(유연성 등) 다양한 종류가 있다. PUR(폴리우레탄 수지, p.182)와 자주 비교되는데, 대체로 TPU가 더 강하고 질기다. 또한 TPU는 표면 가공 효과가 아주 뛰어나서 가죽이나 고무 같은 질감을 넣을 수도 있고 필요한 경우 투명하게 만들 수도 있다. 가구에서는 주로 손잡이나 발 등 일부에만 쓰이지만 큰 하중을 지지할 수 있는 강한 소재이므로 다른 부분에도 응용 가치가 크다.

응용 분야 : 자동차 범퍼, 절연재, 기계 벨트
제품 생산 : TPU는 사출성형, 압출성형으로 제품을 주형할 수 있다. 고밀도/고강도 TPU 종류는 선반 절삭기, 톱, 드릴을 사용하여 가공할 수 있다. 접합은 접착제를 사용하며 일부 종류는 열용접이 가능하다.

윗줄, 왼쪽부터 순서대로 : 톰 딕슨이 디자인한 〈EPS 체어(EPS Chair)〉. 2006년 런던 디자인페스티벌에서 기념품으로 나누어주었다.

〈스파클링 체어(Sparkling Chair)〉(마르셀 반더스). PET 소재의 초경량(1kg) 의자로 내부에 고압공기를 채워 넣어 구조를 강화했다.

〈에어(Air)〉 시리즈(재스퍼 모리슨, 마지스). 두 종류의 PP 소재를 사용하고 2단계의 사출성형을 거쳐 만든 제품이다. 먼저 순수 PP 소재로 겉면을 성형한 후 다음 단계에서 섬유질을 충전한 강화 PP로 속을 만들었다(부분적 할로우 형태).

아랫줄, 왼쪽부터 순서대로 : 〈폴리프로필렌 체어(Polypropylene Chair)〉(로빈 데이, 힐). 세계 최초의 일체형(모노블록) 사출성형 의자이다.

〈LYTA 체어(LYTA Chair)〉(로넨 카두신). EPP에 업홀스트리 커버를 씌운 두 개의 부품으로 구성된다.

텍스틸렌(Textilene®)은 폴리에스터 직물을 PVC로 코팅한 소재로 실외용 제품 소재로 좋다.

탄성체 플라스틱
(Elastomeric plastics)

PVC(염화폴리비닐, Polyvinyl chloride)
종류 : 열가소성 또는 열경화성 플라스틱
특징 : 견고하고 저렴함
단가 : 낮음
자외선 내성 : 강함

PVC(염화폴리비닐)는 여러 방식으로 가공되어 매우 다양한 종류가 있으며 크게 UPVC와 elPVC의 두 부류로 구분한다. UPVC(경화 PVC)는 경도와 강성이 높은 구조체 플라스틱이고 elPVC(탄성 PVC)는 부드럽고 유연한 탄성체 플라스틱이다. PVC는 주성분인 염화비닐과 유화제로 쓰이는 프탈산phthalate(UPVC에 많이 함유)의 유해성으로 악명 높은 소재이기도 하다. 그러나 안전수칙을 지켜 올바로 가공한다면 충분히 통제 가능하며, 유럽과 북미에서는 철저한 규제와 표준 시스템이 정립되어 있다. 문제는 주로 제3세계 국가에 밀집해 있는 제조시설에서 통제가 허술하다는 점이다. 점차 PVC 제조에 프탈산 대신 다른 성분으로 대체하는 추세다. 어린이 용품에는 반드시 무(無)프탈산 소재를 써야 하고 실내용 제품에는 가능한 한 프탈산을 피해야 한다.

응용 분야 : UPVC-수도배관, 창문, 배수로; elPVC-패브릭커버, 수영보조구(플로트), 인조가죽
제품 생산 : UPVC는 열성형, 사출성형, 압출성형으로 제품을 주형할 수 있다. 접합은 초음파 용접, 열 용접, 접착제를 사용한다. elPVC는 절단하여 제품 형태를 만들고 초음파 용접, 열 용접, 접착제로 접합한다. 또한 elPVC는 목재 베니어의 프로파일 랩핑과 멤브레인 가공에 사용된다(p.209 참조).

합성고무(부틸고무)
[Butyl(synthetic) rubbers]
종류 : 열경화성 플라스틱
특징 : 강하고 질김
단가 : 낮음
자외선 내성 : 보통

흔히 '합성고무'라고 부르는 플라스틱 소재가 여럿 있지만 기술적으로 정확히 '고무'에 해당하는 소재는 부틸고무butyl rubber가 유일하다. 합성고무는 천연고무에 가까운 성질을 가지는데, 취약점 역시 유사하여 자외선이나 윤활제에 의해 형태가 손상되고 기능이 떨어진다(단, 천연고무보다 합성고무가 손상이 덜하다). 오존에 의해서도 손상되므로 직사광선에 노출되는 환경에 적합하지 않다. 하중 부담이 큰 제품에는 강도가 높은 강화 고무 종류를 사용해야 한다.

합성고무는 소재 자체가 신축성이 좋아 구배각 없이도 성형 틀에서 제품을 꺼낼 수 있다. 단, 사용하는 고무 종류가 탄성이 작은 경우에는 유의해야 하므로 소재 제조업체 기술팀의 자문을 통해 정확한 정보를 확인하는 것이 좋다.

응용 분야 : 타이어, 고무호스, 자전거 튜브, 고무 씰(틈새 밀봉용)
제품 생산 : 합성고무는 사출성형, 압출성형으로 제품을 주형할 수 있다.

PUR(폴리우레탄 수지, Polyurethane resin)
종류 : 열경화성 플라스틱
특징 : 마모에 강함, 잘 찢어지지 않음, 가벼움
단가 : 중간
자외선 내성 : 보통

열경화성 PUR(폴리우레탄polyurethane)은 주조, 진공주조, 반응사출성형(RIM) 공정으로 제품을 만든다. 고탄력 elPU(라이크라Lycra, 푹신한 쿠션)부터 중탄성 소재(기계 벨트 소재), 저탄성의 tsPU(단단한 형태로 주형 가능)까지 다양한 종류가 있다. PUR은 진공사출성형과 RIM 공정으로 프로토타입이나 소량생산 제품을 만들기에 적합하다. PUR의 40%는 발포제품으로 생산되는데, 개방형 또는 폐쇄형의 셀(구멍)을 넣어 푹신한 것부터 딱딱한 것까지 다양한 종류로 제조된다. 가구에는 PUR이 업홀스트리 소재로 많이 이용되는데, 발포제품을 절단하여 원하는 두께와 형태로 만들어 사용하거나 특수 형태는 주형(RIM 공정)한다. 제품 표면 처리는 주형 시 미리 틀 안쪽에 코팅제를 도포해 놓거나 주형/가공이 완료된 후 분사 코팅하는 방식을 쓴다.

응용 분야 : 가구 충전재(판 형태의 발포제품을 이용하거나 형태를 주형하며, 하중 지지 부분은 내부에 단단한 보강재를 넣기도 한다.)

제품 생산 : PUR 소재는 주조, 진공주조, RIM(반응사출성형) 공정으로 제품을 주형할 수 있다. 밀도, 경도가 큰 종류는 선반절삭기, 톱, 드릴을 사용하여 가공하고 접착제로 접합한다. 부드러운 elPU 종류는 칼이나 전동톱에 특수 칼날을 장착하여 절단한다.

EVA(아세트산 에틸렌-비닐, Ethylene-vinyl acetate)
종류 : 열가소성 플라스틱
특징 : 강하고 질김, 가벼움, 유연함
단가 : 낮음
자외선 내성 : 보통

EVA(아세트산 에틸렌-비닐)는 가구에 많이 쓰이지 않지만 감촉이 부드럽고 주형 완성도가 높아 응용 가치가 높은 소재이다. EVA는 고밀도의 단단한 반투명 파이프부터 저밀도의 가볍고 푹신한 쿠션까지 다양한 종류의 제품에 이용된다. EVA 발포 가공 제품은 아주 푹신하고 탄성이 높은 형태 또는 약간 딱딱한 형태가 있다.

EVA 자체는 불에 타기 쉽지만 내염제로 강화하면 항공기와 자동차 소재의 안전기준에도 적합한 소재가 된다. 그러나 영국에서는 EVA가 화염 위험 소재로 규정되어 건축자재나 업홀스트리에 사용할 수 없다. 이처럼 국가마다 다른 규정이 있으므로 반드시 제품 판매 지역의 관련 법규를 꼼꼼히 확인해야 한다. 고밀도 EVA 종류는 단단하면서도 촉감이 부드럽기 때문에 주형하여 손잡이나 의자 팔걸이에 이용하기에 좋다.

응용 분야 : 플립-플롭, 런닝화, 공구함 내부 쿠션, 수영 보조기구(플로트), 낚싯대(그립, 릴 손잡이)
제품 생산 : EVA는 열성형, 사출성형, 압출성형으로 제품을 주형할 수 있다. 수압 절단기로 가공할 수 있다. 접합은 접착제를 사용한다.

천연고무(Natural rubber)
종류 : 열경화성 플라스틱
특징 : 강하고 질김, 유연함
단가 : 낮음~중간
자외선 내성 : 약함

천연고무는 고무나무(rubber tree) 수액에서 나오는 소재로 유황을 첨가하고 가열하여 굳혀

제품 형태를 만든다. 유황의 양과 첨가 방식을 달리 하여 제품의 단단하고 유연한 정도를 조절할 수 있다. 천연고무는 응용 범위가 넓지만 사용 환경에 따라 치명적인 약점이 있다. 오일(윤활유)과 접촉, 자외선 노출, 산화작용에 의해 형태가 손상되고 기능이 크게 떨어진다. 또한 오존에 의해서도 손상되는데, 고무의 VOL(휘발성 유기액) 성분이 태양광선에 반응하는 것이 원인이 된다. 이 점에서는 합성고무가 손상이 적어 유리하지만 천연고무는 저렴하고 독성이 없다는 점 때문에 선호되는 경우가 많다. 게다가 천연고무는 대부분 재생가능 자원에서 나오기 때문에 보다 친환경적인 선택이다.

응용 분야 : 타이어, 고무 씰(틈새 밀봉용), 완구

제품 생산 : 천연고무는 주조, 사출성형, 압출성형으로 제품을 주형할 수 있다. 소재 자체가 신축성이 좋아 구배각 없이 성형 틀에서 제품을 꺼낼 수 있다. 단, 사용하는 고무 종류가 탄성이 작은 경우에는 유의해야 하므로 소재 제조업체 기술팀의 자문을 통해 정확한 정보를 확인하는 것이 좋다.

바이오플라스틱과 바이오 복합 소재 (Biopolymers and bio-composites)
종류 : 열가소성 및 열경화성 플라스틱

바이오플라스틱은 재생 가능한 유기물질(organic matter)을 원료로 하는 플라스틱 종류(구조체/탄성체, 열가소성/열경화성)를 모두 통틀어 일컫는 말로 시판되는 종류는 대부분 식물 섬유질(셀룰로스cellulose)을 주성분으로 한다. 바이오플라스틱을 연구, 개발하는 업체로 독일의 BASF가 대표적인데, 재료공학 분야의 첨단기술을 보유하고 있다. 바이오플라스틱은 탄소 배출이 전무한 것은 아니지만 현재 대량생산(주형공정) 제품에 이용 가능한 소재 중에서 환경에 미치는 영향이 가장 적고 재생 가능성이 가장 높다. 신소재 개발은 시장의 요구를 따라가기 마련이므로 가구디자이너들이 적극적으로 바이오플라스틱 소재를 제품에 이용한다면 신소재 연구 개발에 큰 도움이 될 것이다.

바이오 복합 소재를 바이오플라스틱과 동일한 의미로 오해하는 경우가 많은데, 전혀 다른 말이다. 바이오 복합 소재는 석유계 플라스틱(석유를 원료로 하는 플라스틱)에 유기물질인 섬유질을 혼합한 소재이다. 가구에 사용된 사례로 〈PS 엘란 체어PS Ellan Chair〉(크리스 마틴Chris Martin, p.144

윗줄, 왼쪽부터 순서대로 : 〈도너츠(DoNuts)〉(데크와이너츠). 공기를 넣어 부풀리는 튜브식 본체는 부틸고무 소재이다.

〈빅토리아&앨버트 소파(Victoria and Albert Sofa)〉(론 아라드, 모로소). 화이버글래스로 뼈대를 만들고 그 위에 강화 폴리우레탄 발포소재를 씌웠다. 각 부위마다 폴리우레탄의 밀도를 달리 하여 푹신한 정도를 조절했고 스틸 보강재를 넣었다.

아랫줄, 왼쪽부터 순서대로 : EVA 소재로 만든 어린이 의자(h220430).

고무로 만든 〈러버 스툴(Rubber Stool)〉(h220430).

참조)와 〈임파시블 우드Impossible Wood〉(도시 레비앙Doshi Levien, p.10)가 있는데, 목재에 플라스틱을 혼합한 WPC(wood plastic composite)를 이용했다.

한편 〈헴프 체어Hemp Chair〉(베르너 아이슬링어Werner Aisslinger, p.58 참조)는 아주 독특한 사례이다. 70% 천연 마섬유에 30% 친환경 수성접착제 애크로듀어(Acrodur®, 페놀과 포름알데히드 성분이 전혀 없는 무독성 접착제)를 혼합하여 만든 제품이다. 애크로듀어는 인공 물질이지만 순수한 바이오 중합체에 비해서 전혀 손색이 없는 환경친화적 소재이다. 제품 성능과 수명을 크게 향상시킨다는 점에서도 가치가 높기 때문에 석유계 플라스틱을 대체하는 대안 소재에 대한 또 하나의 가능성을 보여주고 있다. 단, 바이오플라스틱과 바이오 복합 소재 중에는 재활용이 불가능

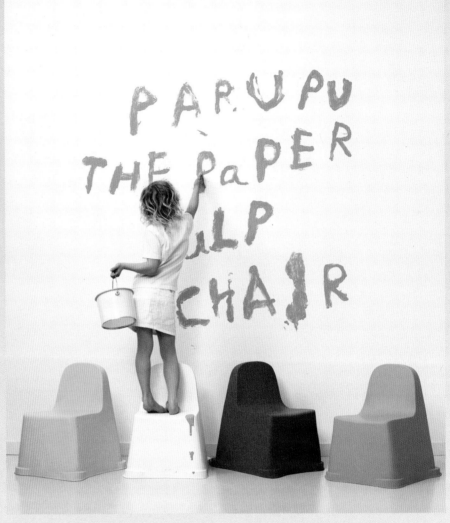

한 종류도 있으므로 유의해야 하며 소재 제조업체에서 정확한 정보를 확인해야 한다.

제품 생산 : 바이오플라스틱과 바이오 복합 소재는 매우 다양한 종류가 있으며 각기 특성이 다르다. 적용 가능한 공정에 대해 각 소재제조업체에서 정확한 정보를 확인해야 한다. 대부분의 바이오플라스틱과 일부 바이오 복합 소재는 사출성형, 열성형, 압축성형, 회전성형으로 제품을 주형할 수 있다. 대부분 CNC 절삭 공정, 수압 절단기, 레이저 절단기를 사용할 수 있다.

바이오 성분 플라스틱
(Bio-based polymeric materials)

아보폼Arboform(테크내로Tecnaro) : 리그닌lignin으로 만든 바이오 복합 소재. 100% 재활용이 가능하며 퇴비화 가능한compostable 플라스틱이다[역주 - 리그닌 : 나무줄기에서 세포를 서로 달라붙게 하는 작용을 하는 물질 ; 퇴비화 : 물질이 생물학적 분해 작용을 거쳐 독성 물질을 남기지 않고 퇴비(거름) 상태가 되는 것을 말한다. 퇴비화 가능한 소재는 토양의 양분이 되므로 환경에 부담을 적게 준다].

젤포Zelfo : 셀룰로스를 주 성분으로 하는 펄프 소재로 PE와 유사한 성질이 있다. 합판(MDF와 유사) 형태로 시판되며, 주형할 수 있는 형태로는 개발은 완료되었으나 아직 시판되지 않는다.

포르쉐 그린라이트Porche Greenlite : 셀룰로스를 주성분으로 하는 섬유 소재, 직물로 가공한 후 친환경 수지 또는 애크로듀어 등과 혼합하여 바다 매트로 사용할 수 있다(탄소섬유, 화이버글래스 매트와 유사한 용도).

소드라 듀라펄프Sodra DuraPulp : 종이 펄프를 주성분으로 하는 신소재, 현재 개발 중이다. 튼튼하고 가벼운 가구 소재로 활용도가 높다.

생분해 가능 플라스틱
(Biodegradable plastics)

지속 가능한 가구디자인은 재생 가능(biode-gradable) 소재의 사용과 제품의 재사용/재활용에 초점을 두기 때문에 엄밀히 말하면 생분해 작용(biogradation)과는 연관성이 적다. 그러나 일정 기간 사용 후 폐기를 조건으로 하는 제품도 있는데, 이때는 생분해 또는 퇴비화 가능한 소재를 선택하는 것이 좋다.

생분해 가능 소재 중에는 바이오플라스틱도 있고 석유계 플라스틱도 있는데, 두 종류 모두 분해되려면 일정 조건(열, 습기, 시간경과)이 맞아야 한다. 바이오플라스틱은 저절로 분해가 시작되는 반면 석유계 플라스틱은 첨가제를 사용해야 한다[역주 - 생분해는 물질이 생물학적으로 완전히 분해되는, 즉 '썩어서 자연으로 돌아가는' 것을 말한다. 생분해 가능 플라스틱은 썩지 않는 쓰레기를 남기지 않으므로 환경에 부담을 적게 준다].

제품 생산 : 생분해성 플라스틱은 사출성형, 열성형, 압축성형, 회전성형으로 제품을 주형할 수 있다. CNC 절삭공정, 수압 절단기, 레이저 절단기를 사용할 수 있다.

왼쪽부터 순서대로 : 〈홀츠(Holz)〉〈벤 커비〉. 사진은 기체사출성형으로 만든 프로토타입이며 본 제품에는 아보폼(Arboform) 소재가 이용된다. 아보폼은 100% 유기물질로 만든 '액상 목재'로 강도가 PP(폴리프로필렌)과 비슷하다. 천연섬유를 혼합하여 강화할 수 있고 보통 플라스틱 소재와 동일한 공정으로 주형할 수 있다. 〈홀츠(Holz)〉는 FEA 소프트웨어로 디자인했고 사출성형 모노블록 구조이다.

스웨덴의 3인팀 클레이슨 코이비스토 룬이 디자인한 〈파루푸(Parupu)〉 어린이 의자. 종이 펄프에 듀라펄프(옥수수 전분에서 추출한 생분해성 바이오 플라스틱 소재)를 혼합하여 만들었다.

EVA 발포 소재를 CNC 라우팅으로 가공하여 만든 공구함 내부 패딩

플라스틱 제품의 제작 공정 (Plastics manufacturing processes)

취입성형(Blow moulding)

취입성형은 대부분 선대칭 할로우 형태를 만드는 데 이용된다. 병, 전동 공구 케이스, 자동차 범퍼 등을 만들 때 많이 쓰인다.

제품 형태 : 외벽이 얇은 할로우 형태
플라스틱 종류 : ABS, HDPE, LDPE, PET(가장 비중이 크다), PC, PP, PVC
오차 범위 : 0.25~1mm
외벽두께(최소~최대) : 0.4~3mm
최소 구배각 : 1~2°
곡면의 최소 직경 : 벽두께×2
제품 생산 규모 : 1,000개~1백만 개
유사 공정 : 회전성형

디자인 유의사항 : 선대칭 구조의 단순하고 세부 디테일이 적은 형태를 만드는 데 적합하다. 성형하는 높이에 비해 폭이 너무 넓은 형태는 만들기 어렵다. 취입성형 시 조립나사 등 부속품을 임베드하는 것은 가능하지만 많이 이용되지는 않는다.
제품 생산 : 취입성형은 기본적으로 플라스틱 원료에 공기를 넣어 부풀려 성형 틀을 채워 할로우 형태를 만드는 공정이다. 압출취입성형(EBM), 확장사출취입성형(SIBM), 사출취입성형(IBM)의 3가지 방식이 있다. 병 제품의 공기 저장 성능을 향상시키기 위해서 각기 다른 종류의 플라스틱으로 여러 겹을 만드는 방식을 이용하기도 한다. 취입성형은 주로 병 제품, 전동 공구 케이스, 자동차 범퍼 등을 만드는 데 이용되는 공정이다. 가구 분야에서는 의자 좌판과 등받이를 취입성형으로 제작한 사례가 일부 있다.

〈스파클링 체어Sparkling Chair〉(마르셀 반더스Marcel Wanders)는 취입성형 가구 제품 중 가장 최근 사례로 가장 완성도 높은 디자인이기도 하다. 의자 전체에 취입성형 공정을 적용했으나 모노블록 구조는 아니고 다리와 본체를 별도로 주형하여 조립했다. 투명한 PET 소재로 플라스틱 병의 시각적 상징성을 드러내고 있으며 취입성형 공정의 특성을 십분 활용한 뛰어난 디자인이다.

압출취입성형(EBM, extrusion blow moulding)은 취입성형 방식 중 비용이 가장 저렴하며 식수병, 어린이 가구, 장난감 제품에 적합한 공정이다. 외벽두께가 고르지 못하고 SIBM, IBM 방식에 비해 성형 완성도가 떨어진다. 플라스틱 원료를 먼저 압출성형하여 튜브 모양으로 만든 다음 공기를 넣어 취입성형하는 방식이다. 고온 상태 플라스틱이 압출 틀을 빠져나올 때 바로 성형 틀(위, 아래 분리형)로 받아 심봉(성형 틀 안에 미리 삽입되어있다)을 통해 뜨거운 공기를 불어넣는다. 이때 공기가 들어가는 부분이 열린 입구가 되며 플라스틱이 부풀려져 성형 틀을 채우면서 형태가 만들어진다. 성형된 형태를 식힌 다음 틀과 심봉을 제거하면 제품이 완성된다. 위아래로 분리되는 틀 때문에 표면에 이음새가 남으므로 수작업으로 제거해야 한다.

확장사출취입성형(SIBM, stretch injection blow moulding)과 사출취입성형(IBM, injection blow moulding)은 EBM보다 성형 완성도가 높다. 외벽두께가 균일하므로 제품이 식을 때 온도 차(두꺼운 부분이 늦게 식는다)로 인해 형태가 뒤틀릴 위험이 적다. SIBM과 IBM은 서로 유사한 공정으로 미리 사출성형으로 만들어 놓은 '반제품(preform)'을 취입성형하여 제품 형태를 완성하는 방식이다. 사출성형 후 플라스틱(할로우)이 식기 전에 재빨리 공기주입봉을 삽입하고 성형 틀(일체형)을 씌운 다음 고압 공기를 불어넣어 형태를 만든다. SIBM은 공기 주입 전 심봉을 늘려 제품 길이를 '확장'하는 과정이 추가된다. SIBM과 IBM은 일체형 틀을 사용하므로 제품 표면에 이음새가 거의 남지 않는다. 따라서 투명한 플라스틱 제품에는 EBM보다 SIBM이나 IBM이 더 적합하다.

선반, CNC 라우팅, 절삭, 수압 절단, 레이저 절단(Lathe, CNC routing, milling, water-jet and laser cutting)

CAD 소프트웨어와 파일 포맷에 대한 설명은 p.108을 참조한다.

제품 형태

- 선반 : 선대칭 구조의 할로우 및 솔리드 형태
- 절삭 : 할로우 및 솔리드 형태
- 라우팅 : (주로) 납작한 판 형태, 할로우 및 솔리드 형태
- 수압 절단, 레이저 절단 : (주로)납작한판 형태
오차 범위
- 선반 : 0.05~0.5mm
- 라우팅, 절삭 : 0.1~0.5mm
- 수압 절단 : 0.1~0.5mm
- 레이저 절단 : 0.025~0.5mm
제품 생산 규모 : 1~10,000m
가공 속도 : 느림~중간
단가 : 중간~높음
성형 설비 비용 : 없음(절단기 비용 제외)
유사 공정 : 위와 같음

HDPE와 나일론 종류는 모두 선반 절삭이 쉽고 절단 결과도 우수하다. 그러나 얇은 판 형태를 절단할 때 선반 절삭과 CNC 라우팅은 수압 절단, 레이저 절단에 비해서 속도가 느리기 때문에 소량생산 제품에 적합하다. CNC 공정은 속도가 느리고 제품 생산 규모에 상관없이 단가가 일정하다(생산량이 증가해도 단가가 낮아지지 않는다). 금형 등 설비 투자가 필요 없으므로 비용 부담이 낮아 누구나 손쉽게 접근할 수 있는 공정이기도 하다.

CNC/수동 선반과 절삭 가공은 오목각 선대칭 형태나 계단식 선대칭 기둥 형태 제품의 소규모 생산에 가장 적합하다.

얇은 플라스틱판은 3축 CNC 라우팅으로 절단하기도 하지만 속도가 느리기 때문에 점차 레이저 절단, 수압 절단으로 대체되고 있는 추세이다. 얇은 소재의 가공은 CNC 라우팅과 레이저 절단이 가장 정밀하다. 이 두 공정에 비해 수압

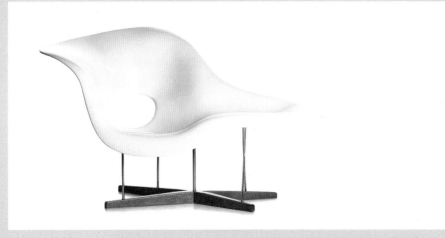

절단은 다소 정밀도가 떨어지지만(각진 모서리 부분) 두꺼운 소재를 신속하게 절단할 수 있어 유리하다. 단, PP 등 일부 소재는 두꺼운 형태라도 수압 절단보다 라우팅하는 것이 좋다.

발포 소재(PUR, PS, EVA 등)는 블록 형태를 3축/5축 라우터로 가공하여 복잡한 형태를 만들 수 있다. 제품 모델, 성형 틀 제작용 모형, 장비 케이스 패딩(물건 모양대로 파여진 형태) 등을 만들 때 많이 이용되는 방식이다. 3축 또는 5축 라우터는 여러 종류의 절단기(날의 모양, 두께)를 바꿔가며 작업할 수 있다. 보통 절단기와 슬롯은 최소 반경이 3mm이지만 절단기 대신 드릴 비트를 장착하면 더 작은 크기도 가능하다. 오목한 굴곡의 반경은 절단기 자체의 반경(두께의 1/2)보다 좁게 만들 수 없다는 점도 유의해야 한다.

두께가 50mm 이상 되는 두꺼운 플라스틱판에는 수압 절단이 적합하다. 속도가 빠르고 각진 모서리도 비교적 깨끗하게 절단된다. 수압 절단에서 유의할 사항은 워터젯(평균 0.5mm 폭)이 분사구에서 멀어지면서 점차 넓게 퍼진다는 점이다. 넓어지는 각도가 아주 작아 얇은 판을 자를 때는 문제가 되지 않지만 두꺼운 플라스틱판에서는 오차가 커질 수도 있다. 처리 결과는 기기 종류와 플라스틱판 두께에 따라 달라지므로 수압 절단기 제조업체 기술팀의 자문을 구하는 것이 좋다.

아주 얇은 플라스틱판을 절단하거나 에칭할 때는 레이저 절단이 가장 적합하다. 절단 부위가 아주 깨끗하고 섬세한 디테일을 매우 정밀하게 새겨 넣을 수 있다. 레이저 폭은 0.1~1mm로 다양하게 조절할 수 있다.

플라스틱 복합소재 제품의 제작 공정 [COMPOSITE (POIYMER MATRIX) MANUFACTURING]

플라스틱 복합소재는 일반적으로 고분자 복합 중합체(polymer matrix composite)를 지칭

하는 용어이다(p.178 참조). 플라스틱 복합 소재 제품에 이용되는 제작 공정은 적층(층 쌓기)lay-up, RTM(수지이동성형, resin transfer moulding), 필라멘트 와인딩filament winding 공정이 있다. 적층 공정은 개방형 틀을 사용하고, RTM 공정은 폐쇄형 틀에 부분적으로 주입해서 성형하는 방식이며, 필라멘트 와인딩은 심봉 위에 단단히 감아 형태를 만드는 방식이다. 많이 쓰이는 플라스틱 복합 소재로 화이버글래스fibreglass(GRP, 유리섬유로 강화한 플라스틱)와 탄소섬유carbon fibre 및 케블라 섬유Kevla fibre 복합 소재가 있다. 화이버글래스는 주로 선박 본체, 실외용 의자, 건축자재(부품, 장식물)에 이용되며 탄소섬유/케블라 섬유 복합 소재는 고성능 스포츠 장비, 낚싯대, 의자에 많이 쓰인다.

제품 생산 : 적층은 수작업이 많이 필요함에도 불구하고 여러 장점이 있어 크기가 큰 주형 제품의 소량생산에 많이 이용된다. 적층은 화이버글래스 소재의 성형 틀을 사용하거나 틀 없이 진공 압력을 이용해 제품을 제작하므로 설비에 소요되는 비용이 적다. RTM은 적층 공정과 동일한 소재(섬유질로 강화한 열경화성 수지)에 적용되며 보다 자동화 공정에 가깝다. 필라멘트 와인딩은 완전 자동화 공정으로 직물 제품(매트) 또는 짧게 절단된 섬유(화이버) 제품을 만드는 데 이용된다.

적층(Laying up)
제품 형태 : 얇은 벽의 열린 형태
플라스틱 종류 : EP(폴리에스터), 에폭시, 비닐에스테르, 페놀수지, 유리섬유/탄소섬유/케블라섬유
오차 범위 : 0.6~1mm
제품 외벽 두께(최소~최대) : 2~10mm
최소 구배각 : 2~3°
굴곡의 최소 반경 : 0.5mm
제품 생산 규모 : 1~500m

유사 공정 : RTM

적층은 개방형 틀 안에 수지와 강화재(섬유)를 층층이 쌓아 올리는 공정이다. 4가지 방식이 있는데, 모두 기본 단계(수지와 강화재를 층층이 쌓아올리는 과정)는 동일하다.

수작업 적층(hand lay-up)은 기계 압력을 이용하지 않고 손으로 눌러 작업하는 방식이다. 먼저 성형 틀 안쪽에 젤 코팅제를 바른 다음 수지 소재와 강화재(섬유)를 층층이 쌓아 올려 원하는 두께를 만든다.

진공식 적층(vacuum-bag lay-up)과 압축식 적층(pressure-bag lay-up) 방식은 적층된 소재를 기계로 압축해서 공기를 빼내며, 그 결과 제품의 밀도가 균일해지고 성능도 향상된다. 오토클레이브autoclave 방식은 진공/압축 방식을 한층 발전시킨 것이다. 적층된 소재를 고온, 고압으로 압축하여 공기를 완전히 빼내며, 그 결과 중량 대비 강도가 매우 높은 제품이 된다.

디자인 유의 사항 : 적층 공정은(4가지 방식 모두) 개방형 틀을 사용하지만 적층이 완료된 후 소재가 마르지 않은 상태에서 여러 개의 틀을 연결하여 다양한 형태를 만들 수 있다. 굴곡의 반경이 너무 좁은 부분은 강화재(섬유)가 채워지지 않아 젤 코팅제에만 의존해야 하므로 손상되기 쉬운 취약한 구조가 된다.

필라멘트 와인딩(Filament winding)

제품 형태 : 할로우 각기둥 형태(선대칭이 아닌 형태가 가능하므로 각기둥 변형 형태도 만들 수 있다)

플라스틱 종류 : PE(폴리에스터), 에폭시, 비닐 에스테르, 페놀 수지, 유리섬유/탄소섬유/케블라 섬유 필라멘트

오차 범위 : 0.1~0.6mm

제품 외벽 두께(최소~최대) : 2~25mm

최소 구배각 : 해당 사항이 아님

굴곡 최소 반경 : 해당 사항이 아님

제품 생산 규모 : 1~10,000m

유사 공정 : 없음

필라멘트 와인딩은 필라멘트(수지 소재에 적신 섬유)를 회전 심봉에 감아 할로우 각기둥 형태를 만드는 공정이다(단, 선대칭이 아니라도 되므로 각기둥의 변형 형태도 가능하다). 형태 내부에 돌출 디테일을 넣을 수 없으며, 벽두께와 소재(수지와 섬유) 종류에 따라 만들어진 제품의 강성이 다르다. 심봉은 제품 형태를 완성한 후 제거하는 종류(공정에 다시 사용)도 있고 그대로 제품 내부에 남겨두는 종류도 있다. 미리 섬유를 수지에 적셔 처리해 놓은 마른 상태의 필라멘트를 사용할 수도 있고, 공정 중 섬유를 수지에 담가 젖은 상태의 필라멘트를 바로 심봉에 감을 수도 있다.

디자인 유의 사항 : 필라멘트 와인딩 공정은 테이퍼드(경사를 이루며 점차 좁아지는) 형태도 만들 수 있고 선대칭/비선대칭 형태를 모두 만들 수 있다. 필라멘트가 팽팽한 상태로 유지되어야 하므로 반드시 제품 단면이 바깥으로 볼록한 형태라야 한다. 격차가 큰 계단식 형태는 만들기 어렵다. 필라멘트 와인딩으로 만들 수 있는 최대 크기는 제작 설비 규모에 따라 다르며, 보통 3m× 1.5m 정도이다.

RTM(수지이동성형, Resin transfer moulding) 공정

제품 형태 : 솔리드, 개방형 또는 납작한 판 형태

플라스틱 종류 : PE(폴리에스터), 에폭시, 비닐 에스테르, 페놀수지, 유리섬유/탄소섬유/케블라 섬유

오차 범위 : 0.25~1mm

벽두께(최소~최대) : 1.5~13mm

최소 구배각 : 2~3°

굴곡의 최소 반경 : 0.5mm

제품 생산 규모 : 10,000~100,000m

유사 공정 : 프레스성형

RTM(수지이동성형)은 솔리드 및 판 형태를 만드는 공정으로 대형 제품도 가능하다. 먼저 섬유 소재를 짧게 잘라 성형 틀(폐쇄형) 안에 넣은 다음 수지를 주입하여 제품 형태를 성형한다. RTM 공정은 화이버글래스 또는 알루미늄 소재의 성형 틀을 사용하므로 설비에 드는 비용이 적다.

디자인 유의 사항 : RTM 공정으로 복잡한 형태를 주형할 수 있고 세로 골무늬나 공기방울(발포 구조)도 넣을 수 있다.

발포성형(Expanded foam moulding)

제품 형태 : 솔리드, 개방형 또는 납작한 판 형태

플라스틱 종류 : EPS(발포 폴리스티렌), EPP(발포 폴리프로필렌)

오차 범위 : 0.5~2mm

벽두께(최소~최대) : 3mm

최소 구배각 : 1~3°

굴곡 최소 반경 : 2mm

제품 생산 규모 : 1,000~10,000개

성형 설비 비용 : 낮음

단가 : 낮음

임베드 부속품 : 가능

유사 공정 : RIM(반응사출성형)

발포성형은 밀도가 낮은 플라스틱(PS, PP) 구슬을 팽창, 결합시켜 발포소재(EPS 발포 폴리스티렌, EPP 발포 폴리프로필렌) 제품을 주형하는 공정이다. EPS는 저밀도로만 생산되지만 EPP는 다양한 밀도(18g/L부터 260g/L까지)로 만들 수 있다. 또한 EPP는 성형 틀과 접촉하면서 매끄러운 겉껍질을 형성하는 종류도 있고, 속이 빈 튜브형 EPP 알갱이를 이용하여 다공성 표면을 만들 수도 있다. 발포성형은 고압 장비를 사용하지 않아 설비비용이 낮고 적은 양의 소재로 제품을 만들 수 있어 제작 단가가 낮다.

디자인 유의 사항 : 저밀도의 EPP, EPS 는 포장재와 수상 부표 등에 적합하고, 고밀도 EPP 는 보다 하중 부담이 큰 부품에 이용한다. EPP, EPS 제품은 어느 정도 신축성이 있어 성형 틀에서 제품을 꺼낼 때 구배각이 아주 작아도 된다. 일부 소재는 구배각 0°가 가능한 경우도 있지만 대부분 1~3°의 최소 구배각이 필요하다. 반드시 제품 문서(제조업체가 제공한 정확한 정보)를 확인하여 구배각 관련 유의 사항을 지켜야 한다.

제품 생산 : EPS/EPP 제품은 압축된 PS/PP 구슬을 고온의 성형 틀 안에 넣어 형태를 만든다. 이때 구슬 안에 함유된 발포 성분이 방출되면서 팽창된 알갱이가 성형 틀을 채우면서 서로 융합하여 제품 형태를 이룬다. 여러 종류의 구슬을 사용해서 제품 용도에 맞게 각 부위의 밀도를 다르게 만드는 것도 가능하다. 성형 시 표면에 어느 정도 디테일을 넣는 것도 가능하나 EPP는 제품 표면에 알갱이가 거칠게 드러나므로 디테일 형태가 뚜렷이 나타나지 않을 수도 있다.

플라스틱의 조립 접합 공정(FABRICATION AND JOINING PROCESSES)

플라스틱판 제품은 물론 모든 형태의 플라스틱 제품은 대부분 성형(주형, 절단, 스탬핑 가공) 후 가공과 접합이 필요하다.

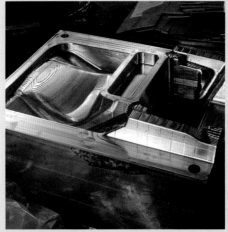

제품 형태 : 모든 형태

플라스틱 종류 : 모든 플라스틱(구조체 및 탄성체)

제품 생산 규모 : 소량

제품 생산 : 플라스틱 제품의 접합 방식은 크게 접착제, 플라스틱 용접, 접합 부품의 세 가지로 분류할 수 있다. 가장 적합한 접합 방식을 선택은 플라스틱의 특성에 따라, 또한 동일한 플라스틱끼리의 접합인지 서로 다른 소재끼리의 접합인지에 따라 달라진다. 가구 제품을 개발할 때는 초기 단계에서 소재의 선택과 함께 접합 방식에 대한 결정도 내려져야 하며 하중 부담, 사용 환경, 외관(접합부가 겉으로 드러나도 되는지 여부), 조립 형태(공장조립 완제품 또는 소비자가 셀프 조립하는 제품, 부품 해체가 필요한지 여부 등) 등 다양한 측면을 모두 고려해서 가장 적절한 접합 방식을 선택해야 한다. 지속 가능성 면에서는 동일한 열가소성 플라스틱끼리의 용접과 고정부품을 이용한 조립이 제품의 분해와 재사용/재활용을 손쉽게 하는 가장 좋은 방법이다.

플라스틱 가구의 부품을 직접 제작하는 대신 기성 플라스틱 반제품을 가공하여 쓰는 경우도 많다. 플라스틱판과 레일 등 다양한 반제품 중에서 용도에 맞는 것을 택하여 열성형(라인벤딩) 등으로 가공하거나 수작업, CNC 공정, 레이저 절단 등 적절한 방법으로 필요한 크기/형태를 잘라 쓰는 것이다. 이렇게 만든 부품을 간단히 접착제로 붙여 제품을 만들 수 있지만 접합 강도가 약하므로 대부분 전시용 제품으로만 이용된다. 가구처럼 하중을 지지해야 하는 제품은 부품 연결 부위에 슬롯을 만들어 서로 끼워 맞춰 조립해야 한다. 다만 플라스틱판 기성품은 두께에 작은 오차가 있을 수 있기 때문에 슬롯 크기를 정확히 맞게 만들기보다 다소 헐겁게 만들어야 한다는 점에 유의해야 한다.

접착제(Adhesives)

공업용 접착제로 대부분의 열가소성/열경화성 플라스틱 소재를 접착할 수 있다. 열팽창을 견디는 능력이 우수한 접착제 종류도 일부 있는 반면 저온에서는 대부분 접착력이 현저하게 떨어진다. 플라스틱 종류가 구조체인지 탄성체인지에 따라 다른 성질의 접착제가 필요하다.

접착제의 장점은 접합 부위가 겉으로 드러나지 않고, 용접/공구 적용이 곤란한 부위에도 사용할 수 있고, 밀폐 접합(물과 공기가 내부로 침투하지 못한다)이 되고, 내수성이 뛰어나다(물에 녹거나 손상되지 않는다)는 점이다. 어떤 소재에서나 접착제는 접합면이 너무 좁으면 효과가 없는데(특히 맞대기 방식), 플라스틱도 마찬가지이다. 또한 접착제로 잘 붙지 않는 소재도 있으므로 유의해야 한다. 예로 PP(폴리프로필렌)는 다른 소재에 접착되지 않고 PP끼리의 접착도 약하기 때문에 접착제보다 용접(열판/질소)이 더 좋은 방법이다.

구조체 플라스틱에 이용하는 접착제는 용해성 접착제solvent-wend cement, 에폭시 접착제epoxy adhesive, 시아노아클릴레이트cyanoacrylate(흔히 '순간접착제'라고 부르는 강력한 접착제), 핫-멜트 접착제hot-melt adhesive의 4종류로 분류된다. 대부분 열가소성 플라스틱에는 용해성 접착제를 사용하는데, 일시적으로 표면을 용해시켜 붙이는 방식이다. 폴리올레핀polyolefin 계통(PP, PE)에는 용해성 접착제를 사용할 수 없으므로 표면 전처리제를 도포한 후 에폭시, 시아노아클릴레이트, 핫-멜트 접착제를 사용한다.

열경화성 플라스틱에는 에폭시와 같은 열경화성 접착제를 사용한다. 한편 시아노아클릴레이트는 열가소성과 열경화성 플라스틱에 모두 사용할 수 있으며, 탄성체 플라스틱 일부에도 사용할 수 있다(표면 전처리 필요).

플라스틱의 용접(Plastic welding)

열가소성 플라스틱은 대부분 동일한 소재끼리 쉽게 용접된다. 단, 서로 다른 플라스틱끼리는 용접이 어려운 경우가 많으며 서로 유사한 소재인 경우에 한해 고온가스방식으로 용접하기도

한다. 성질이 다른 소재끼리의 용접은 전문가(플라스틱 제조업체 기술팀)의 자문을 얻어 적절한 방안을 찾아야 한다.

마찰 용접(Friction welding)

최대 두께 : 100mm

성질이 다른 플라스틱의 용접 : 가능

마찰용접은 RFW(회전마찰용접, rotary friction welding)와 LFW(직선마찰용접, linear friction welding) 방식이 있다. RFW 방식은 접합 단면이 회전 대칭을 이루는 형태에만 가능하며, 한쪽 부품을 고속 회전시키면서 다른 쪽(고정된 상태)에 부딪혀 발생하는 마찰열을 이용하여 접합면을 녹이는 방식이다. LFW 방식에서는 한쪽 부품을 직선상에서 운동시키면서 다른 쪽(고정된 상태)에 부딪혀 마찰열을 발생시킨다. 접합 단면 형태가 회전 대칭이 아니라서 RFW 방식으로 용접할 수 없는 경우에 LFW 방식을 쓴다.

고온기체 용접(Hot-gas welding)

고온기체용접은 수동 공정으로 작은 용접기구를 손에 들고 작업하는 방식이다. 두께가 얇은 제품이나 대규모 생산에는 적합하지 않다.

열판 용접(Hot-plate welding)
최대 두께 : 30mm
성질이 다른 플라스틱의 용접 : 불가능

열판 용접은 완전 자동 공정으로 거의 모든 열가소성 플라스틱에 적용할 수 있다. 폴리올레핀 계열 플라스틱(PP, PE)과 elPVC에 가장 적합한 용접 방식이다. 특히 대형 부품끼리 용접했을 때 결과가 좋으며 접합 강도가 매우 높고(소재 강도의 최대 90%) 밀폐 접합이 된다. 열판용접은 두 부품 사이에 고온의 '열판(platen)'을 끼워 양 접합면을 녹인 후 열판을 빼내어 두 부품이 서로 붙도록 하는 방식이다. 양 접합면이 서로 대칭을 이루는 평면 형태라야 한다.

레이저 용접(Laser welding)
최대 두께 : 20mm
성질이 다른 플라스틱의 용접 : 가능

레이저 용접은 과거에는 플라스틱 제품에 많이 쓰이지 않았으나 2008년 필립 스탁Philippe Starck이 〈미스터 임파서블 체어Mr. Impossible Chair〉를 계기로 주목 받기 시작했다. 이 의자는 두 부분을 따로 사출성형한 후 레이저 용접으로 붙여 완성한 제품이다. 이처럼 복잡한 곡선을 따라 정밀하게 용접하기 위해서는 레이저 용접이 유일한 방안이었다.

초음파 용접(Ultrasonic welding)
최대 두께 : 3mm
성질이 다른 플라스틱의 용접 : 가능

초음파 용접은 얇은 형태(특히 elPVC과 폴리우레탄)를 용접하는 데 유리하다. 고정된 모루(anvil에) 제품을 놓고 용접 부위를 기구(이음새 모양 또는 뾰족한 끝)로 눌러 용접하는 방식으로, 용접 기구가 초음파 진동하면서 발생하는 열을 이용한다. 초음파 용접은 ABS, 아크릴, PC, PVC 소재에서 용접 효과가 가장 좋다. PE, PP, 폴리에스터, 나일론은 용접이 매우 어렵고 결과가 좋지 않다.

고정 부품(Fasteners)
최대 두께 : 두께 제한 없음(단, 너무 얇거나 두꺼운 형태는 적합한 크기의 고정 부품을 구하기 어렵다)

성질이 다른 플라스틱의 연결 : 가능

플라스틱의 조립에 사용하는 고정 부품은 리벳, 나사, 스냅 고정 장치(snap fiting) 등이 있다. 고정 부품은 필요 시 분해하여 제품을 수리(부품 교체), 재사용, 재활용할 수 있으므로 지속 가능성 디자인 원칙에 부합하는 조립 방식이다. 특히 여러 종류의 플라스틱이나 여러 소재를 사용한 제품은 각 소재를 따로 분해해야 재활용이 가능하므로 고정 부품으로 조립하는 것이 좋다. 스냅 고정 장치[역주-서로 끼워 맞추고 힘을 주면 '딱(snap)' 소리와 함께 연결 부위가 고정된다]는 공구/장비 없이도 간편하고 빠르게 조립할 수 있어 소비자가 직접 조립하는 플랫팩flat-pack 제품에 유용하다.

사출성형(Injection moulding)
사출성형은 플라스틱을 주형하여 소형~중형 크기의 일체형(모노블록) 제품을 만드는 공정이다. 주로 열가소성 플라스틱에 적용되며 일부 열경화성 플라스틱에도 적용 가능하다. 구조체와 탄성체 플라스틱 제품 모두에 적용할 수 있다. 사출성형은 성형 틀과 설비에 큰 비용이 소요되어 플라스틱 제품 제작 공법 중에서 가장 설비 투자가 큰 공정으로 꼽힌다.

제품 형태 : 벽이 얇은 개방형 또는 솔리드 형태
플라스틱 종류 : ABS, EVA, HDPE, HIPS, LDPE, PC, PE, PET, PMMA, PP, PS, PUR, PVC, TPU
오차 범위 : 0.1~1mm
벽두께(최소~최대) : 0.3~10mm
최소 구배각 : 1.25~3.5°
굴곡 최소 반경 : 벽두께의 25%
제품 생산 규모 : 10,000~1,000,000개

성형 설비비용 : 높음
단가 : 낮음
임베드 부속품 : 가능
유사 공정 : RIM(반응사출성형), 프레스 성형

디자인 유의 사항 : 사출성형은 대량생산에 적합하며 대칭/비대칭 복합 구조, 불규칙적인 형태, 섬세한 디테일 등 복잡한 형태를 정밀하게 주형하기에 적합한 공정이다. 부조/음각, 구멍, 스냅 고정 부위 등도 주형해 넣을 수 있다. 사출성형 도중 고압기체 주입, 충전재/강화재(섬유) 첨가, 발포 처리 등 공정 효과를 높이고 제품을 강화하면서 중량을 줄이는 여러 기법도 있다.

제품 생산 : 사출성형은 기본 방식 이외에 복합 방식과 기체주입 방식이 있으며 세 가지 모두 다른 플라스틱 주형 공정에 비해 속도가 빠르다. 사출성형 기본 방식은 왕복 스크류(reciprocating screw)를 사용하여 액체 상태로 융해된 플라스틱(열가소성 또는 열경화성)을 성형 틀(알루미늄 또는 스틸 소재)에 주입하는 방식이다. 다음 단계에서 열가소성 플라스틱은 성형 틀을 식혀서 제품 형태를 굳히는 반면 열경화성 플라스틱은 성형 틀을 가열하여(여러 방식이 있다) 제품 형태를 만든다. 그 후 형태가 굳어 성형이 완료된 제품은 제거 도구를 사용해서 틀에서 꺼낸다.

열가소성 플라스틱은 거의 모든 종류가 사출성형으로 주형이 가능하며 소재의 녹는점이 낮을수록 유동성(flowability)이 좋아 성형하기 쉽다. 가구 제품에 이용되는 열가소성 플라스틱은 대부분 녹는점이 66℃ 이하이고 나일론, PC, PET, PMMA 등도 121℃ 이하로 모두 사출성형 시 성형이 쉬운 편이다[역주-유동성이 낮은 플라스틱은 사출성형 시 성형 틀 안에 고르게 흘러 들어가지 않으므로 복잡한 형태나 디테일이 제대로

구현되지 않는다].

사출성형 복합 방식(co-moulding)은 샌드위치성형과 중복성형이 있다. 샌드위치 성형(sandwich moulding)은 하나의 성형 틀 안에 두 종류 이상의 플라스틱을 주입하여 각 플라스틱 층이 포개어지도록(서로 혼합되지는 않는다) 하는 방식이다. 각 플라스틱 층은 경계면이 붙어 일체를 이룰 수도 있고, 서로 분리되어 움직이는 부위가 될 수도 있다. 중복성형(overmoulding)은 틀 안에 부품(미리 주형/제작해 놓은 형태)을 넣어 놓은 상태에서 플라스틱을 주입하는 방식이다. 주로 안과 밖에 각기 다른 색깔 또는 다른 특성의 소재를 넣어 이중 구조로 만들 때 이용한다. 또한 제품 형태가 복잡해서 한 번에 주형하기 어려울 때 중복성형 방식을 쓴다.

사출성형 기체주입 방식(gas-assisted injection moulding, GIM)은 플라스틱을 성형 틀에 주입한 직후 압축 질소기체를 주입하여 플라스틱을 틀 내부로 밀어 넣는 방식이다. 질소가 가운데를 채우면서 플라스틱이 바깥쪽으로 밀려나며 틀이 식는 동안 질소가 내부에 머물러 있다가 나중에 빠져나가면서 빈 공간을 남겨 할로우 형태가 만들어진다. 질소의 압력으로 플라스틱이 틀의 깊은 구석까지 닿아 디테일까지 성형이 잘 되고 외벽 밀도가 높아져 튼튼한 제품이 된다. 또한 할로우 형태로 원료가 절감되고 제품 중량이 가벼워지고, 제품을 식히는 데 걸리는 시간이 단축되며(충전재 사용과 같은 효과), 질소의 압력이 받쳐주어 플라스틱이 식으면서 수축되는 것을 막아주는 효과도 있다.

외벽이 두꺼운 할로우 형태는 다른 공법으로 주형이 어렵고 원료가 낭비되기 쉬워 GIM이 특히 유리한 경우이다(얇은 형태에도 GIM이 많이 이용된다). 또한 다른 공법으로는 두 부분으로 나누어 따로 주형 후 조립해야 하는 형태를 GIM으로 한 번에 성형할 수 있는 경우도 있는데, 성형 설비 비용이 절감되고 생산 시간이 단축되어

이점이 크다.

플라스틱 압출성형(Plastic extrusion)

플라스틱 압출성형은 액체 상태로 녹은 플라스틱을 성형 틀의 구멍으로 통과시킨 후 식혀서 기둥 모양의 제품을 만드는 공정이다. 구조체 플라스틱은 조이는 동시에 잡아당겨 기둥 형태가 휘어지지 않도록 해야 한다. 탄성체 플라스틱도 마찬가지로 성형 시 형태를 똑바로 잡아주어야 한다. 압출성형이 완료된 다음 기둥 형태를 적절한 길이로 잘라 필요한 추가 가공을 거친다.

제품 형태 : 할로우 및 솔리드 각기둥 형태
플라스틱 종류 : ABS, EVA, HDPE, HIPS, LDPE, PC, PE, PET, PMMA, PP, PS, PUR, PVC, TPU
오차 범위-기둥 두께 : 0.5~1mm
길이 1m당 오차(최소) : 2mm
벽두께(최소~최대) : 0.5~12mm
최소 구배각 : 해당사항 없음
굴곡 최소 반경 : 0.2mm(제품 크기에 비례하여 최소 반경이 커진다)
제품 생산 규모 : 100~1,000m
성형 설비 비용 : 낮음
단가 : 낮음
임베드 부속품 : 가능(복합 방식 압출성형)
유사 공정 : 없음

디자인 유의 사항 : 플라스틱 압출성형은 중간 규모 또는 대규모 생산에 적합하며 복잡한 디테일이 있는 기둥 형태의 구조체 또는 탄성체 플라스틱 제품을 만들 때 이용된다. 압출성형 공정을 잘 활용하면 가구 제품에 이용하기 편리한 형태를 적은 비용으로 생산할 수 있다. 다음은 압출성형 시 유의해야 할 점이다.

압출성형에 필요한 설비는 성형하는 단면의 외접원(도형의 꼭짓점을 모두 지나는 원) 둘레

왼쪽부터 순서대로 : 〈미즈핏츠(Misfits)〉 소파 시스템(론 아라드), 폴리우레탄을 RIM(반응사출성형) 공정으로 성형하여 철제 파이프 프레임 위에 씌웠다.

압출성형한 플라스틱 기둥 제품들

가 클수록 비용이 증가하므로 가능한 한 외접원이 작아지도록 제품 단면 형태를 조절하는 것이 좋다. 보통 플라스틱 압출성형 기둥 단면의 외접원은 지름 3~300mm 범위이다. 압출성형 플라스틱 부품은 여러 개를 연결, 조립하여 사용하는 경우도 많은데 나사, 접착제, 볼트와 너트, 리벳, 용접 등 다양한 조립 방식이 있다. 압출성형으로 암, 수 부품을 만들고 여러 개를 연결하여 접이식 제품을 만들 수도 있는데, 이 방식은 소재의 경도가 높으며 각 부품이 휘지 않고 정확히 일직선으로 성형된 경우에만 가능하다.

압출성형 틀이 정밀하지 않으면 성형되는 벽두께가 균일하지 않아 플라스틱이 압출 틀을 빠져나올 때 얇은 쪽으로 휘는 문제가 발생한다. 성형 틀의 오차를 보완하는 방안도 있지만 그 경우 설비 비용이 증가한다. 또한 벽두께가 고르지 못하면 제품을 식힐 때 각 부분의 굳는 속도가 달라 변형되기 쉽다. 부속품을 임베드한 할로우 형태는 외벽이 내벽보다 30~40% 두꺼워야 한다. 소형 제품은 굴곡 형태의 최소 반경이 0.2mm이고 제품 크기가 증가하면 최소 반경도 0.5~1mm 정도로 커야 한다. 좁고 깊은 홈(입구가 열린)은 잘 식지 않아 성형이 어려우므로 폭:깊이의 비율이 1:3을 넘으면 안 된다. 이 비율을 초과할 때는 두 개의 압출성형 부품을 연결해서 홈을 형성해야 한다. 표면에 세로 방향으로 골무늬 등을 넣기도 하는데, 장식 효과 이외에 압출성형 과정에서 생기는 표면 얼룩을 가려주는 역할도 한다.

플라스틱을 압출성형할 때 제품 단면은 정밀하게 성형되지만 압출 틀을 통과한 플라스틱 기둥이 휘어져 오차가 발생하기 쉽고 특히 구조체

플라스틱은 휘어짐이 큰 문제가 된다. 따라서 압출 후 냉각시킬 때 휘어짐을 방지하는 공정을 거쳐야 한다. 압출성형 제품의 표면 마감은 제품 크기와 형태에 따라 달라지며 성형에 걸리는 시간이 짧을수록 표면 완성도가 높아진다(단, 공정 속도를 높이려면 설비비용이 증가한다). 제품 크기가 아주 작거나 벽두께가 여러 가지인 경우는 압출 속도를 늦춰야 냉각 과정의 통제가 가능하다.

플라스틱 압출성형 제품은 대부분 창문틀에 쓰이며 가구 제품에서도 이용 가치가 높다. 리지드 채널링rigid channelling, 플렉서블 에지 트림flexible edge trim, 탬부어tambour 식 미닫이 등 작은 디테일이지만 전체 디자인 효과를 살리는 데 한몫을 해내는 부품들이 많은데, 압출성형이 아니면 구현이 불가능하다. 플라스틱 압출성형의 금형은 비교적 저렴한 편이나 장비 설치에 소요되는 비용이 크다. 따라서 소량생산에는 적합하지 않으며 생산 규모가 1,000m 이상 되어야 상업적으로 단가를 맞출 수 있다.

복합 방식의 압출성형으로 한 제품 내에 두 종류의 소재를 넣을 수도 있다. 예로 섬유를 넣어 강화한 플라스틱이나 발포 소재는 제품 표면이 거칠게 나오는데 겉(껍질)에만 순수 플라스틱을 넣어 문제를 해결할 수 있다. 탄성체와 구조체 플라스틱을 복합하여 단단한 중심을 푹신한 소재가 감싸는 형태를 만들 수도 있고, 자외선 보호 처리된 고가의 소재를 겉 부분에만 사용하고 가운데는 보다 저렴하고 견고한 소재로 채우는 것도 가능하다.

열성형(Thermoforming)

열성형은 열가소성 플라스틱판을 가열하여 부드러운 상태에서 틀(오목 또는 볼록 모양)에 대고 눌러 모양을 만드는 공정으로 아주 얇은 포장재에서 하중을 지지하는 두꺼운 구조물까지 폭넓게 이용된다. 장비 설치, 전처리, 후처리 과정에 수작업이 필요하므로 주로 소규모 생산에 이용되지만 다른 공정보다 성형 설비 비용 부담이 적기 때문에 일부 대량생산 품목(예 : 욕조)에도 이용된다.

기술적으로 정확하지 않지만 '열성형'이라는 용어를 써서 플라스틱판의 라인벤딩line-bending(직선을 따라 구부리는 공정)을 뜻하는 경우가 많다.

제품 형태 : 벽이 얇은 개방형
플라스틱 종류 : ABS, 아크릴 표면재, HIPS,

PC, PET, PMMA, PS, PVC
오차 범위 : 0.5~1mm
벽두께(최소~최대) : 0.25~12mm
최소 구배각 : 2~3°
굴곡 최소 반경 : 0.5mm(플라스틱판 두께보다 커야 함)
깊이:폭 최대 비율 : 0.5:2
제품 생산 규모 : 1~10,000m
성형 설비 비용 : 낮음
단가 : 중간~높음
임베드 부속품 : 가능(많이 이용하지는 않는다)
유사 공정 : 멤브레인 가공

디자인 유의사항 : 주문 생산품이나 소량생산 제품은 원료를 직접 가공하여 제작하기보다 반제품(플라스틱판 등)을 열성형하여 만드는 경우가 많다. 제작 과정에 수작업이 많이 들어가지만 전반적 비용 대비 효과를 고려하면 다른 방식보다 유리하기 때문이다. 특히 아크릴 표면재(Corian®, HI-MACS™ 등, p.177 참조) 열성형 제품을 보면 왜 이 방식이 사출성형보다 유리한지 잘 알 수 있다. 접착제로 접합한 부분이 매우 튼튼하면서도 이음새 없이 매끄럽게 마무리될 뿐 아니라 싱크, 리셉션데스크 등을 임베드해서 일체형으로 만들 수 있다는 점에서 단연 뛰어나다. 단, 아크릴 표면재나 다른 아크릴 반제품으로 열성형 제품을 만들 때 보강이 필요한 경우가 많으며(특히 진공성형 방식으로 욕조를 만들 때) 보통 화이버글래스(GRP) 첨가로 아크릴을 강화하거나 제품 뒷면/안쪽에 스틸/목재를 덧대어 보강한다.

열성형은 진공성형과 압력성형 방식이 있다. 진공성형(vacuum forming)은 진공펌프로 플라스틱판 밑의 공기를 빼내면서 주변 공기 압력에 의해 판이 눌러지도록 하는 방식이다. 고압 장비를 사용하지 않아 비용이 적게 들지만 누르는 힘이 약하므로(공기압 1bar/14.5psi) 아주 얇은 소재가 아니면 디테일까지 제대로 성형되기 어렵다.

반면 압력성형(pressure forming) 방식은 진공펌프로 플라스틱판 아래 공기를 빼주는 동시에 고압 챔버로 판 위를 눌러주는 방식이다.

열성형 틀은 오목 또는 볼록한 모양 중에서 제품 형태에 적절한 것을 선택하지만 그 밖에도 고려해야 할 요소가 있다. 플라스틱판의 양면 중에서 틀에 닿는 쪽이 형태가 더 뚜렷하게 성형되

며 결점(공정에서 생기는 얼룩, 주름 등) 또한 더 두드러지게 나타난다는 점에 유의해야 한다. 보통은 볼록 모양의 틀을 쓰는 경우가 더 많다.

반응사출성형(RIM), 발포성형[Reaction injection moulding(RiM)/foam moulding]

반응사출성형(RIM)은 열경화성 플라스틱에 적용되는 공정으로 주로 PUR(폴리우레탄) 제품에 이용된다. 두 종류의 PUR 수지를 혼합하여 성형 틀에 주입하면 틀 내부에서 화학 반응이 일어나면서 PUR이 팽창, 발포된다. 발포되는 정도는 PUR의 화학 성분에 따라 다르다. RIM 공정은 프로토타입 제작이나 소량생산에 적합하지만 일부 과정을 보완하여 대규모 생산에도 응용할 수 있다. RIM과 PUR 발포성형은 원리와 방식이 동일하지만 서로 다른 성질과 용도의 제품을 다룬다는 점에서 차이가 있다. RIM은 주로 고밀도의 단단한 형태를 만드는 반면 PUR 발포성형은 저밀도의 푹신한 발포 제품을 만든다.

제품 형태 : 벽이 얇은 개방형 또는 솔리드 형태
플라스틱 종류 : PUR
오차 범위 : 0.1~1mm
벽두께(최소~최대) : 3~25mm(단단한 PUR 소재로 벽이 얇은 대형 제품을 만드는 경우)*
최소 구배각 : 1~3°
굴곡 최소 반경 : 0.5mm
제조 볼륨 : 1~10,000m
설비 비용 : 낮음
단가 : 중간
임베드 부속품 : 가능
유사 공정 : 사출성형

디자인 유의사항 : *최대 벽두께는 PUR 제품이 식은 후의 밀도에 따라 달라지며 밀도가 클수록 최대 벽두께가 얇아진다. 바이엘Bayer의 PUR 제품 중 가장 밀도가 높은 종류(베이듀어Baydur 11)는 얇은 대형 제품에 적합하며(사출성형 공정과 유사) 주로 벽두께 3~6mm 제품에 이용된다. 반면 밀도가 가장 낮은 종류(베이듀어 20)는 최대 25mm까지의 두꺼운 벽을 만들 수 있다. 단순한 구조의 큰 개방형 형태는 벌크 솔리드bulk solid 형태로 더 두껍게 만드는 것도 가능하다(구조체와 탄성체 PUR 모두에 동일하게 적용된다).

한편 RIM으로 구현이 불가능한 구조와 표면 형태도 있다는 점에 유의해야 한다. 복잡한 디자

〈토이 테이블(Toy Table)〉(크리스토프 필레). 다리
구조물은 LDPE 소재를 회전성형하여 만들었다.

인을 성형할 때는 소재 제조업체 기술팀의 자문을 구하는 것이 좋다.

RIM은 발포 화학 반응으로 인해 제품 표면이 거칠게 되기 때문에 대부분 페인트를 칠한다. RIM 공정을 거친 PUR 제품은 페인트나 바니쉬가 잘 흡착되므로(적합한 종류 사용 시) 뛰어난 마감 효과를 얻을 수 있다.

RIM이 가장 적합한 경우는 중-대형 제품의 프로토타입 제작 또는 소규모-중간 규모의 생산이다. 적합한 제품 형태는 사출성형 공정과 동일하며 그 외 단순/복합 벌크 솔리드 형태도 가능하다. 입자가 미세하고 촘촘한 구조의 PUR 수지(베이듀어 110 등)는 밀도가 높고 단단하여 잘 휘어지지 않는 제품이 된다. 한편 베이듀어 20 같은 소재는 잘 휘어지지 않지만 베이듀어 110보다 강도가 낮은 제품이 되는데, 화학 반응에 의해 발생하는 미세한 기포 때문에 밀도가 낮아진다. 베이듀어 20은 성형 틀과 접촉하는 면에 매끄러운 '스킨'을 형성하므로 특히 유용하게 쓰인다. 모든 PUR 제품은 다양한 색상과 표면 질감 구현이 가능하다.

단단한 PUR 종류는 짧게 자른 섬유를 첨가해서 강화할 수 있다. RIM 공정을 응용해서 플라스틱/금속 판 사이에 발포소재를 주입한 폼코어 합판foam-cored composite을 만들기도 한다[역주-폼코어 합판은 흔히 '샌드위치 패널'로 불리며 건축자재로 많이 쓰인다].

탄성체 PUR 종류(elPUR)는 발포성형으로 개방/폐쇄형 구조의 부드럽고 탄력성과 형태 복원력이 강한 발포 제품을 만들 수 있다. 이러한 제품은 대부분 단순한 형태와 구조인데, 발포 소재가 팽창하면서 성형 틀 안쪽까지 쉽게 도달하기 때문에 높은 압력으로 플라스틱 원료를 밀어 넣을 필요가 없다.

RIM 공정은 고압 설비가 필요 없어 일반 사출성형보다 설비에 드는 비용이 낮다. 프로토타입 제작이나 소규모 생산 과정에는 저렴한 화이버글래스나 목재로 만든 성형 틀을 사용하며, 보다 생산 규모가 큰 경우는 알루미늄 틀을 사용한다.

회전성형(RM)
[Rotational moulding(rotomoulding)]

회전성형(RM)은 흔히 '로토몰딩'이라고 부르는 공정으로 다양한 열가소성 플라스틱에 적용된다. 플라스틱 가루를 성형 틀 안에 넣고 두 개의 중심축으로 틀을 회전시키면서 가열하면 플라스틱이 녹아 틀 내벽에 고르게 퍼지면서 얇은 할로우 형태가 만들어진다. 성형 틀은 알루미늄 소재이며 두 부분으로 나눠지는 방식이다. 구멍이 뚫린 형태 제품은 구멍 없는 형태로 성형한 후 절단하여 구멍을 만들고, 속이 깊은 통(열린 할로우) 형태는 두 개를 합친 모양(폐쇄된 할로우)으로 성형한 후 가운데를 잘라 분리하여 만든다.

회전성형의 설비 비용은 사출성형에 비해 저렴하며 반응사출성형(RIM)과 비슷한 수준이다. 성형 틀은 주로 주조 알루미늄이나 가공 스틸 소재를 사용한다. 단기간 내에 프로토타입을 제작하는 경우, 또는 소규모 생산 제품에는 플라스틱 복합소재 성형 틀을 이용하기도 하는데, 화이버글래스(GRP)보다는 탄소섬유가 많이 쓰인다. 플라스틱 복합소재 성형 틀은 주형 효과가 우수하지만 공정 중 가열과 냉각을 거치면서 약화되므로 100회 이상 사용할 수 없다.

제품 형태 : 벽이 얇은 폐쇄형 할로우
플라스틱 종류 : HDPE, LDPE, 나일론(폴리아미드), PC, PE, PP, PVC, PUR
오차 범위 : 0.5~1mm
벽두께(최소~최대) : 2~5mm
최소 구배각 : 1~3°
굴곡 최소 반경 : 2mm
제품 생산 규모 : 100~10,000m
설비 비용 : 중간

단가 : 낮음~중간

임베드 부속품 : 가능

유사 공정 : 취입성형

디자인 유의사항 : RM 공정은 플라스틱 원료가 녹아 틀 안에 흐르는 방식이므로 단순한 구조의 곡면 형태에 적합하며 섬세한 디테일은 잘 성형되지 않는다. 모든 주형 공정과 마찬가지로 RM 공정 역시 어떤 구조, 표면 디테일, 굴곡(좁은 반경) 등은 구현이 불가능할 수 있다. 일반적으로 비율이 1:4를 초과하는 좁고 긴 형태는 RM으로 만들기 어렵다. 예를 들어 〈에어 체어_{Air Chair}〉(p.154)의 다리처럼 가늘고 긴 모노블록은 RM 공정으로는 만들 수 없으며, 구현 가능한 형태가 되려면 모서리 반경을 대폭 넓히고 다리도 훨씬 더 두껍게 만들어 할로우 내부를 넓혀야 한다.

회전성형으로 할로우 형태를 만들 때 내부 통로가 좁으면 틀 안에서 플라스틱이 원활하게 흐르지 못하고 마주 보는 벽끼리 붙어 할로우 내부가 막힌다. 대체로 할로우 공간 폭이 벽두께의 최소 5배는 되어야 한다.

대부분 회전성형 제품은 벽두께가 3~6mm이다. 플라스틱 특성에 따라 가능한 최대 두께가 달라지는데, 열전도율이 높은 종류가 두꺼운 벽을 만들기 쉽다. 여러 단계 공정을 거쳐 여러 겹의 벽을 만들 때도 마찬가지이다.

회전성형으로 여러 종류의 플라스틱을 사용하여 벽을 여러 겹 쌓을 수 있다. 값비싼 기능성 소재를 외부/내부에만 얇게 넣고 나머지는 저렴한 소재를 써서 제품 단가를 낮출 수도 있고, 여러 색깔을 겹쳐 성형한 후 절단하여 안의 색깔이 보이도록 하는 등 디자인 측면에서도 유용하다. 성형 시 다양한 부속품이나 미리 성형한 형태를 넣어 임베드하는 것도 가능하다. 단, 임베드하는 부속품/형태는 회전성형 시 녹지 않도록 녹는점이 높은 소재라야 한다.

회전성형 제품은 약 85%가 PE(폴리에틸렌) 소재인데 녹는점이 낮아 에너지 소모가 적고 유동성이 좋아 성형 틀 안에서 잘 흐른다. 나머지 중 열가소성 플라스틱은 PVC와 PP가 많이 쓰이며 최근 열경화성 소재(PUR 등) 비중이 증가하는 추세이다. 열가소성 플라스틱에 비해 열경화성 플라스틱은 대체로 가격이 높지만 물질적 특성이 다양해서 보다 폭넓은 응용이 가능하다. 또한 제품 제작 시 가열이 없으므로 에너지 소모가 적고 성형 후 냉각하여 형태를 굳히는 시간이 짧아 생산 효율이 높다.

회전성형 제품을 강화하는 방법은 플라스틱 원료에 섬유를 첨가하는 것과 성형이 완료된 할로우 형태 내부에 PUR 발포 소재를 충전하는 방법이 있다. 그러나 보통은 제품 자체를 두껍게 성형해서 필요한 강도를 얻을 수 있기 때문에 제품 치수나 중량에 제약이 있는 경우에만(예 : 의료용 들것은 작고 가벼우면서도 인체 하중을 지지해야 한다) 섬유/발포소재로 강화하는 방법을 쓴다.

Wood

목재(Wood)

나무의 아름다움, 목재 고유의 색과 결에서 나오는 다채로운 효과는 다른 어떤 소재로도 모방할 수 없다. 목재는 재생 가능한 친환경 소재일 뿐 아니라 튼튼하고(중량 대비 강도가 스틸보다 높다) 탄력성과 유연성이 있으며 만졌을 때 따뜻한 느낌을 준다. 수많은 종류의 나무에서 다양한 목재를 얻을 수 있는데, 저마다 독특한 외관과 물리적 특성이 있어 각기 활용 분야가 다르다.

목재는 고대부터 내려온 전통 가구 소재로 클래식 가구에서 첨단 디자인 제품까지 폭넓게 이용된다. 최근 목재와 나무 섬유가 지속 가능한 신재생 자원으로 새롭게 주목 받으면서 그 가치가 더욱 높아졌다.

최근에는 FSC(산림감독위원회, Forest Stewardship Council), FoE(지구의 친구들, Friends of the Earth) 등 산림자원 감독 기구들의 노력 덕분에 무책임한 목재 채취와 거래가 많이 줄었다. 그러나 여전히 전 세계적으로 심는 나무보다 베어서 쓰는 양이 더 많기 때문에 목재 자원이 고갈되고 있다. RCA(자원보존연합, Resource Conservation Alliance)에 의하면 현재 세계의 목재 소비의 75%가 인구 20%에 집중되어 있으며, 2050년까지 전체 목재 소비가 50% 이상 증가할 것이라고 한다.

무분별한 목재 소비는 천연자원 고갈, 경작지 면적 감소, 지구온난화 등 많은 문제를 가중시키는 한 요인이다. 이에 대한 대책으로 소비하는 양보다 많은 나무를 심는 것은 물론 지속 가능한 목재 산업 체계를 정립하는 것이 무엇보다 중요하다. 성장이 빠른 수종(소프트우드 종류, 북반구 하드우드 중 애쉬, 버치)의 사용 비중을 늘리고 열대 산림의 하드우드 수종에 대한 감시와 규제를 강화해야 한다. 목재 공급원으로 조성한 숲의 나무가 공기를 정화해주고 폐기 목재를 화력 발전 연료로 활용하여 탄소 배출이 감소되는 등 목재 산업의 부수 효과가 크다는 점도 적극 홍보해야 한다. 나무는 오랜 성장기간이 필요하므로 (하드우드 수종은 적어도 30~60년 성장해야 목재로 쓸 수 있다) 목재 관련 정책이 효과를 나타내려면 장기적 계획이 필요하다. 유럽의 경우 그동안 미래를 생각하지 않고 행동한 대가로 2020년부터는 하드우드 원목 채취를 줄여 자원 부족에 대비해야 할 것이다.

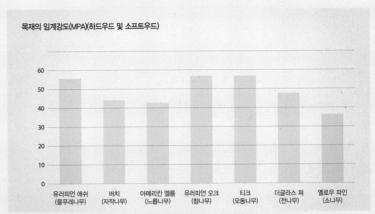

목재의 임계강도(MPA)(하드우드 및 소프트우드)

임계강도는 목재에 압력(누르는 힘)을 가했을 때 영구 변형이 시작되는 지점을(메가파스칼, Mpa) 단위로 표시한다. 임계강도가 높을수록 큰 힘/하중을 지지할 수 있는 강한 목재이다.

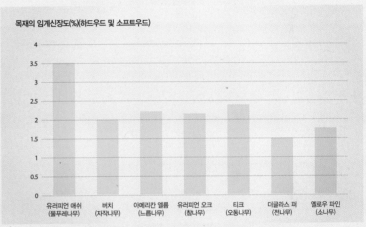

목재의 임계신장도(%)(하드우드 및 소프트우드)

임계신장도는 목재에 신장압력(잡아당겨 늘이는 힘)을 가했을 때 손상되지 않고 원래 길이의 몇 %까지 늘어날 수 있는지를 나타낸다.

하드우드와 소프트우드 (Hardwoods and softwoods)

하드우드와 소프트우드는 식물학적 분류이며 목재의 성질 자체를 나타내는 명칭은 아니다. 대부분 하드우드 수종은 소프트우드보다 경도, 밀도, 강도가 높지만 예외도 있으므로 유의해야 한다. 하드우드는 활엽수(잎이 넓고 꽃이 피는 수종)이고 소프트우드는 침엽수(잎이 바늘 모양이고 솔방울이 맺히는 수종)이다.

소프트우드 수종은 대부분 북반구에서 자라는 반면 하드우드 수종은 북반구와 남반구에 둘 다 분포하고 있다. 하드우드는 열대 지방에서는 상록수이고 기타 지역에서는 낙엽수인데, 열대 수종이 성장 속도가 더 빠르다. 소프트우드 수종은 대부분 지역에서 성장이 빠르다.

목재의 분류(Classification)

가구디자인을 공부하는 사람이라면 기본적으로 가구 종류에 따라 적합한 목재가 각기 다르다는 점을 이해할 것이다. 예를 들어 의자와 수납장을 비교할 때 의자에 사용하는 목재는 강도와 유연성이 훨씬 커야 하며 적합한 수종의 수도 훨씬 적다. 또한 대량생산 제품에는 자동 가공이 쉽도록 결이 곧고 옹이가 없는 목재가 필요한데, 자연적으로 이러한 특성을 가진 수종도 있지만 다른 수종의 나무도 관리해서 이렇게 자라도록 만드는 방법도 있다.

목재 합판과 특수 가공 목재(BOARD MATERIAIS AND ENGINEERED WOODS)

합판은 원목의 단점을 보완하여 균일하고 견고하게 만든 것으로 이음새 없이 넓은 평면을 만들 수 있다. 합판은 고대 이집트에서 시작된 오랜 역사를 지니고 있으나 집성목재를 가구에 사용하기 시작한 것은 산업혁명 이후이다. 그 후 1차 대전 이후에 이르러 목재 가공과 접착제 제조 기술이 발달함에 따라 합판 제조 기법도 크게 발전했다. 대량생산 목재 합판의 품질이 크게 향상되었고, 집성목재를 입체 가공한 대량생산 가구 제품이 나온 것도 이 시기였다.

베니어판을 붙여 만든 무늬목(veneered board)은 목재 가구에서 가장 많이 이용되는 소재인데, 원목에 비해 원자재 비용이 매우 저렴하고 가공 시 인건비를 크게 줄일 수 있기 때문이다. 무늬목은 규격에 따라 일정한 크기로 생산되어 유통과 보관이 용이하며 특히 건축 자재로 사용할 때 건축물 규격 체계에 맞출 수 있어 편리하다. 과거에는 무늬목에 요소포름알데히드urea-formaldehyde계 접착제를 사용하는 경우가 많았는데, 인체와 환경에 유해한 성분으로 밝혀진 후 점차 사용이 줄고 있다.

합판 및 기타 판재의 표준 규격은 1,220×2,440mm이며 다른 크기로도 주문 생산된다.

럼버보드–블록보드와 라민보드 [Blockboard and laminboard (lumberboard)]

럼버보드는 합판과 겉모양이 유사하지만 구성이 다르다. 합판은 단판이 여러 겹 포개어진 구조인데 반해 럼버보드는 중간(코어)에 원목을 채워 넣고 바깥 표면에 합판을 붙인 것이다. 럼버보드는 강성과 안정성이 뛰어나 큰 하중을 지지하는 표면(선반 등)에 적합하지만 높은 단가 때문에 합판이나 MDF에 비해 많이 사용되지 않는다. 럼버보드에는 블록보드와 라민보드의 두 종류가 있는데 블록보드는 코어 목재 조각이 표면에 비쳐 보일 수도 있으므로 고급 제품에는 라민보드가 더 적합하다.

블록보드는 소프트우드/하드우드 원목 블록(가늘고 긴 모양, 넓이가 두께의 2배 정도)을 납작하게 눕혀 같은 방향으로 깔아 코어를 만든다. 원목 조각이 보드 길이보다 짧을 때는 여러 개를 이어 붙인다. 라민보드는 얇은 원목 조각(보통 소프트우드를 쓴다)을 옆으로 세워 쌓아 코어를 만든다.

화이버보드(섬유판, Fibreboard)

화이버보드는 나무 섬유를 압축하여 판 형태로 만든 것이다. 마른 상태의 섬유를 접착제와 혼합하거나(MDF판) 젖은 상태에서 접착제 없이 압축하여 판을 만드는 방식이 있다.

1970년대에 개발된 MDF(중밀도 섬유판, medium density fibreboard)는 가구와 목재 산업에 변혁을 일으킨 소재이다. 합판에 비해 월등히 견고하고 표면 효과가 우수하며 에지몰딩edge moulding이 가능하다. 반면 단점도 있는데, 코어 밀도가 낮으므로 절단한 단면의 마감처리가 어려워 바니쉬, 래커, 페인트로 마감할 때 절단 단면에는 표면보다 여러 겹 더 칠해야 한다. MDF는 무늬목의 속을 채우는 재료로 아주 좋다.

하드보드는 나무 섬유와 나무에서 나오는 천연 수지를 혼합하여 고온, 고압에서 압축하여 판 형태로 만든 것으로 한쪽 또는 양쪽 표면이 매끄럽게 처리된다. 표면의 특성은 MDF와 유사하지만 접착제 성분을 함유하지 않아 MDF보다 강도가 낮다.

파티클보드(삭편판, Particle board)

파티클보드는 목재 파편/부스러기와 접착제의 혼합물을 압축하여 만든 판이다. 다양한 소프트우드와 하드우드 목재의 제조 및 재활용 과정에서 나오는 파편과 폐기물을 이용하며 최근 목재 재활용이 활발해짐에 따라 파티클보드 생산도 증가하는 추세이다. 파티클보드는 합판, 블록보드, MDF보다 저렴하지만 대체로 약하다. 또한 표면 품질이 떨어지므로 건축물에서 겉으로 보이지 않는 부위에 사용된다. 그러나 최근 건축물에서 OSB(오리엔티드 스트랜드 보드oriented strand board)와 플레이크보드flakeboard 등 특수 파티클보드를 겉으로 드러나게 사용하는 경우도 많다.

칩보드chipboard는 파티클보드 중 가장 많이 쓰이는 종류로 다양한 형태와 품질(등급)의 제품이 있다. 예를 들어 중간 등급의 단층 칩보드는 크기가 비슷한 나무 파편이 판 전체에 고르게 퍼져 있는 형태이고, 보다 고급 등급인 삼단 칩보드는 고운 입자로 된 두 개의 층 사이에 굵은 입자 층이 끼워진 삼단 구조로 되어 있다. 삼단 칩보드는 표면에 얇은 멜라민 수지를 코팅하여 무늬목을 만들기에 적합하며, 단층 칩보드는 보다 두꺼운 코팅재를 사용해서 고압으로 붙이는 무늬목에 알맞다.

OSB와 플레이크보드는 주로 건축자재로 쓰이며 가구에는 많이 쓰이지 않는다. 그러나 표면을 사포질하고 스테인 등으로 마감 처리했을 때 독특한 효과를 낼 수 있어 이용 가치가 크다.

왼쪽부터 순서대로: 〈더 체어(The Chair)〉(한스 베그너)의 등받이 부분. 스팀벤딩이나 래미네이트 가공 대신에 목재를 접착하여 붙인 후 CNC 라우팅으로 절단하는 방식을 선택했다. 이 방식은 비교적 비용이 많이 소요된다.

〈러브 시트(Love Seat)〉(에르콜). 윈저 체어의 전통식 제작 기법을 응용한 제품으로 숙련된 목공예기술자가 수작업으로 느릅나무/애쉬목 소재를 정교하게 가공하여 제작 오차가 거의 없다. 단순한 구조에도 불구하고 강도와 내구성이 매우 높은 의자이다.

〈C3 스태킹 체어(C3 Stacking Chair)〉(데이비드 콜웰). 애쉬목을 조각 또는 스팀벤딩하여 만들었다. 이 의자에 사용된 목재는 숲을 솎아내면서 자른 나무를 이용하여 자원의 훼손이 없는 '지속 가능한' 목재 채취 방식을 썼다.

온대 하드우드(TEMPERATE HARDWOODS)

아래 표에서 각 목재의 용도 중 '의자'는 의자, 테이블, 스툴 등을 포함하며, '수납장'은 수납장, 선반, 장식장, 진열장, 사이드보드 등을 포함하는 의미이다. 또한 각 용도는 비중이 큰 항목의 순서로 기재했다.

수종	특징	가공 난이도	마감 완성도	용도	무게 (건조 시, 부피 1m³ 당)
애쉬(물푸레나무 Ash), 아메리칸 Fraxinus American	거칠고 곧은 결 무늬. 밝은 색 변재(목재로 사용 가능), 어두운 색 심재. 스팀벤딩하기 좋다. 단가 : 높음	보통	높음	의자, 수납장, 연장 손잡이, 야구 배트, 하키 스틱, 단판	660kg
애쉬(물푸레나무 Ash), 유러피언 Fraxinus excelsior	거칠고 곧은 결 무늬. 밝은 색 변재(목재로 사용 가능), 어두운 색 심재('올리브 애쉬 olive ash'). 스팀벤딩하기 좋다. 단가 : 높음	쉬움	높음	의자, 수납장, 연장 손잡이, 하키 스틱, 노, 단판	720kg
비치(너도밤나무 Beech), 아메리칸 Fagus grandifolia	곱고 곧은 결 무늬. 유러피언 애쉬보다 결이 선명하다. 스팀벤딩하기 좋다. 단가 : 높음	보통	높음	의자, 수납장, 주방/욕실 상판, 목공예품, 연장 손잡이, 단판	730kg
비치(너도밤나무, Beech), 유러피언 Fagus sylvatica	곱고 곧은 결 무늬. 스팀벤딩하기 좋다. 단가 : 높음	보통	높음	의자, 수납장, 주방/욕실 상판, 목공예품, 연장 손잡이, 단판	710kg
버치 Betula papyrifera	곱고 곧은 결 무늬. 중간 강도, 중간 밀도. 밝은 색 변재(목재로 사용 가능), 어두운 색 심재. 단가 : 높음	쉬움	높음	(저가 제품) 의자, 수납장, 건축자재 단판/합판, 조리도구	650kg
체리(아메리칸) Prunus serotina	중간 굵기의 곧은 결 무늬. 가볍고 단단하다. 단가 : 매우 높음	쉬움	높음	수납장, 목공예품, 바닥재, 단판, 악기	570kg
체리(유러피언) Prunus avium	중간 굵기의 곧은 결 무늬. 가볍고 단단하다. 단가 : 매우 높음	쉬움	높음	수납장, 목공예품, 바닥재, 단판, 악기	440kg
체스트넛(아메리칸) Castanea dentata	거칠고 곧은 결 무늬, 또는 풀 피규어(full figure). 단가 : 높음	쉬움	높음	목공예품, 관, 연장 손잡이	470kg
체스트넛(유러피언) Castanea sativa	거칠고 곧은 결 무늬, 또는 풀 피규어(full figure). 단가 : 높음	쉬움	높음	목공예품, 관, 연장 손잡이	520kg
느릅나무(아메리칸) Ulmus americana	거칠고 곧은 결 무늬, 또는 미디엄 피규어(medium figure). 스팀벤딩하기 좋다. 잘 썩지 않는다. 단가 : 높음	쉬움	높음	수납장, 의자(주로 공예품), 선박	590kg
느릅나무(유러피언) Ulmus hollandica/Ulmus procera	거칠고 곧은 결 무늬, 또는 미디엄 피규어(medium figure). 스팀벤딩하기 좋다. 잘 부식되지 않는다. 단가 : 높음	보통	높음	수납장, 의자(주로 공예품), 선박, 바닥재, 건물 외장 장식	570kg
히코리 Carya illinoensis	중간 굵기의 곧은/불규칙 결 무늬. 강하고 단단하다. 스팀벤딩하기 좋다. 단가 : 높음	어려움	높음	연장 손잡이, 의자, 바퀴살	760kg
하드 메이플(아메리칸) Acer saccharum	곱고 곧은 결 무늬. 강하고 밀도가 높다. 단가 : 중간	어려움	보통	의자, 수납장, 목공예품, 바닥재, 악기, 단판	730kg
소프트 메이플(아메리칸) Acer rubrum	곱고 곧은 결 무늬. 중간 강도. 단가 : 중간	보통	높음	의자, 수납장, 목공예품, 바닥재, 악기, 단판	650kg

합판(Plywood)

합판은 목재 단판 여러 장을 서로 결 방향이 직각을 이루도록 겹쳐 붙인 것으로 다양한 두께로 만들 수 있다. 단판의 결이 교차하는 구조 덕분에 합판은 곧은 평면 형태를 유지하며 쉽게 갈라지거나 휘지 않는다(단, 원목보다는 강성이 낮다). 보통 합판을 구성하는 단판은 홀수로 하는데, 가로와 세로로 균등하게 힘이 분산되어 양 방향의 강성이 동일하게 맞춰지기 때문이다. 특수한 구조에서 한 쪽 방향 강성이 더 커야 되는 경우도 있는데, 여기에 쓰는 합판은 짝수(4 장 또는 6장)의 단판으로 만든다. 합판은 산업 전반에서 폭넓게 이용되며 대부분 열대 하드우드 수종의 목재로 만드는데, 최근 버치(자작나무) 합판(birch plywood) 등 온대 하드우드 합판의 비중이 크게 증가하고 있다.

합판은 용도에 따라 각기 특성과 품질이 다른 목재를 사용하며 하나의 합판 내에서도 여러 종류의 목재를 혼합 사용하기도 한다. 예를 들어 합판 중간에는 저렴한 목재를 쓰고 표면에만 외관이 아름다운 고급 소재를 쓰기도 하는데 이때 표면재는 두께가 얇은 것을 쓴다.

합판 제조업체에서 사용하는 등급 기호를 보면 합판의 목재 종류와 품질, 그리고 합판에 사용된 접착제가 견딜 수 있는 환경 조건(실외, 습한 곳 등)을 알 수 있다. 국가마다 기호 체계가 다르지만 대체로 WBP는 'weather-and boil-proof(내후성 및 내열성)'를 의미한다.

대부분 합판은 심층(코어) 목재의 품질을 A~D 등급으로 분류하는데 A등급이 가장 높은 품질을 나타낸다. 또한 표면 단판을 각기 A, B, BB, Wg, X등급으로 분류하여 옹이, 얼룩, 기타 결점이 있는지 여부를 나타내는데, A등급은 결점 없는 완성도 높은 표면, 뒤로 갈수록 표면에 결점이 많음을 나타낸다. Wg와 X등급은 표면에 옹이, 얼룩, 구멍 등 결점이 많다는 것을 나타내는데, 이러한 합판을 업홀스터리 가구의 뼈대로 사용하는 경우도 많다. 합판은 앞, 뒤의 표면

이 있으므로 각기 따로 등급을 매기고 'A/B', 'B/BB'와 같이 표시한다(순서대로 앞, 뒷면 등급)[역주-앞, 뒤 표면 등급이 같을 때는 'A', 'B'와 같이 한 등급만 표시한다].

서랍옆면용 합판(drawer-side plywood)은 단판의 결을 모두 한 방향으로 맞춰서 붙인 것으로 원목에 비해 더 튼튼하지는 않지만 휘지 않고 평면 형태가 유지된다는 장점이 있다. '서랍옆면용'이라는 명칭에서 알 수 있듯 주로 서랍을 만들 때 사용되며, 그 밖에도 서랍 옆면과 같이 하중이 한 방향으로만 쏠리는 부위에 이용된다.

장식용 합판(무늬목, decorative plywood)은 앞 표면에 외관이 아름다운 얇은 단판을 붙여 만든다. 뒤 표면에는 장식 효과는 없지만 품질이 우수한 단판을 붙여 앞면과 균형을 맞춘다.

플렉시 합판(휘어지는 합판, flexi-ply)은 아주 좁은 반경으로 구부릴 수 있는 특수 합판으로 가구, 창틀/문틀, 진열장 등의 좁은 굴곡 부위에 이용한다. 한 방향으로는 유연하게 구부려지지만 다른 방향으로는 전혀 휘어지지 않고 견고하게 형태가 유지된다. 구부려지는 방향으로 다소 취약할 수도 있다. 플렉시 합판은 두께 3mm, 5mm, 8mm, 12mm, 16mm로 생산되며 크기는 2,500×1,220mm, 3,120×1,850mm, 2,820×2,070mm가 있다. 가로(폭) 방향으로 휘어지는 종류를 '배럴 랩barrel wrap', 세로(길이) 방향으로 휘어지는 종류를 '컬럼 랩column wrap'이라고 한다. 구부릴 수 있는 최소 반경은 합판 두께에 따라 달라지는데, 두께가 5mm인 경우 최소 5mm 반경으로 구부릴 수 있다(단, 합판 밑을 똑바로 받쳐 놓고 조심스럽게 구부려야 한다).

멀티 합판(multi-ply)은 주로 두께 1mm 의 버치(자작나무) 단판을 홀수로 겹쳐 만드는 고품질 합판이다. 형태가 견고하게 유지되며 옆면의 결 무늬가 아름답기 때문에 높은 단가에도 불구하고 각광 받는 소재이다. 무늬목으로 활용하기 적합하며, 표면 등급이 A-B인 경우 투명 마감해서 그대로 사용한다.

왼쪽부터 순서대로 : 〈파이미오 체어(Paimio Chair)〉(알바 알토). 자작합판으로 만들었다.

〈인골프 파인 다이닝 체어(Ingolf pine dining chair)〉(이케아). 소나무 소재를 사용한 제품이다. 소프트우드는 하드우드에 비해 제품 치수를 크게 만들어야 하는데 소재의 단점을 극복하고 우아한 디자인을 구현한 점이 돋보인다.

〈후디니 체어(Houdini Chair)〉(스테판 디에즈). 버치 합판과 버치 원목을 사용했다.

아래 : '벤디(휘어지는)' MDF. 판 한 쪽에 무수한 칼집을 넣어 '거의 끝까지' 절단하는 가공을 거쳐 만든다. 진열용 가구에 많이 이용되며, 보다 큰 하중을 받는 제품에는 플렉시 합판('벤디 합판'이라고도 부른다)을 써야 한다. 플렉시 합판은 한 쪽 방향으로만 휘어지며(나무결 무늬와 같은 방향 또는 직각 방향) 좁은 반경으로 구부릴 수 있다. 에어로 합판은 주로 정밀 모형, 조명기구, 가정용품, 항공기 등에 이용된다. 여러 장을 겹쳐서 집성재를 만들기도 하는데 비용 소요가 크므로 대부분 예술 작품이나 소량생산 제품에 한정된다.

에어로 합판(aero-ply) 역시 버치 소재의 고품질 합판이다. 아주 얇은 버치 단판을 3겹 이상 겹쳐 총 두께가 0.4~12mm가 된다.

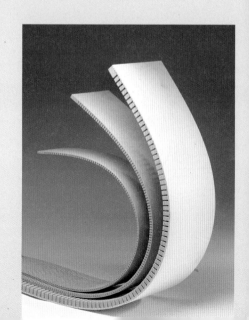

수종	특징	가공 난이도	마감 완성도	용도	무게 (건조 시, 부피 1m³ 당)
레드 오크(아메리칸) Quercus rubra	거칠고 곧은 결 무늬. 단단하고 밀도가 높다. 단가 : 높음	쉬움	높음	의자, 수납장, 목재조인트, 바닥재, 단판	780kg
화이트 오크(아메리칸) Quercus alba	거칠고 곧은 결 무늬, 또는 미디엄 피규어 medium figure. 단단하고 밀도가 높다. 단가 : 높음	쉬움	높음	의자, 수납장, 목재조인트, 바닥재, 주방/욕실 상판, 단판, 건물 외장 장식	760kg
오크(유러피언) Quercus robur	거칠고 곧은 결 무늬, 또는 미디엄 피규어(medium figure). 단단하고 밀도가 높다. 단가 : 높음	쉬움	높음	의자, 수납장, 목재조인트, 바닥재	730kg
시카모어(아메리칸) Platanus occidentalis	곱고 곧은 결 무늬. 단가 : 중간	쉬움	높음	수납장, 목재조인트, 바닥재, 단판	570kg
시카모어 메이플(유러피언) Acer pseudoplatanus	곱고 곧은/물결모양 결 무늬. 단가 : 중간	쉬움	높음	수납장, 의자(주로 공예품), 목공예품, 바닥재, 악기, 단판	640kg
월넛(아메리칸) Juglans nigra	거칠고 곧은결 무늬, 또는 미디엄 피규어. 단단하고 밀도가 높다. 단가 : 매우 높음	쉬움	높음	수납장, 의자(주로 공예품), 목공예품, 바닥재, 주방/욕실 상판, 단판	670kg
월넛 (유러피언) Juglans regia	거칠고 곧은 결 무늬, 또는 미디엄 피규어. 단단하고 밀도가 높다. 단가 : 매우 높음	쉬움	높음	수납장, 의자(주로 공예품), 목공예품, 바닥재, 총기류, 주방/욕실 상판, 단판	670kg

표면재
[베니어, HPL, (Veneers and laminates)]
(표면재에 대한 세부 설명은 p.209-프로파일 랩핑, 멤브레인 가공, p.177-아크릴 표면재 참조)

무늬목은 목재 표면에 베니어, HPL, 멜라민(또는 다른 플라스틱)을 얇게 붙여 마감한 것이다. 보통 무늬목의 속을 채우는 소재는 저렴한 목재를 사용하며, 목재 대신 금속이나 플라스틱을 사용하는 경우도 있다.

베니어는 원목을 얇게 잘라 만든 단판을 말하는 것으로 주로 집성재와 합판을 구성하는 소재가 되며 무늬목의 표면을 덮는 소재로도 쓰인다. 흔히 베니어를 붙인 무늬목은 원목에 비해 가치가 떨어진다고 여기지만 원목은 소재 원가가 높고 가공이 까다롭기 때문에 대중 가구의 소재로 적합하지 않다. 반면 무늬목은 보다 많은 사람들이 합리적인 비용으로 목재 가구의 혜택을 누릴 수 있도록 해줄 뿐 아니라 하드우드 목재 고갈 문제에 대한 좋은 대안이기도 하다.

원목 재단 방식에 따라 베니어의 무늬와 성능이 달라진다. 가장 경제적인 방식은 회전절단rotary cutting으로 칼로 나무줄기 둘레의 껍질을 벗기듯이 재단해서 베니어를 만드는 방식이다. 이렇게 재단한 베니어는 주로 합판 소재로 쓰이지만 특수한 경우 아름다운 무늬가 있는 고급 표면재를 이 방식으로 재단하기도 한다(예 : 버드 아이bird's eye 무늬가 있는 메이플). 그러나 회전 절단은 깎아낸 베니어의 나무결이 손상되는 경우도 있어 대부분 표면재 베니어는 다른 방식으로 재단한다. 시판되는 표면재 베니어 제품은 자연 상태 표면으로 마감된 종류(스테인 용)도 있고, 가공하여 무늬와 질감을 넣은 제품도 있다. 가공된 베니어는 매우 다양한 무늬, 질감 중 적합한 것을 선택할 수 있고 균일한 외관을 얻을 수 있어 편리하다. 한편 베니어를 붙인 무늬목 기성 제품도 있는데 베니어 표면재보다 종류가 다양하지 않아 선택 범위가 한정적이다(필요한 형태의 무늬목을 주문 제작할 수도 있지만 주문 물량이 크지 않으면 단가가 높아진다).

대량생산 가구는 대부분 무늬목 기성 제품을 이용하거나, 시공이 간편한 접착식 베니어 제품(뒷면에 종이가 대어져 있고 롤 형태)을 사용한다.

HPL(고압 압축 래미네이트, high-pressure laminate)은 흔히 '포마이카Formica'라는 상품명으로 알려진 소재로 주방 상판이나 바닥재로 많이 쓰인다. 충격에 강하고 잘 긁히지 않으며 열이나 화학약품에도 잘 손상되지 않아 가구 표면재 중 가장 견고한 소재로 꼽힌다. HPL은 페놀 수지에 적신 종이를 여러 겹 쌓은 후 고온 압축하여 만드는데 종이 결이 겹겹이 교차하면서 매우 강한 결합을 이루어 '폭탄이 터져도 깨지지 않는' 단단한 구조가 된다. 일부 HPL 종류는 벤딩 가공이 가능한 것도 있지만(곡면 상판 모서리 등에 이용) 특수 설비가 필요하기 때문에 소규모 공방에서는 불가능하다. HPL은 다양한 색상, 무늬, 질감으로 생산되어 선택의 폭이 매우 넓다. 최근 아크릴 표면재(Corian®) 등 대체 소재가 인기를 모으면서 HPL은 예전의 위상을 잃어가는 추세이지만 여전히 산업 전반에서 폭넓게 이용되고 있다.

멜라민 포일melamine foil은 HPL보다 얇고 저렴하다. 두께가 HPL 판의 10% 정도로 매우 얇기 때문에 그만큼 강도도 떨어지지만 유연하게 휘어지고 시공이 간편하여 효용성이 높다. 가정용 또는 공공시설용 가구 중 표면재를 사용하는 제품은 대부분 멜라민 포일(또는 유사한 플라스틱)을 프로파일 랩핑이나 멤브레인 가공으로 붙인 것이다. 멜라민 포일은 표면에 무늬나 질감을 새겨 넣을 수 있고 염색이 가능하다. 제조 공정은 HPL과 유사하며 멜라민 수지에 적신 종이를 여러 겹 쌓은 후 고온 압축하여 만든다.

열대 하드우드(TROPICAI HARDWOODS)

수종	특징	가공 난이도	마감 완성도	용도	무게 (건조 시, 부피 1m³당)
블랙 듀리안 Black durian Coelostegia griffithii	곧은 결 무늬, 페인트 피규어(feint figure). 단가 : 해당사항 없음. FoE 등급: VU	보통	높음	수납장, 목재 조인트	700kg
이디그보 idigbo Terminalia ivorensis	다소 거칠고 곧은 결무늬. 단가 : 해당사항 없음. FoE 등급 : VU	보통	높음	의자, 수납장, 목재조인트	550kg
이로코 iroko Chlorophora excels	거칠고 곧은 결무늬, 높은 유분 함량, 스팀벤딩하기 좋음. 단가 : 높음. FoE 등급 : LR	쉬움	높음	실외 및 실내용 가구, 목재 조인트, 선박	670kg
마호가니(브라질산) Swietana macrophylla	고운/중간 결무늬, 리본 피규어(ribbon–figure), 주로 쿼터 재단(quarter–sawn)함. 단가 : 매우 높음. FoE 등급 : VU	쉬움	높음	수납장, 의자, 목재 조인트, 베니어	580kg
오비치 Obeche Triplochiton scleroxylon	단단함, 고운 결무늬, 비교적 가벼움. 단가 : 해당사항 없음. FoE 등급 : LR	쉬움	높음	목재 조인트, 수납장, 베니어	400kg
사펠리 Sapele Entandrophragma cylindricum	고운/중간 결무늬, 리본 피규어, 주로 쿼터 재단함. 마호가니와 유사. 단가 : 높음 FoE 등급 : VU	쉬움	높음	수납장, 의자, 목재 조인트, 베니어	540kg
티크(오동나무) Teak Tectona grandis	중간 결무늬, 높은 유분 함량. 주로 대형 조림지에서 생산. 단가 : 매우 높음 FoE 등급 : VU(야생 티크)	쉬움	높음	실외 및 실내용 가구, 수납장, 의자, 목재 조인트, 목공예품, 선박	660kg
유틸 Utile Entandrophragma utile	중간 결무늬, 스트라이프 피규어(striped figure). 주로 쿼터 재단함. 단가 : 해당사항 없음 FoE 등급 : VU	쉬움	높음	실외 및 실내용 가구, 수납장, 의자, 목재 조인트, 목공예품, 선박, 바닥재, 베니어	670kg/
제브라 우드 Zebra wood(Zebrano) Astronium fraxinifolium	고운/중간 결무늬, 짙은 스트리크 피규어(streaked figure). 단가 : 매우 높음 FoE 등급 : VU	어려움	높음	수납장, 베니어, 목공예품	940kg

* FoE 위기등급은 환경단체(지구의 친구들, Friends of the Earth)에서 무분별한 목재 채취로 인해 각 수종이 처한 위기가 어느 정도인지 나타내기 위해 매긴 등급이다.
– CR(매우 심각한 위기) : 멸종 위험이 매우 높음
– EN(endangered) : 멸종 위험이 높음
– VU(vulnerable) : 멸종 위험이 있음
– LR/NT(lower risk) : 멸종 가능성이 낮음/없음

목재 마감(Wood finishes)

모든 목재 제품은 표면을 적절한 마감제로 처리해서 오염, 마모, 습기의 침투, 자외선 등으로부터 보호해줘야 한다. 표면을 래커나 오일로 마감하여 나무의 자연 색에 깊이를 더해주거나 스테인, 페인트로 도장하여 보다 다양한 색상을 표현할 수 있다. 적합한 마감 방식을 선택하는 것은 물 론 마감 공정의 준비 또한 매우 중요하다. 목재가 알맞게 건조되고 표면 전처리가 철저하지 않은 상태에서는 아무리 공들여 마감 처리해도 그 효과가 제대로 발휘되지 않는다.

오일은 처리 방법이 간단해서 경험이 없는 초보자도 좋은 결과를 낼 수 있다. 오일은 유분을 많이 함유하는 열대 수종(이로코, 티크)에 가장 효과적인데, 최근 가구와 인테리어 자재에 오일 처리한 목재가 큰 인기를 모으고 있다. 목공예 분야에서 쓰는 오일은 매우 다양한 종류의 오가닉 오일organic oil과 퀵드라이quick dry 타입 제품이 쓰이는 반면 상업 분야 업체가 생산하는 가구에는 기본 오일 종류만 사용된다.

실내용 가구에는 텅 오일tung oil이나 대니쉬 오일danish oil이 가장 좋은데, 완전 건조되기 때문이다. 다만 하도 후 몇 시간 경과한 후 중도/상도

가 가능하므로 유의해야 한다. 텅 오일로 처리한 표면은 잘 긁히지 않고 습기와 열에 강하나 음식물과 접촉하는 표면(조리대, 도마 등)에는 적합하지 않다. 대니쉬 오일은 테이블 상판과 주방 가구 표면에 적합하지만 음식물을 직접 대고 조리하는 곳에는 사용하면 안 된다. 음식물이 직접 닿는 표면에는 무독성 오일(조리대, 조리기구 전용) 제품을 써야 한다.

왁스는 주로 공예 가구에 쓰이며 왁스를 단독으로 사용하거나 래커나 바니쉬 위에 덧입히는 용도로 쓴다. 비왁스(밀랍), 카르나우바 왁스, 테레빈유를 혼합하여 사용이 간편하게 만든 종류를 많이 사용한다. 왁스가 다른 마감제에 비해 특별히 유리한 점은 없으나 독특한 향과 천연물질이라는 점 때문에 선호하는 사람들이 많다. 프렌치 폴리쉬French polish는 처리에 숙련된 기술이 필요하고 시간이 오래 걸린다. 간편하면서도 동일한 효과를 낼 수 있는 다른 마감 기법이 많이 있기 때문에 현대 가구 제품에는 거의 쓰이지 않는다. 다만 전통 방식으로 소량 제작하는 고급 가구를 프렌치 폴리쉬로 마감하는 경우가 있다.

가구 표면에 래커, 바니쉬, 페인트를 입힐 때 대부분 분사(스프레이) 방식을 쓰는데 표면 완성

도가 높고 도료 낭비가 적기 때문이다. 소규모 공방에서 가구를 만드는 경우가 아니면 분사 이외 다른 방식은 쓰지 않는다. 마감 도료는 건조 시간이 가능한 한 짧은 편이 유리한데, 같은 시간에 더 많은 제품을 생산할 수 있고 표면이 마르는 동안 먼지나 불순물이 부착될 위험도 줄기 때문이다.

이 때문에 과거에는 가구 업계를 포함한 산업 전반에서 건조 시간이 짧은 유성 래커, 바니쉬, 페인트가 선호되었으나 VOC(휘발성 유기화합물)가 인체와 환경에 유해하다는 사실이 밝혀지면서 상황이 크게 바뀌었다. 유성 도료를 빨리 마르게 하는 성분 니트로셀룰로스nitrocellulose에 VOC가 다량 함유되어 있기 때문이다. 사회적 인식 변화와 VOC에 대한 법 규제에 따라 유성 도료 사용이 줄고 대신 VOC 함량이 낮은 수성 도료의 비중이 늘고 있으며 최근에는 유성 못지 않게 건조가 빠른 수성 제품도 많이 개발되었다.

스테인으로 목재에 색을 입혀 다른 수종처럼 보이도록 하거나 색 차이가 있는 부분을 같은 색으로 맞출 수 있다. 또한 나무의 천연 색을 덮어 다양한 색감을 표현할 수도 있다. 목재는 원래 춘재(early wood)가 추재(late wood)보다 색이

윗줄, 왼쪽부터 순서대로 : 베니어 표면재는 매우 다양한 제품이 있다. 그러나 베니어 무늬목 기성 제품은 종류가 그만큼 다양하지 않아 선택이 다소 한정된다.

HPL(고압 압축 래미네이트)는 열에 강하고 쉽게 오염되지 않는다.

멜라민 또는 PVC를 표면에 입힌 목재판은 HPL이나 포마이카보다 내구성이 다소 떨어지지만 다양한 가구 제품에 이용되는 실용적인 소재이다. 특히 선반과 주방 수납장 문에 많이 쓰인다.

아랫줄, 왼쪽부터 순서대로 : PU 바니쉬는 대부분의 실내용 목재 가구에 사용하기 좋다.

〈테이블 레이어(Table layer)〉(갤로티 앤드 래디스). 밑받침 부분이 스테인/페인트칠한 목재 파트로 이루어졌다.

〈PK0 체어(PK0 Chair)〉(폴 키에르홀름). 페인트 칠한 목재 의자이다.

왼쪽 : 〈픽 테이블(Pic Table)〉(크리스틴 버크호벤). 오크 소재에 오일을 입혀 다리를 만들었다.

SOFTWOODS

수종	특징	가공 난이도	마감 완성도	용도	무게 (건조 시, 부피 1m³당)
삼나무(웨스턴 레드) Thuja plicata	부드러운 재질, 고운 결무늬, 송진 있음. 쉽게 썩지 않음 단가 : 높음	쉬움	높음	건물 외장재, 지붕, 목재조인트	380kg
더글러스 퍼 Pseudotsuga menziesii	거칠고 곧은 결무늬, 송진 있음 단가 : 높음	쉬움	보통	건축자재, 목재조인트	532kg
라치 larix decidua	미디엄 피규어 medium figure, 곧은 결무늬, 송진 있음 단가 : 높음	보통	보통	목재조인트, 선박	570kg
파인(폰더로사) Pinus ponderosa	거칠고 곧은 결무늬, 송진 없음 단가 : 낮음	보통	보통	수납장, 의자, 목재조인트, 건축자재	490kg
파인(웨스턴 화이트) Pinus monticola	곱고 곧은 결무늬, 페인트 피규어 feint figure, 송진 있음 단가 : 낮음	쉬움	높음	가구, 목재조인트, 건축자재	470kg
파인(옐로우) Pinus strobus	부드러운 재질, 고운 결무늬, 송진 있음 단가 : 낮음	쉬움	높음	수납장, 의자, 목재조인트, 악기, 건축자재	410kg
레드우드(유러피언) Pinus sylvestris	보통/고운 결무늬, 송진 없음 단가 : 낮음	보통	높음	수납장, 의자, 목재조인트, 건축자재	510kg
스프루스(노르웨이) Picea abies	보통/고운 결무늬, 송진 있음 단가 : 낮음	쉬움	높음	목재조인트, 악기, 건축자재	460kg
스프루스(시트카) Picea stichensis	보통/고운 결무늬, 송진 없음 단가 : 낮음	쉬움	높음	목재조인트, 악기, 건축자재	460kg
주목 Taxus baccata	단단한 재질, 고운/중간 결무늬, 변재 부분 색이 뚜렷함 단가 : 매우 높음	Poor	높음	수납장, 의자(주로 공예작품), 목공예품	680kg

연하지만 스테인 처리했을 때는 구멍이 많은 춘재 부분에 스테인이 많이 흡수되어 색이 더 짙어진다. 따라서 나이테가 뚜렷한 수종을 어두운 색상 스테인으로 처리하는 경우 결 무늬의 '반전'이 일어나기도 한다.

스테인은 유성, 희석성, 수성이 있으며 각기 장단점이 있다. 유성 스테인은 빨리 마르고 나무결을 일으키지 않아 선호되지만 실내용 제품에는 잘 쓰이지 않는다. 희석성 스테인은 가구 업계에서 오랫동안 가장 많이 쓰이는 종류였으나 VOC 함량이 높아 최근 수성 스테인으로 대체되는 추세이다. 수성 스테인은 처리 과정에서 건조된 목재에 물기를 스며들게 하고 나무결을 일으키는 부작용이 있지만 최근 유성 스테인 대체로 수요가 크게 늘면서 기능이 개선된 수성 스테인 제품이 많이 개발되고 있다.

목재 제품 제작 공정 (Wood manufacturing processes)

조인트(결합, JOINTING)
비스킷 조인트(Biscuit joints)
제품 형태 : 각기둥
오차 범위 : 0.5~1mm
제품 생산 규모 : 1~10,000개
처리 속도 : 느림
단가 : 중간
설비 비용 : 없음
유사 공정 : 다월 조인트, 에지 조인트

비스킷 조인트는 캐비닛 제작 기법으로 목재 판끼리의 에지 결합부를 강화할 때도 쓰인다[텅 앤드 그루브(제혀 맞춤, tongue and groove)나 럽 조인트rub joint 대용]. 연결 부위는 버트(맞대기, butt), 에지 투 에지edge to edge, 연귀mitred 방식이 있다. 비스킷을 넣는 슬롯은 플런지 톱으로 수작업 하여 만드는데, 에지-투-에지 방식 슬롯은 라우터를 사용할 수 있다.

서로 연결되는 목재 양쪽에 상응하는 위치(표면 또는 가장자리)에 슬롯을 내고 슬롯 안쪽에 접착제를 도포한다. 그 다음 한쪽 목재의 슬롯에 타원형 비스킷을 끼워 고정시킨 후 반대편 목재의 슬롯을 이 비스킷에 끼워 연결하고 전체 연결부에 클램프를 물린다. 이때 비스킷이 접착제를 흡수하면서 슬롯 안에서 팽창하여 결합이 더욱 단단해진다. 에지 투 에지 연결은 슬롯이 길게 하나로 연결된 모양(라우터로 절단)이고 사각형의 비스킷('탠슬리 웨이퍼Tanseli Wafer'라고 부른다)을 사용하여 접착제가 붙는 면적이 넓으므로 다른 방식보다 결합이 견고하다. 비스킷 조인트는 세 가지 크기(두께는 동일)가 있는데, 번호를 붙여 no. 0(47×15×4mm), no. 10(53×19×4mm), no. 20(56×23×4mm)로 부른다.

버트 조인트(맞대기 이음, Butt joints)
제품 형태 : 각 기둥
오차 범위 : 0.5~0.1mm
제품 생산 규모 : 1~10,000개
처리 속도 : 느림
단가 : 중간~높음
설비 비용 : 없음
유사 공정 : 없음

버트 조인트(맞대기 이음, butt joint)는 목재 결합 중 가장 간단한 방식이다. 결합을 유지하기 위해서는 접착제나 기타 결합 부품(다월, 텅)이 필요하며 각진 부분을 연결했을 때는 적어도 한쪽 단면이 노출된다. 연귀형 버트 조인트는 외관이 보다 고급스럽지만 연결면 절단이 까다롭고 다월 구멍을 정확히 맞추기 어렵다. 반면 기본 버트 조인트에는 손쉽게 다월을 끼울 수 있고 캠과 볼트 같은 조임쇠 구멍을 내기도 쉽다. 연귀형과 기본형 모두 연결부 뒷면에 목재를 덧대어 강화할 수 있는데 접착제로 영구 부착하는 방식이므로 나중에 분해할 필요가 없는 부분에만 적용할 수 있다. 연귀형 버트 조인트를 프리 어셈블리에 적용할 때 결합 부품이 겉으로 보이지 않게 하려면 슬롯을 넣어 텅이나 비스킷을 끼울 수 있는데 공정에 시간이 오래 걸리고 비용이 많이 소요된다.

에지 결합(Edge jointing)
제품 형태 : 각기둥
오차 범위 : 0.5~1mm
제품 생산 규모 : 1~10,000개
처리 속도 : 느림-보통
단가 : 중간-높음
설비 비용 : 없음
유사 공정 : 비스킷 조인트, 다월

에지 결합edge jointing으로 원목 판 여러 개를 붙여 더 넓은 판을 만들 수 있으며 목재 변형을 막는 효과도 있다. 가구에 사용하는 원목 판은 대개 원목을 일관제재through and through나 플레인 재단plain sawn 방식으로 재단하여 만드는데, 이 방식은 효율이 높지만 재단한 목재가 휘어지거나 뒤틀리는 경우가 많다. 에지 결합 방식은 이러한 판의 나이테 방향을 바꾸어가며 연결하므로 변형을 줄일 수 있다. 반면 쿼터(4등분) 재단quarter-sawn한 원목 판은 잘 휘어지지 않지만 가격이 높다.

에지 결합은 접착제를 붙이고 클램프를 조이는 것만으로 강도 높은 결합을 얻을 수 있으며 연결부에 조인트 부품을 사용해서 결합 강도를 한층 더 높일 수 있다. 에지 결합에 사용하는 조인트 부품으로 텅(그루브), 비스킷, 다월 등이 있다.

도브테일 조인트(주먹장 맞춤), 콤 조인트/ 핑거 조인트(사개 맞춤)[Dovetail and comb joints (including tapered finger joints)]
제품 형태 : 각기둥
오차 범위 : 0.3~0.5mm
제품 생산 규모 : 1~10,000개
처리 속도 : 느림
단가 : 중간~높음
설비 비용 : 없음
유사 공정 : 비스킷 조인트

도브테일 조인트(주먹장 맞춤, dovetail joint)는 원래 전통 수공예 가구 기법이지만 전용 장비나 라우터에 지그를 장착하여 작업할 수도 있다. 도브테일 조인트는 전통 가구에서 서랍을 만들 때 쓰였는데, 잦은 사용에도 견딜 수 있을 만큼 강한 결합이 도브테일 이외에 없었기 때문이다. 도브테일 조인트는 크게 두 방식으로 나뉘며 각기 수많은 응용방식이 있다.

쓰루 도브테일through dovetail은 핀 또는 테일의 단면 결(마구리)이 표면에 노출되는 방식이다. 접착제 없이도 결합이 견고하게 유지되는 도브테일의 장점을 극대화할 수 있다. 핀 쪽을 서랍 앞면으로 하여 테일 단면 노출부를 옆으로 돌려서 쓴다.

하프-블라인드 도브테일half-blind dovetail은 테일이 핀의 중간까지만 끼워져 소켓 내에 고정되는 방식이다. 도브테일 조인트의 견고한 결합을 누리면서도 서랍 앞면에 조인트 노출을 피할 수 있다. 조인트 단면이 서랍 앞면에 보이지 않게 하는 또 다른 방법은 쓰루 도브테일로 연결하고 서랍 앞면에 판을 덧대어 노출된 조인트를 가리는 것이다.

도브테일 조인트는 정교한 수작업이 필요하므로 제품 단가가 높아진다. 라우터로 작업할 경우 기본 지그 종류는 하프-블라인드 형태만 깎을 수 있고 핀/테일의 크기를 변경할 수 없어 결합 부분도 한정된 폭만 가능하다. 보다 정밀한 지그를 사용하면 핀/테일의 크기와 간격을 다양하게 조절할 수 있고 쓰루 도브테일도 가능하다.

도브테일 조인트는 고급 가구에 많이 쓰이는 기법으로 고품질의 이미지가 강하다. 중저가 제품에 종종 베니어로 표면만 모양을 넣은 '가짜 도브테일'이 등장하는 것도 그 때문이다.

콤 조인트comb joint 또는 핑거 조인트(사개 맞춤)

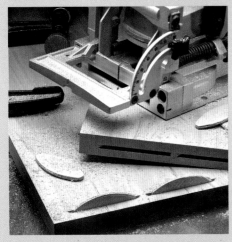
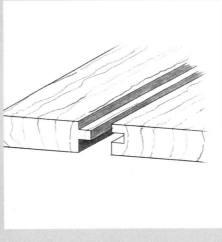

finger joint는 도브테일과 유사하나 맞물리는 이음새 모양이 다르다. 도브테일은 밑둥이 넓은 마름모 형이고 접착제 없이도 단단하게 결합되는 반면 콤/핑거는 위아래 넓이가 같은 직사각형으로 결합 유지를 위해서 접착제가 필요하다.

다월 조인트(꽃잎촉 맞춤, Dowel joints)

제품 형태 : 각기둥
오차 범위 : 0.3~0.5mm
제품 생산 규모 : 1~10,000개
처리 속도 : 빠름
단가 : 중간~높음
설비 비용 : 없음
유사 공정 : 비스킷 조인트, 에지 조인트

다월(꽃잎촉, dowel)을 이용하여 적은 비용으로 손쉽게 소형 문들과 가구 프레임을 조립할 수 있다. 다월 위치에 따라 작업 방식이 다른데, 원목 판의 전면과 옆면은 CNC 자동공정 또는 수작업으로 간단히 다월 구멍을 낼 수 있지만 끝 단면(마구리) 또는 넓은 판의 옆면은 수평 드릴 장비가 필요하다. 다월은 비스킷과 자주 비교되는데, 소량생산에는 다월보다 비스킷이 유리한 경우가 많고 대량생산에는 다월이 가장 적합하다.

수공예 가구에 넣는 다월은 손으로 깎아서 만들기도 하지만 대부분 가구 제품은 기성 제품 다월(압축한 비치목 소재)을 쓴다. 이러한 기성품 다월에는 세로방향 골이 있는데 구멍에 끼울 때 마찰을 줄이고 조립 완료 후 다월이 구멍 안쪽 끝까지 밀어넣었을 때 여분의 접착제가 밖으로 빠져나오기 쉽게 만드는 역할을 한다. 기성품 다월은 대부분 지름 6mm, 8mm, 10mm의 크기로 생산되며 지름 12mm 제품도 있다.

해빙 조인트
(턱맞춤, 반턱맞춤, Halving joints)

제품 형태 : 각기둥

오차 범위 : 0.5~1mm
제품 생산 규모 : 1~10,000개
처리 속도 : 느림
단가 : 중간~높음
설비 비용 : 없음
유사 공정 : 모티스 앤드 테넌 조인트(장부 맞춤)

해빙 조인트(턱맞춤, 반턱맞춤, halving joint)는 접착제, 다월, 나사 등이 없이도 결합이 유지된다. 결합 강도가 다소 약하므로 하중을 지지하는 주요 결합에 사용하는 것은 드물다(결합력이 강한 다월이나 모티스 앤드 테넌 조인트를 사용). 연결부를 정밀 재단하여 견고하게 맞춘다면 의자에도 적용이 가능하나 최선의 방법은 다월과 접착제로 보강하는 것이다. 이때 접착제는 PVA 대신에 강성이 높은 요소포름알데히드 계를 써야 한다.

해빙 조인트는 연결하는 부위와 결합 턱의 모양에 따라 교차, T 연결, 도브테일 T 연결, 코너, 연귀형 코너가 있다. 이 중 교차형이 가장 결합력이 강한데 연결하는 부분끼리 교차되면서 서로 받쳐주기 때문이다. T 연결과 도브테일 T 연결 역시 연결부가 맞물리며 결합이 강하다. 한편 코너와 연귀형 코너 연결은 턱이 서로 맞대어질 뿐이므로 결합이 약하다.

윗줄, 왼쪽부터 순서대로 : 사진과 같이 버트 조인트에 비스킷을 넣어 결합을 강화할 수 있다. 그 밖에 연귀맞춤, 에지 투 에지 연결도 비스킷으로 보강하는 경우가 많다.

텅 앤드 그루브(제허맞춤)식 에지 결합

해프 블라인드(방식의 도브테일 조인트로 제작한 서랍. 사진의 제품은 전용 기계로 깎은 것이다.

테이퍼드 핑거 조인트는 목재의 긴 옆선끼리 연결하는 데 쓰인다. 결합 강도는 다소 약하지만 좁은 폭의 목재를 이어 붙여 넓은 상판이나 패널을 만드는 데 유용하다.

다월은 모티스 앤 테넌(장부맞춤)에 비해 빠르게 만들 수 있고 결합 강도도 높다. 다양한 가구 프레임과 문에 사용된다.

옆 페이지 : <프레리 체어(Prairie Chair)>(본 툰드라). 이 의자의 접합부는 해빙 조인트로 되어 있으며 다월과 접착제로 강화한 것이다. 보통 해빙 조인트는 결합이 약하므로 의자에는 잘 쓰이지 않으며 모티스 앤 테넌(장부맞춤) 또는 다월 조인트가 일반적이다.

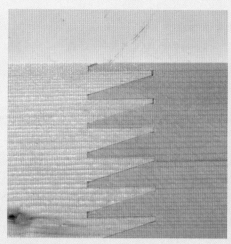

하우징 조인트(통맞춤, Housing joint)
제품 형태 : 각기둥
오차 범위 : 0.3~0.5mm
제품 생산 규모 : 1~5,000m
처리 속도 : 느림
단가 : 높음
설비 비용 : 없음
유사 공정 : 비스킷 조인트, 다월 조인트, 모티스 앤드 테넌

하우징 조인트(통맞춤, housing joint)는 주로 원목 가구의 선반 연결부에 쓰이며 선반을 지지하는 부위의 표면적을 넓혀 결합력을 강화한다. 지지구조(수직으로 세워진 형태)에 슬롯을 만들고 선반을 넣는 암수결합 방식이다. 보통 연결부를 접착제로 고정하지 않고 도브테일, 비스킷, 다월을 사용하는 경우가 많다. 대부분 연결하는 선반과 지지부의 폭이 같다. 쓰루 하우징 조인트through housing joint는 연결부 슬롯이 전체 폭에 걸쳐 있어 슬롯 끝 부분이 노출되는 반면 스톱 하우징 조인트stopped housing joint는 슬롯을 전체 폭보다 조금 짧게 하여 앞에서 볼 때 슬롯이 드러나지 않는다. 스톱 방식은 선반 끝(슬롯에 끼우는 부분)을 슬롯 길이에 맞추어 잘라내어야 한다. 전통적인 가구 제작 기법으로는 슬롯과 선반이 맞물리는 부분을 도브테일 형태로 깎는다. 이 방식은 겉으로 드러나는 보조 부품 없이도 매우 견고한 결합이 이루어진다는 장점이 있지만 시간 소요가 많은 까다로운 공정이다.

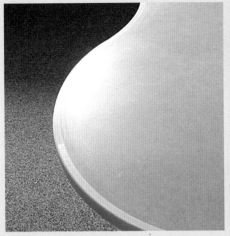

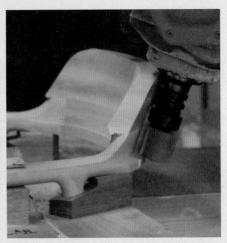

테두리 덧대기
(립, 에지; Lipping and edging)
제품 형태 : 각기둥

오차 범위 : 0.5~1mm

제품 생산 규모 : 1~10,000개

처리 속도 : 느림

단가 : 중간

설비 비용 : 없음

유사 공정 : 비스킷 조인트, 다월 조인트, 에지 몰딩

무늬목 가장자리에 원목 소재의 립(테두리, lip)을 대어 노출된 단면을 덮으면 고급 원목 소재처럼 보이게 할 수 있다. 일반 합판이나 무늬목에는 가장자리에 챔퍼chamfer나 베벨bevel을 넣을 수 없지만 원목 립을 대면 이러한 고급 디테일이 가능하다. 또한 원목 소재가 테두리를 잡아주므로 전체 구조가 더 견고해진다. 특히 립 부분을 판 두께보다 두껍게 붙이면 더욱 안정감이 있다.

원목 립은 접착제와 클램프를 사용해서 간단히 부착할 수도 있지만 비스킷이나 텅으로 강화해주는 경우가 더 많다. 일반적으로 판 두께보다 조금 두꺼운 립을 선택해서 표면 위로 아주 약간 올라오게 붙인 다음 사포질하거나 라우터로 깎아서 표면을 평평하게 맞추어준다.

목재판 가장자리에 베니어판, HPL(포마이카), 멜라민 박판, 플라스틱 소재 등으로 에지(가장자리, edge)를 대는 경우가 많다. 목재 외에 플라스틱이나 금속 판에도 플라스틱 에지를 쓰는데, 오피스 가구나 주방 상판에서 흔히 볼 수 있다.

베니어 또는 멜라민 소재 에지는 대부분 간편한 접착식 제품(뒷면에 열가소성 접착제가 도포되어 있다)을 사용한다. 이것을 전용 장비를 사용해서 부착하거나 수작업으로 다리미 등 가열 기구로 접착제를 녹여 부착한다. HPL과 플라스틱 소재 에지에는 대개 화학식 접착제를 사용한다. 이론상으로는 모든 종류의 에지를 이 방식으로 부착할 수 있다.

모티스 앤드 테넌
(장부맞춤, Mortice and tenon joints)
제품 형태 : 각기둥

오차 범위 : 0.3~0.5mm

제품 생산 규모 : 1~10,000개

처리 속도 : 느림

단가 : 중간~높음

설비 비용 : 없음

유사 공정 : 비스킷 조인트, 다월, 하우징 조인트

모티스 앤드 테넌 조인트(장부맞춤, mortice and tenon joint)는 목재 조인트 중에서 가장 견고한 결합 방식이다. 연결 부위에서 명확한 결합이 이루어지고 결합 부품끼리 접촉하는 표면적이 넓기 때문이다. 모티스 앤드 테넌 조인트에 접착제를 붙여 연결한 부분은 원목을 일체형으로 만든 것과 동일한 강도를 나타낸다. 모티스 앤드 테넌트 조인트는 과거 접착제의 효력이 약했던 시대에 매우 중요한 역할을 했지만 지금처럼 접착제 성능이 강력한 상황에서는 필요 이상의 '사치품'일 수 있다. 다월과 비스킷에 접착제를 사용해서 스텁 테넌이나 쓰루 테넌과 동일한 효과를 낼 수 있기 때문이다. 그러나 모티스 앤드 테넌의 가치와 미학을 높이 평가하는 디자이너와 소비자가 많기 때문에 여전히 다양한 방식의 테넌이 여러 제품에 이용된다.

모티스 앤드 테넌 조인트는 수많은 방식이 있지만 크게 세 가지로 분류한다. 쓰루 테넌, 스텁 테넌, 헌치 테넌이다. 모티스(장부구멍)가 부품의 단면에 위치할 때는 테넌의 굵기가 모티스 쪽 부품 폭의 1/3이 되는 것이 일반적인 규칙이다. 그러나 모티스가 전면에 위치할 때는 이 규칙이 적용되지 않으며 대개 테넌 끝이 2~3개의 촉으로 나누어진다.

쓰루 테넌through tenon은 모티스 쪽 부품을 완전히 통과하는 방식이다. 반대쪽으로 나온 테넌 끝

왼쪽부터 순서대로 : 무늬목에 원목 립(lip)으로 테두리를 대어 전체 구조를 더 견고하게 만들 뿐 아니라 곡선 절단, 둥근 모서리 처리, 장식 몰딩 등 디테일을 넣을 수 있다.

기계 절단하여 만든 모티스와 테넌, 라우터로 절단하거나 모티스 전용 비트를 사용하는 경우 모서리가 둥글게 처리된다. 모티스 전용 절삭기에 각진 모양의 할로우 치즐을 장착해서 쓰는 경우는 모티스 모서리가 각진 모양이 된다.

〈히로시마 체어(Hiroshima Chair)〉(pp.130~131 참조)의 등받이를 CNC 라우팅으로 깎고 있다.

다양한 형태의 장식용 몰딩 제품이 시판되며, 특수한 모양은 전문 업체에 의뢰해서 주문 제작할 수 있다.

소량생산 제품에는 사진과 같이 수작업으로 목재를 깎아서 기둥과 원반 모양을 만들기도 하지만 생산 규모가 커지면 CNC 자동공정으로 조각하는 경우가 많다.

을 표면과 같은 높이로 다듬거나, 튀어나온 상태에서 직각 방향으로 구멍을 뚫고 웨지(산지 못, wedge)를 박아 고정시킨다.

전통 기법에서는 웨지가 나중에 가구를 분해할 수 있도록 하는 목적이기 때문에 접착제를 사용하지 않는다. 그러나 장식의 목적으로 웨지를 쓸 때는 접착제로 영구 부착하기도 한다.

스텁 테넌stub tenon은 모티스 쪽 부품을 완전히 통과하지 않고 전체 깊이의 2/3 정도까지만 삽입된다. 이 방식은 모티스가 전면 또는 단면에 위치하는 경우 둘 다 사용된다.

헌치 테넌haunched tenon은 주로 프레임을 만들 때 사용한다. 테넌 끝을 일부 잘라내어 '헌치haunch' 모양으로 만들어 모티스(장부구멍) 슬롯의 끝이 겉으로 보이지 않으며, 모티스가 단면에 위치한 경우에만 사용할 수 있다. 헌치는 겉으로 보이는 테넌의 길이를 줄이는 이외 다른 기능은 없다.

기계 절단(MACHINING)
라우터, 수압 절단, 레이저 절단
CAD 소프트웨어와 파일에 대한 설명은 p.108을 참조한다.

제품 형태
– 라우터 : (주로) 할로우 및 솔리드 평면
– 수압 절단, 레이저 절단 : (주로) 평면
오차 범위
– 라우터 절단 단면 : 0.1~0.5mm
– 수압 절단 단면 : 0.1~0.5mm
– 레이저 절단 단면 : 0.025~0.5mm
제품 생산 규모 : 1~10,000개
처리 속도 : 느림~중간
단가 : 중간~높음
설비 비용 : 없음
유사 공정 : 위와 같음

목재 절단은 수작업보다 CNC 라우터 공정 이용이 더 큰 비중을 차지한다. 목재판의 절단은 3축 라우터, 목재 블록은 5축 라우터를 사용하며 둘 다 여러 종류(모양, 직경)의 절단기를 번갈아 장착해가며 작업한다. 대부분 절단기와 슬롯의 최소 직경은 3mm이지만 라우터에 드릴 비트를 장착하면 더 작은 직경의 구멍을 뚫는 것도 가능하다. 유의할 점은 오목한 굴곡 형태를 절단할 때 절단기 반경보다 좁은 반경의 굴곡은 만들 수 없다는 것이다.

원목판 절단에 3축 CNC 라우터를 사용하는 것은 제품 생산량이 소규모 또는 중간 규모일 때 적합하다. 처리 속도가 느리고 공정에 드는 비용(단가)이 생산량에 관계없이 일정하기 때문이다. CNC 라우터 공정은 금형 제작비용 등 설비 투자가 필요 없어 누구나 손쉽게 접근할 수 있는 제작 방식이기도 하다. 5축 라우터는 보다 복잡한 공정이지만 3축과 마찬가지로 처리 속도가 느리고 공정 단가가 생산량에 관계없이 일정하다. 그러나 대량생산 제품이라 하더라도 원목 소재로 복

잡한 형태를 만드는 경우는 5축 CNC 라우터가 가장 경제적이자 유일한 방안이다. 그렇지 않으면 수작업과 기계 절단을 병행하거나, 또는 소재와 제품 구조를 변경하는 것밖에 대안이 없다.

수압 절단은 인공 합판 소재에 많이 이용되며 절단 시 목재가 젖지 않는다. 수압 절단기의 평균 절단 폭은 0.5mm이며 워터젯이 분사구에서 멀어지면서 넓게 퍼져 절단 폭도 커진다. 그 각도가 아주 작아 절단하는 목재판이 얇을 때는 문제가 되지 않지만 두꺼운 목재판을 자를 때는 다소 오차가 생길 수도 있다. 장비 종류와 목재판 두께에 따라 오차가 다르므로 수압절단기 제조업체 기술팀의 자문을 구하는 것이 좋다. 수압절단은 아주 좁은 슬롯을 절단할 때 적합하며, 그 외에는 CNC 라우터를 사용하는 것이 더 효율적이다. 다만 CNC 라우터가 수압 절단보다 공정 소요 비용이 다소 높다.

레이저 절단은 목재에는 많이 이용되지 않는 공정으로 다른 방식으로는 깎기 어려운 섬세한 디테일의 세공에 사용된다. 또는 레이저절단 특유의 불에 탄 단면 효과를 원할 때 이용한다. 레이저절 단기의 절단 폭은 0.1~1mm로 다양하다.

프로파일링(몰딩)[PROFILING(MOULDING)]
제품 형태 : 각기둥
오차 범위 : 0.3~0.5mm
제품 생산 규모 : 1~10,000개
처리 속도 : 중간~빠름
단가 : 낮음~중간
설비 비용 : 낮음
유사 공정 : 에지 조인트

라우터나 스핀들 조각기spindle moulder로 원목을 깎아 다양한 형태의 몰딩moulding(또는 프로파일profile이라고 부른다)을 만들 수 있다. 원목 몰딩은 장식용으로 쓰이거나 여러 기능적 효과가 있다. 원목 몰딩을 깎을 때 라우터 또는 스핀들 조각기에 장착할 수 있는 다양한 표준 톱날이 있다. 원

하는 디자인과 정확히 일치하는 톱날이 없을 때는 유사한 형태를 대신 사용하거나 전문 업체에 의뢰하여 특수 톱날을 주문 제작한다. 대부분 업체들이 특수 톱날 주문 제작을 꺼리기 때문에 가능한 한 표준 몰딩 모양으로 디자인하는 것이 좋다. 특수 형태의 몰딩이 꼭 필요한 경우라면 프로젝트 초기부터 특수 주문이 필요하다는 점을 확실히 해 두어야 한다.

원목 몰딩 중 가장 규모가 큰 것은 천장 또는 문틀의 몰딩으로 대부분 여러 종류의 몰딩을 조합해서 원하는 형태를 만든다. 이 편이 복잡한 모양의 몰딩을 일체형으로 깎는 것보다 쉽고 비용이 적게 들 뿐 아니라 적합한 목재의 선택 범위도 더 넓어진다.

조각(TURNING)
제품 형태 : 각기둥(선대칭)
오차 범위 : 0.5~1mm
제품 생산 규모 : 1~10,000개
처리 속도 : 느림
단가 : 높음
설비 비용 : 낮음
유사 공정 : 라우터절단

목재의 조각(turning)은 수작업, 반자동, 또는 자동(CNC) 공정으로 한다. 원목을 보는 안목과 기술 숙련도가 중요하므로 경험이 풍부한 전문 업체에 작업을 의뢰하는 것이 좋다. 적합한 원목을 선택할 수 있고 디자인 세부 사항을 검토하고 필요한 변경/보완점에 대해 자문해줄 수 있는 능력이 있는 업체라야 한다.

소량생산 제품은 아주 높은 정밀도가 요구되는 경우가 아니라면 수작업으로 조각한다. 생산 규모가 큰 경우에는 복제선반기(copy lathe)로 미리 조각해 놓은 견본을 복제한다. 과거에는 템플릿을 이용해서 수작업으로 조각하기도 했지만 CNC 기술이 보급됨에 따라 근래에는 템플릿을 잘 사용하지 않는다.

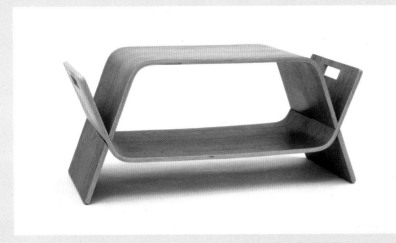

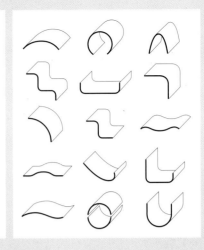

목재의 성형(FORMING)

래미네이트 가공(집성가공), 베니어 가공
(무늬목 가공, Lamination and veneering)
제품 형태 : 얇은 판
오차 범위 : 1~2mm
제품 생산 규모 : 1~10,000개
처리 속도 : 느림
단가 : 중간~높음
설비 비용 : 중간
유사 공정 : 멤브레인가공

목재의 래미네이트 가공(집성 가공, lamination)은 얇은 목재판을 여러 겹 쌓고 접착제로 붙여 압축하는 공정이다. 합판을 만드는 공정 역시 래미네이트 가공의 일종이며 목재판의 결이 서로 교차되도록 겹쳐 평평한 형태로 만든 것이다. 그러나 보통 래미네이트 가공이라고 하면 곡면 형태의 견고한 목재판을 만드는 경우를 말한다. 래미네이트 가공 시 완만한 굴곡 형태는 합판처럼 각 판의 결이 교차하도록 쌓는 반면, 깊은 굴곡의 곡면은 각 판의 결 방향이 일치하도록 겹쳐서 잘 휘어지고 탄성이 있는 형태로 만든다. 다만 유연한 래미네이트 목재는 상대적으로 하중과 장력에 잘 견디지 못하며 힘을 받았을 때 판과 접착제의 결합이 풀려 갈라지기 쉽다.

구조재 베니어 단판structural veneer은 구조재(하중 지지 부위에 쓰이는 견고한 소재) 합판의 재료로 쓰는 베니어를 말한다. 주로 비치(너도밤나무, beech) 또는 버치(자작나무, birch) 수종을 쓴다.

구조재 베니어 단판은 3가지 두께로(1.1mm, 1.5mm, 2.3mm) 생산된다. 박판의 두께에 따라 래미네이트 가공으로 만들 수 있는 굴곡의 최소 반경이 달라지며 원하는 형태를 만드는 데 필요한 판의 수도 달라진다. 래미네이트 가공 시 베니어 판을 여러 장 겹칠수록 소요 시간과 인력 비용도 커지므로 가능한 한 판의 수를 줄이면서도 원하는 굴곡을 구현할 수 있도록 세심하게 계산해야 한다. 래미네이트 가공은 베니어판을 겹치고 접착하는 수작업 때문에 생산량이 증가하더라도 공정 단계가 감소하지 않는다. 따라서 대량생산 제품의 경우는 래미네이트 가공이 사출 성형보다 단가가 높다.

일괄생산(batch production)의 경우 암, 수(오목, 볼록 형태) 지그를 이용해서 수작업하기도 하지만 가장 효과적인 방법은 고열 진공 압축기를 사용하는 것이다. 대량생산은 두 개의 알루미늄 틀로 압축하는 방식이며 전도열 또는 고주파 가열로 목재 건조 시간을 단축시킨다.

래미네이트 목재를 가구에 사용할 때는 대부분 곡면 가공된 넓은 판을 필요한 크기로 잘라 사용한다. 일체형 제품(예 : 의자 본체)은 개별 가공으로 형태를 만드는데 제품 가장자리에 여분을 두기 때문에 반드시 후처리가 필요하다. 이러한 형태의 후처리는 수작업으로 하기 매우 까다로운데 최근 새로운 CNC 라우터 기술을 이용하여 보다 효율적으로 처리가 가능해졌다(CNC 라우터에 여러 모양의 드릴과 톱날을 장착해서 구멍 뚫기, 후처리, 부품 분리 등을 수작업보다 정교하게 처리할 수 있다).

90° 이하의 내각(목재가 성형 틀을 감싸는 모양)이 두 군데 이상 들어가는 형태를 만들 때는 옆 방향으로 누르는 힘을 일정하게 유지하면서 목재와 접착제를 압축해야 하고 가공 후 틀에서 분리할 때 반동력이 필요해서 작업이 매우 까다롭다. 이 형태는 지그를 사용해 수작업으로 만들기 어렵고 진공 압축기를 사용해서 만들기는 더욱 어렵다. 래미네이트 목재 전문 업체는 이러한 형태를 제작할 때 분리형 틀을 사용하고 목재에 모든 방향에서 일정한 압력을 가하는 특수 장비를 쓴다. 이렇듯 고가의 설비가 필요한 특수 형태를 일체형으로 가공하는 대신에 여러 부분으로 나누어 가공한 후 조립하는 방안도 있다.

래미네이트 목재로 복심곡선(여러 종류의 곡선이 복합된 모양)을 만들 때 굴곡이 뚜렷하고 형태 전환이 급한 경우는 공정이 까다롭다. 볼록

왼쪽부터 순서대로 : 구조재용 베니어는 장식용(표면재) 베니어보다 두껍고 래미네이트 가공을 통해 입체 형태로 만들 수 있다. 휘어진 부분의 최소 반경은 베니어 판의 두께에 따라 다르다.

SPA 래미네이트는 래미네이트 목재 전문 업체로 다양한 종류의 가구용 래미네이트 목재를 생산한다. 가구 부품에 사용할 때는 넓은 판 형태를 필요한 크기로 잘라서 쓴다.

〈RU 체어(RU Chair)〉(쉐인 슈넥). 이 의자는 래미네이트 목재로 만든 7개의 부품으로 구성되었다.

〈테이블, 벤치, 체어(Table, Bench, Chair)〉(샘 헥트, 이스태빌리쉬드&선즈). 의자 프레임은 비치목을 스팀 벤딩하여 만들었고 좌판/상판은 비치 베니어를 래미네이트 가공한 것이다. 좌판/상판에 구멍을 뚫고 프레임을 통과시켜 조립했다.

하게 튀어나온 복심곡선은 틀을 사용해서 쉽게 만들 수 있지만 좁게 들어간 부분은 매우 큰 압력을 가해야 만들 수 있다. 일체형 의자 등받이의 허리와 목 부분 사이에 이러한 복심곡선 형태가 들어가는데 고성능 고압 장비로 제작한다. 대안으로는 래미네이트 가공 시 부분적으로 작은 베니어판을 덧붙여 각 부위 두께를 다르게 만드는 방법이 있다. 일체형에 비해 더 유연하고 견고한 구조가 되고 목재를 절감할 수 있지만 부위마다 압력을 다르게 조절할 수 있는 장비가 필요하므로 모든 공장에서 가능한 공정은 아니다.

베니어 가공은 래미네이트 가공의 일종으로 목재(또는 다른 소재) 표면에 얇은 베니어를 붙이는 공정을 말한다. 주로 저렴한 인공 목재 표면을 원목 베니어로 덮어 원목처럼 보이도록 하는 용도이다. 베니어 가공으로 무늬목 기성 제품을 생산하며, 가구를 제작할 때 필요한 부위를 베니어 가공해서 다양한 효과를 낼 수 있다. 곡면으로 래미네이트 가공된 부위에 베니어를 붙일 때는 제품을 지그 위에 올려놓고 진공 주머니를 사용한다. 전통 가구 기법에서는 베니어를 붙일 때 수작업으로 동물성 아교(접착제)에 열을 가해 녹여 사용했으나, 지금은 뒷면에 종이를 댄 전문 베니어 제품에 열가소성 수지 접착필름 또는 요소포름알데히드 접착제를 쓰며 진공 압축 공법으

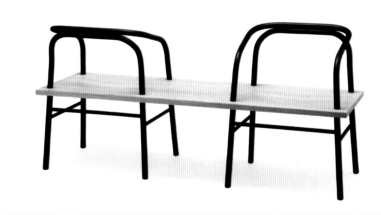

로 처리하기 때문에 작업 효율이 매우 높다.

스팀벤딩(Steam bending)
제품 형태 : 각기둥
오차 범위 : 1~2mm
제품 생산 규모 : 1~10,000개
처리 속도 : 느림
단가 : 중간~높음
설비 비용 : 중간
유사 공정 : 래미네이트 가공

스팀벤딩은 목재에 스팀(증기)를 쐬어 부드럽게 만든 상태에서 구부려 형태를 만드는 공정이다. 가구에 사용하는 목재 중 스팀벤딩으로 가장 많이 가공하는 수종은 비치와 애쉬며, 엘름, 버치, 이로코, 히코리 역시 벤딩 효과가 좋다. 스팀벤딩은 수세기 전부터 선박, 연장, 악기 등의 제조에 쓰인 전통 목공예 기법이며 1850년대에 마이클 토넷Michael Thonet에 의해 가구의 대량생산 기법으로 발달되었다(p.14).

목재는 본래 유연하게 잘 휘어지지만 구부려진 형태를 영구 고정시키려면 나무가 휘면서 늘어난 섬유질을 그 상태로 압축시키는 과정을 거쳐야 한다. 이 과정은 건조 전 생목(生木) 상태에서만 가능하며 건조를 거친 목재는 다시 적신 후 스팀(증기)을 쐬어준다. 스팀벤딩은 저압 스팀을 사용하는 수작업 방식과 고압 스팀을 이용하는 대량생산 방식이 있다. 고압 스팀 방식은 유압식 벤딩 장비를 사용하여 처리 속도가 빠르며 모든 벤드 방향이 동일한 형태를 대량으로 한꺼번에 벤딩할 수 있다. 그러나 여러 곡선이 복합된 형태, 즉 〈토넷 no.14 체어Thonet no.14 Chair〉의 등받이와 뒷다리 같은 형태는 저압 방식으로 지그에 대고 수작업으로 한 번에 하나씩 구부리는 편이 더 효과적이다.

유압식 벤딩 장비로는 열린 벤드open bend(예 : 〈토넷 no.14 체어〉의 등받이) 또는 닫힌 벤드closed bend['원형 벤드(circle bend)'라고도 하는데 반드

시 둥근 모양은 아니다. 예 : 〈토넷 no.14 체어〉의 좌석과 다리 프레임]를 만들 수 있다. 스팀을 쐬어 벤딩한 제품은 지그에 고정한 상태에서 건조 가마에 넣고 48시간가량 건조한다. 대량생산에서는 많은 수의 지그를 수용할 수 있는 대형 가마가 필요하므로 설비비용이 높은 편이다.

표면 가공 : 프로파일 랩핑, 멤브레인 가공 (Formable surfacing : profile wrapping and membrane pressing)
제품 형태 : 벌크 솔리드의 평판
오차 범위 : 0.3~0.5mm
제품 생산 규모 : 100~10,000개
처리 속도 : 보통
단가 : 중간~높음
설비 비용 : 없음
유사 공정 : 래미네이트 가공

프로파일 랩핑은 프로파일(기둥, profile) 형태 제품의 표면을 다른 소재로 감싸 마감하는 공정이다. 원목/MDF 소재 기둥과 금속/플라스틱 압출성형 제품 등에 적용되며 표면재는 원목 베니어, 멜라민 포일, 기타 플라스틱 포일을 쓴다. 프로파일 랩핑으로 다른 공정으로는 불가능한 다양한 마감 효과를 낼 수 있다. 예를 들어 금속/플라스틱 창틀(사출성형 제품)에 나뭇결 무늬를 넣을 수도 있고, MDF 몰딩에 베니어를 붙이면 저렴한 비용으로 원목보다 견고한 몰딩을 만들 수 있다. 구성 소재와 표면재 종류에 따라 실외용 또는 실내용으로 적합하게 만들 수 있다.

멤브레인 가공은 MDF 가구(문, 패널, 벽)의 전면과 측면을 얇은 플라스틱(비닐)으로 감싸 표면에 멤브레인(얇은 막, membrane)을 입히는 공정이다. 페인트/래커 도장이나 HPL 마감 대용으로 쓰인다. MDF 판은 뒷면에 멜라민/비닐이 접착(래미네이트 가공)되어 있는 것을 절단하여 사용하며 CNC 라우터로 표면 디테일과 가장자리 몰딩을 넣는다. 멤브레인 가공은 전용 장비

를 사용한다. 제품을 장비 위에 올려놓고 열가소성 접착제(주로 tPUR)를 전면과 측면에 분사, 도포한 후 장비를 가동시킨다. 제품 위에 플라스틱 포일이 팽팽하게 걸린 상태에서 가열된 후 진공 흡입되면서 내려와 제품 전면과 측면을 완전히 감싸는 얇은 막을 형성한다. 가공 후 냉각시킨 다음 후처리해서 가장자리에 남은 플라스틱을 깨끗이 잘라내야 한다. 플라스틱 멤브레인이 전면과 측면의 디테일(부조 문양, 몰딩)을 완전히 감싸 이음새 없이 매끄럽게 마감되며 표면에 매우 다양한 색상, 질감, 무늬/이미지를 넣을 수 있다. 멤브레인 소재는 주로 PVC를 쓰는데 최근 PVC의 유해성에 대한 논란이 일면서 아크릴이나 폴리에스터로 대체하는 경우가 늘고 있다.

목재 가구 조립(WOOD ASSEMBIY)

접착제(Adhesives)
목재용 접착제는 매우 다양한 종류가 있으며 필요한 성능(효력)과 사용 환경에 따라 적합한 종류를 선택해야 한다. 1920년대까지만 해도 목재 가구의 접착제는 동물성 아교가 주류였으나(아직도 전통 방식 목공예 분야에서 종종 쓰인다) 지금은 대부분 PVA, 요소포름알데히드, 레조르시놀 수지, 핫 멜트, 또는 접촉형 접착제를 사용한다.

핫멜트(가열해서 녹이는 방식, hot melt) 접착제는 필름과 스틱(고형) 형이 있다. 접착 필름은 주로 래미네이트 목재와 무늬목의 대량생산 공정에 이용되며 스틱형은 테스트용 모델이나 간단한 지그를 만들 때 손쉽게 사용할 수 있지만 제품 제작용으로는 적합하지 않다. PVA(아세트산 폴리비닐, polyvinyl acetate) 접착제는 목재용 접착제 중 가장 널리 쓰이는 종류로 저렴하고 독성이 없으며 물에 젖어도 손상되지 않는다(일부 종류). 지방족 수지(aliphatic resin)는 PVA의 일종으로 유동성이 좋아서 균일하게 도포되고 다루기 용이하며 사포질하기 쉽고 열과 습기

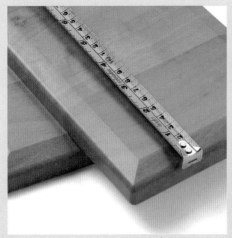
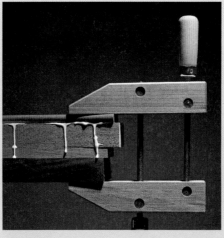

에 강하다(단, 고온 다습한 환경에는 PVA보다 레조르시놀 수지나 요소포름알데히드 접착제가 더 적합하다). PVA는 부드럽고 유연하기 때문에 (지방족 소지는 보다 단단하지만 완전히 휘어지지 않는 정도는 아니다) PVA를 넣어 가공한 래미네이트 목재는 잘 휘어지고 반동이 심해서 구조재로 사용할 수 없고 특히 의자처럼 하중을 지지하는 가구에서는 구조 붕괴나 사고를 일으킬 수 있다. PVA가 가장 적합한 경우는 베니어를 붙여 무늬목을 만드는 소규모 생산 공정이다.

레조르시놀 수지resorcinol resin는 요소포름알데히드 접착제의 일종으로 목재용 접착제 중 가장 접착력이 강하고 내구성이 좋다. 물에 완전히 잠기거나 끓여도 손상되지 않으며 열에도 강하므로 실외용 가구 등 극한 환경을 견뎌야 하는 제품에 적합하다.

요소포름알데히드 계통 접착제는 래미네이트 목재 가공에 많이 쓰이며 강성과 강도가 높다. 가구 프레임을 조립할 때 대부분은 저렴한 PVA로도 충분하지만 일부 목공 기술자들은 요소포름알데히드 접착제만을 고집하기도 한다. 베니어를 붙여 무늬목을 만들 때도 요소포름알데히드 접착제가 유리하다.

접촉형 접착제contact adhesive는 주로 인공 목재판 표면에 HPL(고압 압축 래미네이트)를 붙여 주방 상판 같은 제품을 만들 때 이용한다. 접촉형 접착제로 대부분 소재를 붙일 수 있지만 강성이 부족하기 때문에 넓은 표면을 붙이는 경우에만 사용한다.

가구 조립 부속품 (Furniture fixings and fittings)

가구 제품을 개발할 때 조립 부속품은 기성 제품을 이용하는 것이 최선이다. 시간과 비용을 절감할 수 있을 뿐 아니라 표준 기성품에는 수많은 제품에서 나온 노하우가 축적되어 있어 기능 면에서도 유리하다. 기성품으로 구할 수 없는 특수 부속품이 필요한 경우 제품 디자인을 변경해

서 표준에 맞추는 것이 좋고 필요한 특수 형태를 주문 제작하는 것은 마지막 방편이다. 결국 어떤 경우라도 시판되는 기성 제품이 어떤 종류가 있는지 파악해야 올바른 결정을 내릴 수 있다. 원래 디자인에서 의도하는 기능과 외관을 그대로 구현하기 위해 특수 형태 부속품을 주문 제작하거나 기성 제품을 가공, 변형하여 사용하는 경우도 있지만 이 때문에 발생하는 추가 비용(제품 생산 규모가 클수록 발생 비용이 커진다)을 정당화할 수 있을 만큼 명확한 이유가 있어야 한다.

서랍 레일(Drawer runners)

서랍 레일은 서랍, 상판(슬라이드 방식), 수납 바구니, 키보드판 등을 걸어 밀고 당겨 빼낼 수 있도록 하는 부품이다. 레일을 장착하는 방식은 미닫이 홈, 옆판 고정, 밑판 고정, 숨은 고정 방식이 있는데 옆판/밑판 고정 방식이 가장 많이 쓰인다. 모든 방식에서 서랍의 작동 원리와 기능은 동일하나 각기 레일의 고정 위치가 다르고 충격완화장치(서랍이 부드럽게 닫히게 하는 부품)를 설치할 수 없는 경우도 있다.

서랍 레일은 싱글 익스텐션과 풀 익스텐션의 두 종류가 있다. 싱글 익스텐션single extension 레일은 서랍을 최대한 당겼을 때 전체 깊이의 약 75%까지 빼낼 수 있으며 플라스틱 롤러 한 개로 작동되어 최대 30kg의 하중을 지지한다. 가격이 저렴하고 실용적이다. 반면 풀 익스텐션full extension 레일은 보다 가격이 높은 고사양 부품으로 정밀 볼베어링으로 작동된다. 서랍을 전체 깊이 끝까지 완전히 빼낼 수 있고 최대 160kg까지 하중을 지지할 수 있다.

경첩(Hinges)

경첩은 각종 수납장 문, 테이블 플랩(접이식 상판), 뷰로(간이 책상) 덮개 등에 쓰이며 모양과 작동 방식에 따라 다양한 종류가 있다. 가구에 쓰이는 경첩은 주로 7종류가 있다. 수납장 문을 달 때 문을 프레임 속에 넣는 '인셋트inset'와 프

왼쪽부터 순서대로 : 멤브레인 가공으로 마감한 제품 표면

목재 가구에 사용하는 접착제는 PVA, 요소포름알데히드, 레조르시놀 수지, 접촉형 접착제, 핫멜트 접착제가 있으며 각 제품에 가장 적합한 것을 선택해야 한다.

가구용으로 다양한 종류의 바퀴, 발, 글라이드 기성 제품이 있다. 사진은 전문 업체 Blickle에서 생산하는 제품으로 트레드 부분이 고무로 되어 있다.

풀 익스텐션 서랍 레일. 볼베어링으로 작동된다.

문의 작동 방식과 개방 각도에 따라 다양한 종류의 캐비닛 경첩이 있다. 사진은 100˚ 크랭크 캐비닛 경첩이다.

셀프 조립식 플랫팩 가구에 많이 쓰는 '노크다운(knockdown)' 조립부품. 특별한 공구 없이 간단한 조작으로 견고하게 조립할 수 있다.

레임 앞을 덮는 '레이온lay-on'[역주–미국식으로는 '오버레이overlay'라고 한다]의 두 가지 방식이 있는데 각기 경첩의 종류와 장착 위치가 다르다.

나비(맞댐) 경첩butt hinge : 일반 가정의 문에서 흔히 볼 수 있는 경첩 형태이다. 문과 문틀에 음각을 파서 설치하여 경첩이 주위 표면보다 튀어나오지 않고 평면이 되게 한다. 대부분 인셋트 방식 문에 사용되지만 레이온 방식 문에도 사용할 수 있다.

센터(피봇) 경첩centre hinge : 주로 가벼운 문에 사용되며 접이식 상판에도 사용할 수 있다. 문의 위아래 단면에 설치하는 방식으로 설치 면에 음각을 넣어 경첩이 주위 표면과 평면을 이루게 한다.

캐비닛 경첩(숨은 경첩)cabinet hinge : 주방 수납장과 다양한 셀프 조립식 가구에서 흔히 볼 수 있는 경첩이다. 다양한 종류의 기성 제품이 있어 상황에 맞춰 필요한 종류를 선택할 수 있다. 문이 열리는 각도에 따라 95˚, 110˚, 125˚, 155˚, 170˚, 177˚ 경첩이 있다. 캐비닛 경첩은 문을 여닫을 때 옆 수납장 문에 부딪히지 않도록 설계된 구조이다.

평면 플랩 경첩flush flap hinge : 중간 정도의 하중을 지지하는 부위에 쓰이며, 설치 면에 음각을 넣어

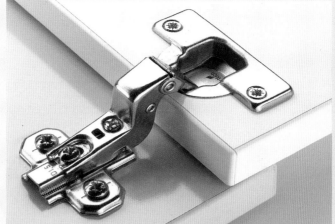

경첩이 주위 표면보다 튀어나오지 않고 평면을 이룬다. 레이온 방식의 플랩(뷰로 덮개, 접이식 상판 등)을 장착할 때 쓴다.

평면 경첩flush hinge : 하중 부담이 적거나 중간 정도인 부위에 쓰인다. 인셋트 방식 문에 사용한다(문이 프레임보다 뒤로 들어간 경우 제외).

테이블 경첩(고정식)table hinge : 큰 하중을 지지할 수 있으며, 인셋트 방식 플랩 장착에 사용한다. 플랩의 무게와 여닫는 동작의 힘이 모두 경첩에 의해 지지되어 여닫는 접촉면에 부담이 가지 않는다.

소스 경첩 Soss hinge : 콘서티나concertina 또는 바이폴드bifold 등 접이식의 문에 쓰인다. 인셋트 방식 접이식 문의 접히는 부위 측면에 음각하여 장착한다. 동일한 기능의 경첩으로 실린더 경첩cylinder hinge도 있는데, 보다 가벼운 하중을 받는 경우에 사용한다.

고정장치(Stays)

고정장치는 문이나 서랍을 열었을 때 일정한 위치에 고정시키는 부품이다. 뷰로 덮개 같은 접이식 플랩에서는 고정장치가 플랩의 하중을 지지하는 역할도 한다. 문 고정장치, 폴 플랩 고정장치, 리프트업 잠금장치의 세 종류가 있다.

문 고정장치door stay : 수납장 문을 열 때 일정 위치 이상 넘어가지 못하게 막음으로써 옆문에 부딪히지 않게 하고 경첩 설치 부위의 파손을 방지한다.

폴 플랩 고정장치fall-flap stay : 폴 플랩은 뷰로(간이 책상) 덮개처럼 아래로 내려서 여는 방식의 플랩을 말한다. 두 개의 부품이 피봇pivot 방식으로 연결된 모양을 사용하거나, 한 개의 긴 슬라이드를 브래킷에 거는 형태가 있다.

리프트업 잠금장치lift-up locking stay : 위로 들어 올려 여는 방식의 문에 쓰는 고정장치로 주방 싱크대 위 수납장 문에서 흔히 볼 수 있다. 문이 완전히 열리면 잠금장치가 작동하여 문이 내려오지 않게 잡아주며, 문을 당기면 잠금장치가 풀려 내려

온다. 유사한 기능을 하는 장치로 유압식 스프링gas strut이 있다.

노크다운 조립부품(Knock-down fixings)

노크다운 조립부품은 소비자가 직접 조립하는 셀프 조립식 플랫팩flat pack 가구 제품에 많이 쓰인다[역주-부품을 '노크다운(두들겨 넣기)'하는 방식으로 특별한 공구나 기술 없이도 간단히 조립할 수 있다]. 원래는 건설 분야에서 쓰는 조립식 건축물에 관련된 용어였는데, 플랫팩 가구가 인기를 얻으면서 '노크다운'이 가구 조립방식을 의미하는 말로 정착되었다. 노크다운 조립 가구는 소비자의 부담을 덜어주는 반면 제품을 생산하는 업체 측에서는 더 큰 노력을 들이는 제품이다. 소비자는 특별한 공구 없이(공구가 전혀 없어도 되는 경우도 많고, 최대한이라도 망치와 스크류 드라이버 2개면 모든 것이 해결된다) 간단히 조립할 수 있는 반면, 제작 업체 측은 조립에 필요한 구멍, 슬롯, 리베이트(턱) 등을 오차 없이 만들어야 하므로 고가의 정밀 금형과 특수 장비를 사용해야 한다. 또한 플랫팩 방식으로 유통되어 보관과 운송에서도 비용이 절감되므로 여러 모로 소비자에게 유리하다.

셀프 조립(Self-assembly)

캠cam과 **볼트**bolt는 두 개의 판이 직각으로 만나는 연결 부위에 사용한다. 한 쪽 판에 미리 캠이 장착되어 있고, 다른 쪽 판의 구멍으로 볼트를 통과시켜 캠에 연결한 후 스크류 드라이버로 캠을 돌려 연결 부위를 조이면 조립이 완성된다.

코너 플레이트corner plate는 플랫팩 방식 테이블 다리 연결에 많이 쓰인다. 테넌이나 다월과 동일한 기능을 하지만 설치 방법이 훨씬 간단하다. 다리에 있는 두 개의 구멍(수평 및 수직 방향)과 프레임에 있는 두 개의 얇은 홈을 이용한다.

다월dowel을 플랫팩 가구에 쓸 때는 대부분 캠과 볼트 또는 나사로 연결된 부위를 강화하는 용도이며 보통 접착제 없이 사용한다.

패널 커넥터panel connector는 주로 주방 상판 패널을 옆으로 연결하는 데 사용한다.

노크다운 스크류 커넥터knock-down screw connector는 칩보드chipboard[역주-파티클보드의 일종, p.196 참조] 소재 가구를 조립할 때 사용하는 나사이다. 나사 홈이 깊고 간격이 넓으며 대부분 머리 모양이 육각 소켓형으로 육각렌치를 사용해서 돌린다.

소켓 나사screw socket는 소켓형 머리가 달린 긴 모양의 너트이다. 바깥쪽에는 목재에 적합한 굵은 나선 홈이 있고 안쪽에는 나사 조립용의 촘촘한 나선 홈이 있다. 셀프 조립식 가구에서는 제품에 미리 구멍이 뚫려져 있는 곳에 소켓 나사를 돌려 끼워 넣어 사용한다.

티 너트tee nut는 넓게 퍼진 머리끝에 스파이크가 있고 너트 안쪽에 촘촘한 나선 홈이 있다. 볼트를 돌려 넣으면 머리의 스파이크가 목재에 박혀 연결 부위가 조여진다.

Misc

기타 소재(Misc)

업홀스터리, 구조재 패브릭, 직물 (Upholstery, structural fabrics and weaving)

업홀스터리 디자인이 반드시 정해진 틀에 얽매일 필요는 없다. 잉가 상페Inga Sempé의 〈루셰 소파Ruché Sofa〉는 전통적인 업홀스터리의 개념을 벗어난 과감하고 신선한 시도이다. 엄밀히 말하자면 벤치에 패딩을 댄 것에 불과하지만 일반적인 업홀스터리(구조와 제작 과정이 매우 복잡하다)를 단순한 구조로 대체하여 극적인 디자인 효과를 창출해냈다. 그러나 초보 디자이너는 처음부터 틀을 깨는 새로운 디자인을 시도하기보다는 전통 업홀스터리 양식을 차근차근 폭넓게 익혀가며 창작력을 키우는 것이 중요하다. 또한 다양한 소재와 제작 과정을 깊이 이해해야 의도하는 효과(형태, 디테일, 기능)를 구현하려면 무엇이 필요한지, 어떤 문제점이 있는지 알 수 있다. 창의적인 아이디어를 제품으로 실현하기 위해서 디자이너는 '안팎을 뒤집어보는 투시안'을 갖춰야 한다.

전통적인 업홀스터리는 숙련된 기술자에 의해 오랜 시간 수작업을 거쳐야 하지만 대량생산용으로 디자인을 단순하게 만드는 경우도 많다. 어느 정도까지 디자인에 수작업이 필요한 요소를 포함시킬 것인지는 전적으로 디자이너의 선택이다. 일반적으로 '업홀스터리'라고 하면 목재 프레임과 스프링 구조 위에 패브릭 커버를 씌운 좌석을 떠올리는데 이것은 수많은 업홀스터리 스타일 중 하나에 지나지 않는다. 반면 발포 폴리우레탄을 자동 공정으로 주형해서 대량생산할 수도 있지만 이러한 형태의 업홀스터리는 일부 사용자층에게만 어필할 수 있는 디자인이다.

〈루셰 소파〉의 디자인은 전통 업홀스터리 스타일과 거리가 멀지만 프레임 위에 분리형 쿠션을 사용하는 전통 양식을 그대로 따르고 있다. 루시안 에르콜라니Lucian Ercolani의 〈스튜디오 카우치Studio Couch〉(에르코Ercol) 역시 전통 양식을 따르는 제품인데, 전통 업홀스터리 가구에 특화된 업체의 전문성을 최대로 발휘할 수 있는 디자인이기도 하다. 등받이 쿠션 뒤는 일체형 목재 등받이 구조이고, 좌석 쿠션 아래 받침은 격자로 짠 스트랩으로 되어 있다. 이와는 반대로 재스퍼 모리슨Jasper Morrison의 〈플레이스 체어Place Sofa〉(비트라

〈워커 암체어(Worker Armchair)〉(헬라 용게리우스). 패브릭의 대비와 스티치 디테일이 어울려 만들어내는 독특한 효과가 돋보인다.

옆 페이지: 〈플레이스 소파(Place Sofa)〉(재스퍼 모리슨, 비트라). 목재 프레임에 등받이 부분은 철제파이프로 만들었다. 업홀스터리는 발포 폴리우레탄 막대기와 깃털을 충전했다.

Vitra)는 전통 양식을 일부 개량한 디자인이다. 목재 프레임에 등받이 부분을 철제파이프로 하여 비용을 낮추고 제작 과정의 효율을 높였으며(비용과 생산효율은 모든 제품의 디자인에서 최우선으로 고려되는 사항이다) 충전재로 발포 폴리우레탄과 깃털을 혼합 사용하여 가볍고 풍부한 느낌을 살렸다. 커버는 원래 탈착이 불가능하지만 디자인을 거의 변경하지 않고 탈착식으로 만들 수 있을 것이다.

모든 종류의 커버나 쿠션은 업홀스터리의 범주에 든다고 할 수 있다. 루이즈 캠벨Louise Campbell의 〈프린스 체어Prince Chair〉 역시 쿠션(완충구조)의 일종을 포함하므로 업홀스터리 제품이라 할 수 있다. 이 의자의 좌판은 스틸을 레이저 절단하여 문양을 만들고 그 위에 발포 네오프렌 쿠션을 댄 것이다. 네오프렌은 표면을 펠트 소재로 래미네이트 처리했고 수압 절단으로 무늬를 오려냈다. 업홀스터리 소재는 화재 시 안전과 밀접한 관련이 있어 국가마다 까다로운 법규가 있는 경우가 많다. 따라서 업홀스터리 소재 선택에 앞서 반드시 관련 지역 법규에 따라 해당 소재에 대한 제

한이 있는지 확인해야 한다. 대부분 국가의 법규에 가구에 사용하는 발포소재, 충전재, 패브릭의 인화성 등급 조건이 명시되어있으며 이 조건을 충족시키지 못하는 제품은 판매할 수 없다. 법규 위반 시 무거운 제재와 배상 책임이 발생할 수 있기 때문에 가구 업체들은 신제품 개발 시 전문가의 검토를 거쳐 제품이 적정한지 확인한다. 디자이너 또한 나중에 제품 디자인을 변경하거나 폐기하는 경우가 없도록 미리 관련 법규를 잘 파악하고 그에 맞춰 작업해야 한다. 항시 기술팀과 적극적인 커뮤니케이션을 유지하면서 전문 분야의 자문을 얻는 것이 좋다. 일반 소비자(가정용) 제품은 규정이 비교적 단순하지만 단체 계약 분야는 복잡한 체계가 있으므로 유의해야 한다. 예

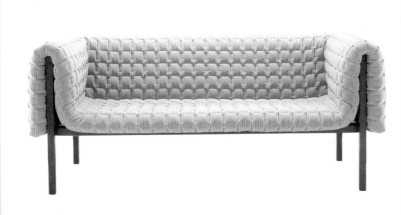

윗줄, 왼쪽부터 순서대로: 〈루셰소파(Ruché Sofa)〉
(잉가 상페, 리네 로제). 간단한 구조의 원목 프레임
(비치)에 분리형 퀼트 커버를 씌웠다.

〈프린스 체어(Prince Chair)〉(루이즈 캠벨). 스틸 위
에 발포 네오프렌을 씌워 만들었다. 스틸은 레이저
절단, 발포 네오프렌은 수압 절단하여 문양을 만들
었다.

왼쪽: 〈스튜디오 소파(Studio Sofa)〉(루시안 에르콜
라니, 에르콜).

를 들어 학교용 가구는 '저위험 분야'이지만 교도
시설용 가구는 '고위험 분야'로 분류되어 훨씬 까
다로운 기준을 충족시켜야 납품이 가능하다.

다음은 영국의 일반 소비자 가구의 화재 관련
안전 규정이다. 각 국가마다 법규가 다르지만 일
반적인 기준을 이해하는 데 참고로 하기 바란다.

- 충전재는 발화성 관련 세부 조건을 충족시켜
야 한다.
- 업홀스터리 소재는 담뱃불이 옮겨 붙지 않아
야 한다.
- 커버 소재는 성냥불이 옮겨 붙지 않아야 한다.
- 모든 제품에 화재 안전성 정보를 기재한 표식
(영구 라벨)을 부착해야 한다(예외 : 매트리
스, 침대 밑판).
- 모든 제품은 판매 시점에 눈에 잘 띄는 곳에
화재 안전성 정보를 기재한 표식(임시 라벨)이
부착되어 있어야 한다(예외 : 매트리스, 침대
밑판, 베게, 쿠션, 방석, 의자/소파와 따로 판
매되는 커버 제품).
- 일반 소비자용 업홀스터리 가구를 판매하는
모든 업체는 제품의 화재 안전성과 관련하
여 최근 5년간의 기록(증빙 서류)을 보관해
야 한다.

디자인(Design)

업홀스터리 가구의 디자인은 독창적 아이디어
와 실용적 가치가 적절한 조화를 이루어야 한다.
고도로 발달한 가구 기술 덕분에 디자이너가 꿈
꾸는 모든 디테일(안락함, 기능)이 구현 가능하
지만 과연 제작비용만큼 가치가 있는지는 냉철
하게 판단해야 한다. 예를 들어 좌석을 푹신하면
서도 얇게 만들려면 첨단 신소재와 고성능 장비
가 필요하다. 원하는 디자인을 구현하기 위해 복
잡한 계산과 까다로운 수작업을 거쳐야 하는 경
우도 많다. 예를 들어 복잡한 구조의 의자를 패
브릭 커버로 씌우는 경우를 생각해보자. 오목하
게 들어간 부분은 커버를 밀착시키기 어려우므
로 패브릭을 여러 조각으로 재단하여 붙이고 부
분적으로 단단한 심을 넣어야 한다. 탈착식 커버
는 문제가 더욱 복잡해지는데 분리형 쿠션을 위
에 놓아 커버를 눌러주는 것이 하나의 방안이 될
수 있다. 분리형 쿠션이 불가능한 구조라면 커버
안쪽에 끈을 달아 의자 프레임에 연결해 팽팽하
게 당겨주는 등 다른 해결책을 찾아야 한다.

어떤 경우라도 업홀스터리 경험이 많은 제작
업체/가구기술자를 선정하는 것이 무엇보다 중
요하다. 또한 전통 업홀스터리 위주의 업체/기술
자는 현대적인 디자인을 효과적으로 다루지 못
하는 경우가 많으므로 유의해야 한다.

제작 기법(Techniques)

동일한 디자인이라도 구현하는 방법은 여러
가지가 있다. 디자이너는 제품 제작 기법/공정에
대해 한 가지 방식만 고집하지 말고 유연하게 대
처해야 한다. 특히 클라이언트가 지정한 제작 업
체가 있는 경우 원래 디자이너가 의도한 제작 기
법이나 작업 방식과는 다른 쪽으로 변경해야 할
가능성이 크다. 제작 업체마다 각기 장비/설비,
경험, 전문 분야, 선호하는 스타일이 다르며 프
로젝트의 자금 조달 방법에 따라서도 작업 방식
이 달라진다.

원목 프레임 제작 : 업홀스터리 가구의 프레
임은 주로 원목이나 스틸 소재를 쓰는데, 각자
장단점이 있다. 원목 프레임은 오랜 옛날부터 사
용되어온 방식이며 지금도 업홀스터리 가구에는
원목 프레임이 가장 많이 쓰인다. 가구 전체를
안정적으로 지지해주며 핀과 스테이플을 사용할
수 있어 업홀스터리가 견고하게 고정된다. 가장
많이 쓰이는 수종은 비치(너도밤나무)나 최근
에는 보다 저렴한 오크, 앨더, 버치 등의 이용이
증가하는 추세이다.

소프트우드 수종으로도 프레임을 만들지만
소프트우드는 잘 갈라지고 밀도가 낮아 프레임
이 부러지거나 조립이 느슨해질 가능성이 있다.
소프트우드 프레임은 제품 수명이 짧은 저가 가

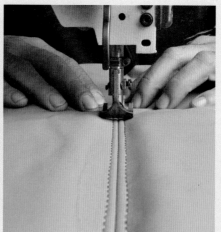

윗줄, 왼쪽부터 순서대로 : 업홀스터리 제작은 숙련된 기술자의 손을 거쳐야 하며 장시간 섬세한 작업이 필요하다.

더블 스티치(두 줄 박음질)로 된 업홀스터리 이음새

오른쪽 : 〈아폴로 체어(Apollo Chair)〉(페트릭 노르구에트). 의자 다리와 밑판은 스틸 소재이고 좌석은 래미네이트 목재 위에 업홀스터리를 씌운 것이다.

구에만 이용된다.

목재 래미네이트 가공, 스틸 파이프 프레임 제작 : 업홀스터리 가구의 등받이, 좌석, 팔걸이, 갈빗살(좌석 받침판) 등은 목재를 래미네이트 가공해서 만드는 경우가 많다. 곡선 형태 프레임은 래미네이트 목재 가공이나 여러 모양의 스틸 파이프를 혼합해서 만든다. 스틸 파이프로 프레임을 만드는 작업이 보다 비용이 적게 들어 실용적이지만 스테이플/핀으로 업홀스터리를 고정할 수 없다는 단점이 있다. 스틸 파이프로 프레임을 제작할 때 부분적으로 래미네이트 목재나 합판 패널을 붙이기도 한다.

업홀스터리 재봉 : 업홀스터리의 재봉 방식은 주로 록스티치, 오버록 스티치, 체인스티치가 쓰인다.

록스티치(솔기 박음질, lockstitch)는 업홀스터리의 솔기를 연결하거나 장식의 목적으로 쓰인다. 두 줄의 실을 사용하며 한 줄의 직선 또는 지그재그선으로 박음질된다. 바늘이 두 개 달린 재봉틀을 이용해서 두 줄로 나란히 박음질하는 더블 스티치double stitch 방식도 업홀스터리 가구에 많이 쓰인다. 장식 목적의 박음질은 바늘 땀 사이가 넓어 헤어지기 쉬우므로 뒷면에 테이프를 붙여 강화해준다.

오버록 스티치(휘갑치기)overlock stitch는 패브릭 가장자리를 촘촘한 간격으로 둘러 처리하는 방법

이다. 올이 풀리는 것을 방지하는 기능뿐 아니라 시각적으로도 '제대로 마무리된' 느낌으로 제품의 완성도를 높인다.

체인스티치(연속 박음질)chainstitch는 재봉틀을 개발 초기부터 사용되던 방식이다. 한 줄의 실을 사용하기 때문에 일부가 헤어지면 전체 박음질이 풀리게 된다. 대부분 두 줄의 체인스티치를 겹쳐서 보완하는 방식을 사용한다.

소재(Materials)

업홀스터리 가구의 소재를 선택할 때는 색상, 무늬, 질감 등 눈에 보이는 특성은 물론 필요한 분량과 사용 환경(어떤 조건을 견딜 수 있는지)을 고려해야 한다. 패브릭의 성능에 대한 여러 테스트가 있는데, 지역마다 다소 차이가 있지만 기본 체계는 유사하다. 예를 들어 패브릭의 마모 테스트(사용 시 마모되는 정도를 알아보는 테스트)로 유럽에서는 마틴데일 테스트Martindale test, 미국에서는 와이즌비크 테스트Wyzenbeek test를 사용한다. 두 테스트 모두 패브릭에 망사/거즈를 문질러 테스트하는 방식으로 패브릭의 손상이 시작되는 시점을 수치로 표시한다. 테스트 수치(내마모성)가 클수록 쉽게 마모되지 않는 견고한 패브릭이다. 가벼운 사용에서 극한 사용을 견뎌야 하는 가구에 쓰이는 패브릭의 내마모성 수치는 아래와 같다.

일반용 가구(가벼운~극한 사용) : 마틴데일 9,000~30,000/와이즌비크 6,000~15,000

기관/시설용 가구(보통~극한 사용) : 마틴데일 20,000~40,000/와이즌비크 15,000~30,000

패브릭과 가죽은 정해진 사이즈(폭)으로 생산되므로 업홀스터리 가구를 디자인할 때 이에 맞춰 이음새의 위치를 계획하는 것이 좋다. 대부분 패브릭은 폭 1.4m의 롤 형태이며 소가죽은 낱장의 평균 크기(면적)가 $3.8m^2$이다.

업홀스터리 양식과 소재는 전통 방식을 따르더라도 충전재는 대부분 신소재를 사용한다. 쿠션 내장재는 발포 폴리우레탄을 많이 쓴다. 또한 커버 뒤에 얇은 폴리에스터 솜(흔히 '대크론Dacron'이라는 상품명으로 불린다)을 덧대어 각진 모서리를 보완하고 커버 외관도 더 보기 좋게 만든다.

업홀스터리 가구의 쿠션은 여러 종류(밀도, 두께) 발포 소재를 얇게 절단한 것을 혼합해서 구성하거나, 또는 한 종류의 소재를 주형해서 (RIM 반응사출성형 공정) 일체형으로 만드는 방법이 있다. 쿠션을 RIM 주형할 때 단단한 외장을 함께 주형해 넣고 조립 나사와 구멍 등을 임베드하는 경우가 많다.

발포 소재의 무게는 밀도에 따라 다르다. 밀도는 kg/m^3 단위로 표시되므로 부피 $1m^3$의 무게가 몇 kg인지 알 수 있다. 단단하거나 푹신한 정도(경도)는 표면을 눌러 변형시키는데 필요한

힘을 N(뉴턴) 단위로 표시하며 수치가 클수록 단단한 소재이다. 업홀스터리 쿠션은 대개 경도가 70~180N이다.

발포 폴리우레탄 소재는 여러 종류로 생산되어 밀도, 두께, 색상이 다양하다. 밀도는 18~65 kg/m³ 범위로 생산된다. 밀도, 성능에 따라 각 종류를 구분하기 쉽도록 컬러 코딩colour coding(종류마다 각기 다른 색상으로 표시)하는 경우도 있지만 공식 표준 체계에 따른 것은 아니다.

재생 폴리우레탄 소재(흔히 '칩폼chipfoam'이라고 부른다)도 많이 쓰는데, 대개 칩폼 위에 발포 폴리우레탄을 씌워서 사용한다. 칩폼은 밀도가 18~240kg/m³으로 다양한 종류가 있다.

저온숙성cold cure 발포 폴리우레탄은 RIM 공정으로 쿠션을 주형할 때 원료로 이용된다. 밀도 40~400kg/m³의 여러 종류가 있다.

발포 라텍스latex foam는 업홀스터리용 발포 소재 중 가장 내구성이 뛰어나지만 발포 폴리우레탄보다 가격이 높다. 소프트, 미디엄, 하드의 세 종류가 있다.

구조재 직물(Structural textiles)

구조재 직물은 가구에서 하중을 지지하는 부위에 사용하는 직물이다. 실로 짠 패브릭, 코팅된 철사를 엮어 만든 직물, 등나무/대나무 같은 천연 섬유로 짠 직물 등 다양한 소재가 있으며 부드럽고 유연한 형태와 단단하고 휘어지지 않는 형태 둘 다 이용된다. 유연한 직물은 프레임이나 기타 지지 장치가 필요한 반면 단단한 직물은 스스로 구조를 유지할 수 있다. 예를 들어 얇은 나무섬유로 성글게 짠 직물을 프레임에 걸어 만든 의자는 쿠션처럼 푹신하고 공기가 잘 통하여 안락할 뿐 아니라 적은 양의 소재를 사용하므로 경제적이다. 이러한 직물 가구를 제작할 때는 대부분 공장에서 방직된 직물(기성품)을 사용하며 기계 공정 또는 일부 수작업으로 프레임에 끼워 장착한다. 수공예 제품은 섬유 가닥을 이용해

서 수작업으로 직물을 짜서 가구를 만든다.

가구에 사용하는 구조재 직물은 크게 유연한 직물과 단단한 직물의 두 종류로 나누어진다. 유연한 직물은 주로 코팅된 소재를 성글게 짠 형태를 사용하고, 단단한 직물은 성글게 짠 형태와 촘촘하게 짠 형태를 둘 다 사용한다.

유연한 구조재 직물 중 대표적인 것으로 폴리에스터에 PVC 코팅을 입힌 섬유로 성글게 짠 직물을 들 수 있다. 기계 방직으로 대량생산되며 내구성이 뛰어나고 방수, 자외선 차단, 바람막이 등 기능성이 높다. 주요 브랜드로 텍스틸렌Textilene®과 화이퍼텍스Phifertex®가 있는데, 기능과 용도(하중 지지, 실외 사용 등)에 따라 여러 종류로 생산된다. 대부분 브랜드 제품이 자외선 차단 효과(45~95%, 직물 짜임새에 따라 다르다)가 있고 인장강도가 높다. 또한 자외선에 의해 손상되거나 색이 바라지 않고 곰팡이가 끼지 않아 실외용 제품에 적합하다.

단단한 구조재 직물은 래탄(등나무)rattan이나 러쉬(부들)rush 같은 천연 섬유, 로이드 룸 가구 소재인 종이를 씌운 철사, 그리고 플라스틱을 입힌 철사 등을 성글게 또는 촘촘하게 엮어서 만든다. 로이드 룸은 1920년대에 각광 받은 직물 가구 기술이다. 종이를 꼬아 씌운 철사를 엮어 전통 등나무 가구 스타일 제품을 제작하는 기술로 지금도 동일한 제작 방식을 이용한 제품이 생산되고 있다. 로이드 룸 가구의 프레임은 스팀벤딩한 비치목을 사용하며 직물을 프레임에 연결하는 과정은 수작업으로 처리한다. 다양한 실내용, 실외용 로이드 룸 가구가 생산되는데, 특히 방수와 자외선 보호 효과가 있는 플라스틱을 입힌 철사 소재가 많이 사용된다.

천연 섬유 직물은 주로 동남아시아 산 래탄(등나무)rattan을 사용한다. 래탄 줄기를 세로로 잘라 여러 넓이로 가공한 섬유를 촘촘하게 또는 성글게 짜서 직물을 만든다. 또한 래탄의 굵은 줄기 그대로도 많이 쓰는데, 주로 스팀벤딩해서 가구 프레임으로 사용한다.

윗줄. 왼쪽부터 순서대로 : 소가죽은 낱장으로 생산되며 평균 크기(면적)가 3.8m²이다. 가죽 업홀스터리를 디자인할 때 가죽 낱장의 크기와 모양을 어떻게 이용하는가에 따라 가죽 낭비가 크게 줄어 제품 단가에서 상당한 차이가 날 수 있다.

〈롱프레임 라운저(Longframe Lounger)〉(알베르토 메다, 1993). PVC 코팅을 입힌 폴리에스터 직물[텍스틸렌(Textilene®) 브랜드 제품과 같은 종류 소재]을 이용했으며 실외용으로 적합하다.

로이드 룸 가구는 1920년대 이후 동일한 기법과 소재를 이용하여 생산되는 직물 가구이다.

래탄을 비롯한 천연 섬유 직물은 주로 롤 형태 제품으로 생산된다. 또한 섬유 형태로도 생산되어 수공예 가구와 바구니 제품의 소재로 이용된다.

콘크리트(Concrete)

1955년 윌리 굴Willi Guhl이 이터닛Eternit 섬유시멘트 제품 〈룹 체어Loop Chair〉를 내놓으면서 섬유시멘트와 고성능 콘크리트가 첨단 디자인의 상징으로 떠올랐다. 그러나 이후 오랫동안 콘크리트 가구 디자인이 큰 진전 없이 정체되었고 2009년에 이르러서야 레이너 뮤치Rainer Mutsch의 〈리니어Linea〉 시리즈로 인해 이터닛 섬유시멘트가 다시 주목을 끌게 되었다. 〈리니어〉에 사용된 섬유시멘트(시멘트와 셀룰로오스의 복합 소재)는 제조 직후 매우 유연하여 쉽게 형태를 만들 수 있으나 단시간 안에 굳으므로 빠르게 작업해야 한다. 이 제품은 성형 틀 위에 걸치는 드레이프 성형drape moulding 방식으로 제작했다.

콘크리트 캔버스(concrete canvas, CC로 줄여 표기)는 시멘트에 적신 패브릭이다. 물을 뿌리면 표면에 얇은 콘크리트 막이 형성되면서 단단하게 굳는데 내구성이 뛰어나고 방수, 방화 효과가 있다. 5mm, 8mm, 13mm의 세 가지 두께로 생산된다.

CC는 이터닛의 시멘트 섬유에 비해 성형이 용이하다는 점 이외 여러 장점 때문에 2010년 첫 출시 당시 언론과 디자인 업계에서 큰 주목을

받았다. 플로리안 슈미드Florian Schmid의 〈스티칭 콘 크리트Stitching Concrete〉는 CC 소재의 가능성을 잘 보 여주는 성공 사례이다. CC는 표면에 이끼가 자 라기 쉬워 실외용 제품으로는 한계가 있는데, 관 점에 따라서는 오히려 '자연스러운 미학'으로 활 용할 수도 있을 것이다.

TAKTL UHPC(초고성능 콘크리트, ultra high performance concrete)는 2011년에 출시 된 신소재로 미국의 건축자재 제조업체 TAKTL 에서 생산한다. CC에 비해 '가소성'은 떨어지지 만 내구성이 훨씬 뛰어나고 대량생산 시 크게 유 리하다. 압축하는 힘, 잡아 늘이는 힘, 비트는 힘 에 모두 매우 강하며 표면의 완성도가 높고 염 색 효과도 뛰어나다. 폼스&서프시즈Forms+Surfaces의 〈베블 벤치Bevel Bench〉는 TAKTL UHPC로 만든 두 개의 형태를 연결한 것이다. 콘크리트 소재 자체 가 무겁기 때문에 별도의 고정 장치 없이 설치할 수 있다.

윗줄, 왼쪽부터 순서대로: 〈SP210 록킹 체어(SP210 Rocking Chair)〉〈숀 플레이스〉는 촘촘하게 짠 래 탄(등나무) 직물을 목재 프레임에 엮어 만들었다.

〈듄 시팅 시리즈(Dune seating series)〉, 이터닛 섬유 시멘트 소재를 손으로 성형했다.

아랫줄: 〈스티칭 콘크리트 시팅(Stitching Concrete seating)〉〈플로리안 슈미드〉, CC(콘크리트 캔버스) 소재로 만들었다.

Index

팬톤 체어(Panton Chair), 폴리프로필렌 버전,
베르노 팬톤, 1969

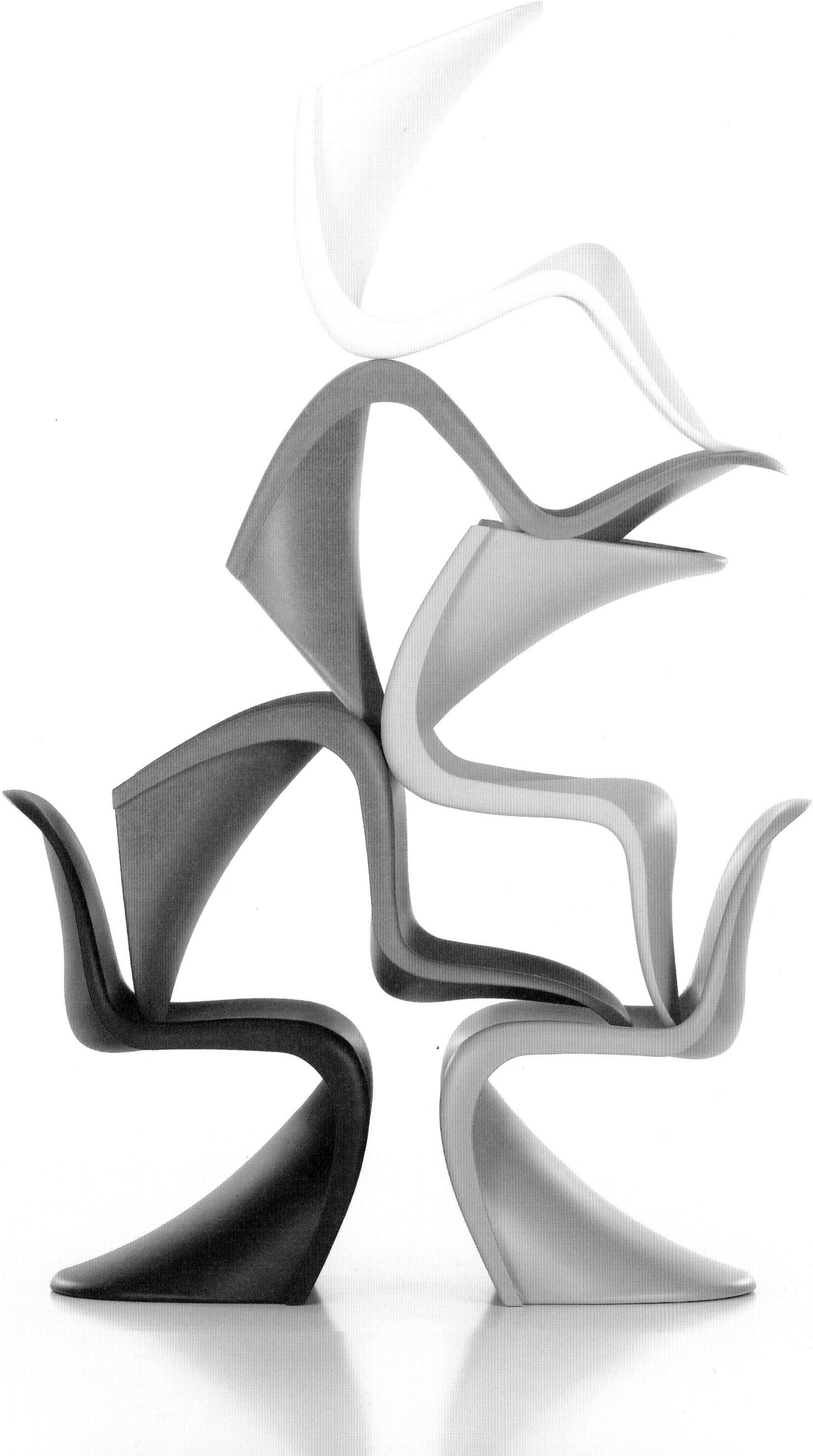

Picture credits

역자 후기

현대인에게 가구 없는 생활공간이란 상상할 수 없을 만큼 가구는 우리들 삶의 한 부분을 이루고 있다. 가구는 인류 역사의 변화와 함께 발전해온 예술작품이자, 우리 생활에 없어서는 안 될 생활필수품이다. 뿐만 아니라 모든 가구는 시대와 지역과 문화에 따라 독창성을 지니고 발전해왔다는 의미에서 문화적 가공품이기도 하다. 가구를 통해 예술적 상상력과 아름다움을 접할 수 있고, 편리함과 편안함을 즐길 수 있으며, 또한 문화의 숨결을 느낄 수 있다.

이 책은 가구의 예술성과 편리함, 그리고 역사와 문화 등을 모두 포함하고 있다. 또한 가구디자인의 역사, 가구제작과정, 나무, 금속, 플라스틱 등 다양한 재료의 소개를 포함한 '가구제작의 모든 것'을 담고 있다. 뿐만 아니라 가구디자인이나 제작과 관련된 많은 전문용어들, 인명들, 기업들, 사건들로 가득 차 있다. 그렇기 때문에 이 책은 가구디자인을 전공하는 사람은 물론 비전문가이지만 가구제작에 취미와 관심을 가지고 있는 사람에게도 대단히 유용한 지식과 정보를 제공하고 있다. 대학의 교재뿐만 아니라 실제로 가구를 제작하고자 하는 일반인들이 매뉴얼로도 이용할 수 있는 다목적용 책이라는 장점을 지니고 있다.

책의 번역을 위해서 홍익대학교로부터 학술연구진흥지원연구비를 지원받았다. 감사드린다. 도서출판 씨아이알의 김성배 사장님과 박영지 편집장님, 그리고 편집진 모두가 인내심을 가지고 이 책을 만들어주셨다. 마음 깊이 감사드린다.

약 일 년 전 나는 가장 큰 후원자이면서 비판자이기도 했던 어머님을 잃었다. 나를 낳아 주셨을 뿐 아니라 오늘의 나를 빚어낸 분이다. 애초에 예술과 생활의 복합체인 가구를 공부하도록 이끌어주셨고, 작품 활동을 할 수 있는 여건을 만들어주셨다. 또한 가정과 작품 활동과 학교생활을 함께 할 수 있도록 늘 뒤에서 받쳐주셨다. 이 책의 번역도 어머니의 격려가 없었다면 시작할 엄두도 내지 못했을 것이다. 이 책을 누구보다 기뻐하실 어머니께 바친다.

2015년 5월
chairs on the hill에서
역자 한정현

〈루셰 소파(Ruché Sofa)〉(잉가 상페, 리네 로제, 2010)

가구디자인(FURNITURE DESIGN)
가구 개발, 재료 및 제작 입문서

초판발행	2015년 05월 27일
초 판 2 쇄	2016년 11월 09일
초 판 3 쇄	2019년 07월 29일
초 판 4 쇄	2023년 08월 30일

저 자	Stuart Lawson
역 자	한정현
펴 낸 이	김성배
펴 낸 곳	도서출판 씨아이알

책임편집	최장미
디 자 인	강세희
제작책임	김문갑

등록번호	제2-3285호
등 록 일	2001년 3월 19일
주 소	04626 서울특별시 중구 필동로8길 43(예장동 1-151)
전화번호	02-2275-8603(대표)
팩스번호	02-2265-9394
홈페이지	www.circom.co.kr

I S B N	979-11-5610-121-5 03610
정 가	24,000원